LES LUNDIS RÉVOLUTIONNAIRES

HISTOIRE ANECDOTIQUE
DE LA
RÉVOLUTION
FRANÇAISE

PAR

JEAN-BERNARD

AVEC PRÉFACE DE

JULES CLARETIE

De l'Académie Française

1789

PARIS
GEORGES MAURICE, LIBRAIRE-ÉDITEUR
4 bis, RUE DU CHERCHE-MIDI, 4 bis

HISTOIRE ANECDOTIQUE

DE LA

RÉVOLUTION FRANÇAISE

LES LUNDIS RÉVOLUTIONNAIRES

HISTOIRE ANECDOTIQUE
DE LA
RÉVOLUTION
FRANÇAISE

PAR

JEAN-BERNARD

AVEC PRÉFACE DE

JULES CLARETIE

De l'Académie Française

1789

PARIS
GEORGES MAURICE, LIBRAIRE-ÉDITEUR
4 bis, RUE DU CHERCHE-MIDI, 4 bis

A LA MÉMOIRE

DE MA GRAND'MÈRE

JEANNE-MARIE MONGÉ

A QUI JE DOIS LE PEU QUE JE SUIS

JE DÉDIE CE LIVRE

OU J'AI MIS LE MEILLEUR DE MOI-MÊME

J.-B. P.

Paris, 5 novembre 1885.

PRÉFACE

~~~~~~

L'histoire de la Révolution française n'est pas plus finie que la Révolution elle-même. En dépit de travaux admirables, d'œuvres partielles curieuses ou d'histoires générales immortelles, il y aura toujours, dans nos archives, ou dans les brochures et pamphlets du temps, bien des faits inconnus à retrouver, bien des vérités à mettre à jour, bien des légendes à détruire. J'avais songé jadis à publier une série de **volumes**, *la Révolution racontée par ses témoins*, simplement composés d'extraits du temps et donnant, sur chaque grand fait de cette époque, les opinions, les récits, souvent contradictoires, des spectateurs ou des acteurs de drames. L'ouvrage qui m'avait tenté, que j'avais commencé, fut annoncé même par l'éditeur Charpentier dans son catalogue. Puis d'autres soins, d'autres soucis m'entraînèrent vers d'autres voies. Le roman, cette histoire de ceux qui n'ont pas vécu, et le théâtre, ce roman vivant, me firent négliger l'histoire. L'idée que je voulais mettre à exécution appartient donc à qui voudra la prendre. Ce serait comme les *Mémoires* de la Révolution par tous ceux qui y ont joué un rôle.

Mais quand je dis que l'idée est à mettre à exécution, je me trompe ; à parler vrai, en feuilletant les pages de l'*Histoire anecdotique de la Révolution française* que va publier M. Jean-Bernard, je m'aperçois que voici fait ce que je voulais tenter. Ce n'est point sans doute le même plan. L'œuvre de M. Jean-Bernard est plus militante. Je voulais assigner à la barre les témoins d'opinions diverses, laissant au lecteur

le soin de conclure. M. Jean-Bernard conclut et
se passionne. Il a vécu dans la poussière même,
la poudre et le salpêtre de la Révolution. Des
papiers qu'il a possédés, des livres qu'il a lus
se dégage une capiteuse odeur de bataille. Il
n'est pas pour rien dramaturge, s'il est historien
et polémiste. Auteur dramatique applaudi, il
apporte à l'évocation du passé, à la vivification
de l'histoire, si je puis dire, la même ardeur
qu'à faire agir ses *Fils de 93* sur les planches
du théâtre. Un dramaturge et un historien se
ressemblent en cela que, s'ils n'ont point le don
de la *vie*, ils n'existent pas. Que sont les pape-
rasses du passé sans le magicien qui les anime ?
Michelet avait en lui du sang de Shakespeare.
L'un et l'autre évoquaient et créaient.

Un historien des plus originaux, mort il y a
quelques années, Georges Avenel, s'était attaché à écrire une monographie de Clootz en prenant, avec une coquetterie d'archaïsme, un scru-
puleux souci d'artiste, le ton, le style, la couleur, et, en quelque sorte, l'argot politique du
temps. A lire son livre, on croirait parfois
entendre crier la rue et rugir les sections. Il y a

là une étrange et magnétique évocation, un talent de *contemporanéité* tout à la fois singulier et remarquable.

Eh bien, ce rare talent je le retrouve dans les pages vibrantes de M. Jean-Bernard, dans ces chapitres qui, n'ayant du journalisme que sa fièvre entraînante et rien de ses défauts d'improvisation, sont d'abord des articles hebdomadaires, des *Lundis révolutionnaires*, et forment ensuite un livre.

L'auteur de l'*Histoire anecdotique de la Révolution* s'attache à rendre le mouvement, l'accent, l'atmosphère et comme l'odeur d'orage de la Révolution. On n'est pas impunément le fils d'un temps de plus en plus épris de couleur vraie, de réalité tangible. M. Jean-Bernard a voulu, ce me semble, donner à son lecteur cette illusion qu'on *vivait son livre* en le lisant. Et de fait, tout est coloré, chaud, entraînant dans ce volume. On coudoie vraiment les personnages que l'auteur nous montre. Toutes ces pages frémissent de vie. Une flambée du soleil grisant, de ce que Camille Desmoulins appelait les *jours* caniculaires *du faubourg*, les illumine. On se sent en pleine bataille, en pleine épopée.

Qu'il écrive un roman, — comme j'en ai lu de lui, — qu'il compose un drame comme il l'a fait, qu'il parle devant le public choisi d'une salle de conférence ou devant la foule d'une cour d'assises, M. Jean-Bernard est un enthousiate éloquent, ardent, passionné, infatigable ; ce sont là les natures qui ont la foi et qui donnent la foi. Certes, après Louis Blanc, qui eut à sa disposition les trésors du *British Museum*, après Michelet, qui eut mieux que cela, — l'intuition et le souffle du passé, — entreprendre une histoire de la Révolution française est un projet qui pourrait sembler téméraire. L'œuvre n'est pas à faire pourtant ; elle est faite, et voici une nouvelle histoire qui est bien vraiment une histoire nouvelle. L'auteur y accumule les faits, les événements, les chocs d'hommes et d'idées et les rend intéressants et captivants. Il a l'accent qui plaît à la foule, et la foule applaudira à ce travail, qui n'est pas un mince effort.

Cette *Histoire Anecdotique* ne doit pas, ne veut

pas, nous dit son auteur, être œuvre exclusive de parti, et la preuve, c'est que M. Jean-Bernard a désiré une préface d'un homme qui, toute sa vie, a voulu rester libre en vivant de sa plume, et n'a rien demandé à aucun parti, ni à personne. Il est, en effet, si doux d'aimer la liberté pour elle-même, la République pour ce qu'elle doit ou devrait donner de bon ou de meilleur au plus grand nombre ; et, homme de lettres le *lendemain* comme on l'était la *veille*, de laisser passer, — c'est encore un mot de Camille, — les *profiteurs de Révolutions* !

M. Jean-Bernard ne les aime pas ceux-là, et il a raison : satisfaits qui trouvent que tout est bien et beau et parfait s'ils sont ministres, et qui déclarent les questions résolues *dès qu'ils sont le gouvernement*, comme disait le peintre David au premier consul. Je prévois que M. Jean-Bernard leur réserve plus d'une épithète dure au cours des volumes qui vont suivre. Il y a tant de colères et tant de dégoûts à éprouver dans le métier d'historien ou de satirique ! On rencontre en chemin tant de vilenies, de trahisons ou de férocités ! L'histoire est pleine de nausées. C'est pour cela que plus d'un s'est détourné de ce cadavre pour étudier le corps vivant, la chair qui palpite, l'humanité qui passe là, sous ses fenêtres. Mais le cadavre — ce cadavre du passé — M. Jean-Bernard sait le galvaniser, mieux que cela, le faire crier et agir.

Ce qui est certain, c'est qu'il connaît admirablement l'époque dont il parle, et qu'il en parle avec sa chaleur juvénile et son mâle talent d'orateur et d'écrivain. Il aime tendrement la Révolution dont nous sommes les fils. Dans cette tragique mêlée du passé, j'espère qu'il verra surtout ce qu'il y eut, en effet : des frères ennemis qui « s'égorgèrent *dans l'ombre* », comme disait Cambon. La vérité est que le grand malheur des hommes est de ne point assez se connaître. « Tout le mal vient d'ignorance », a écrit Montaigne. Que de gens, dans une assemblée politique, se combattent qui pourraient s'unir, et se calomnient qui étaient fait pour s'estimer ! Ne pas se connaître, c'est déjà se méconnaître.

Du moins, que l'histoire, en nous montrant le

passé, nous soit une leçon pour l'avenir. Il n'est pas une mise en accusation d'un conventionnel, un coup de faulx dans la mêlée, qui n'ait préparé et élargi la trouée rouge par où passa Bonaparte.

Mais je voulais et ne devais écrire que dix lignes de préface, et je me laisserais entraîner à parler de l'histoire, cet amour de mes vingt ans, l'histoire qui m'a tenté si fort, et qui m'a fait vivre, jadis, aux Archives nationales, les heures les plus fiévreuses et les plus émues de ma vie littéraire. Par un hasard singulier, c'est en allant fêter Pierre Corneille que j'envoie à M. Jean-Bernard ces feuillets rapides. « *Un grand homme et une grande chose* », disait Victor Hugo en parlant de Napoléon Ier et de la Liberté ! Aujourd'hui, la grande chose, c'est toujours la Liberté, mais le grand homme, c'est le poète du *Cid* devant qui tout un peuple vient de s'incliner.

Et, du pays de l'auteur d'*Horace* et de *Cinna* — tout entier aux admirations littéraires qui consolent, au besoin, des déceptions politiques — je salue de grand cœur en M. Jean-Bernard un homme qui parle, en poète entraînant, de la République et de la patrie, et, en historien convaincu, de la Révolution Française.

Jules CLARETIE.

Rouen, 12 octobre 1884.

AVANT-PROPOS

Un jour que, tout jeune homme, je consultais Louis Blanc, ce républicain de race, sur les livres que je devais étudier de préférence pour me préparer aux luttes de la politique contemporaine, le grand historien me répondit :

— Etudiez encore et toujours l'histoire de la Révolution !

Combien il avait grande raison l'écrivain de nos épopées nationales !

C'est bien cette histoire qu'il faut ouvrir devant les yeux troublés de notre génération hébétée par la longue habitude des niaiseries, coureuse de fausses gloires, qui se paye de mots et se grise des vaines promesses débitées par les exploiteurs de la politique.

Oui, il nous faut l'apprendre par cœur cette histoire qui, non seulement nous enseigne le passé, mais encore doit nous dicter le présent et surtout nous apprendre l'avenir.

Cette histoire, il nous la faut planter dans la cervelle et dans le cœur.

C'est en elle que nous trouverons la véritable école de la démocratie.

Vivons dans l'intimité de ces hommes dont nous devons faire nos modèles, parce qu'ils avaient le cœur haut et la conscience pure ; ils nous donneront des leçons durables et des exemples réconfortants.

La Révolution française !

D'elle nous viennent les sublimes idées pour lesquelles nos pères sont morts, pour lesquelles nos aînés ont lutté, pour qui nous travaillons, et c'est pour leur triomphe que nos cadets auront à combattre peut-être longtemps encore.

Cette Révolution française, nous venons vous la raconter, semaine par semaine, jour par jour et en quelque sorte heure par heure ; imposant silence à nos petites querelles du jour pour vous dire les gigantesques batailles d'autrefois.

Profitant des concordances de dates, nous voulons vous montrer les travaux de nos aïeux d'il y a cent ans.

Nous vous dirons les libertés conquises par eux à pareille époque, les succès obtenus, les victoires remportées, les abus supprimés, les privilèges abolis, le despotisme renversé, la monarchie détruite.

Enfin, quand arriveront les anniversaires qui surgissent lumineux et glorieux, nous vous crierons :

— N'oubliez pas qu'à tel jour vos pères sont morts pour la liberté et ont sauvé la patrie !

Nous verrons l'ancien régime s'abîmer au milieu de cette antithèse terrible : Un peuple mourant de faim et une cour dilapidant le trésor public dans des fêtes orientales, où la corruption royale descendait aux vulgaires pratiques du lupanar.

Nous verrons la royauté des Capet, dans la personne de Louis XVI, énervée d'esprit et de corps, obligée de recourir aux médecins pour lutter contre l'impuissance à procréer les derniers enfants de la Maison de France.

Pendant que tout croulait autour de ce roi prédisposé à l'honnêteté avec des vices de sang dans les veines, la reine, bouillante et fière, se ruait aux plaisirs, abandonnant les palais conjugaux pour courir les grands chemins en voiture et paraissait au bal de l'Opéra, la lèvre sensuelle sous le masque, puant le vice à bon marché, et traînant la majesté royale sur les coussins des cabriolets usés par les courtisanes de bas étage.

Et l'actualité ? me demanderont les assoiffés d'informations, de nouvelles à la main, de faits divers e {de reportage.

L'atualité ! mais elle découle à vives sensations, à pleins enseignements, de ces tableaux périodiques. L'actualité, nous la trouverons dans la comparaison de la corruption d'alors avec celle d'aujourd'hui.

Nous la trouverons dans l'antithèse de cette royauté qui tombe environnée de grands écrivains, et de notre République qui commence entourée de petits philosophes à l'esprit étroit et aux théories rétrécies.

L'actualité nous apparaîtra assez quand nous verrons l'héritage des Mirabeau, des Danton, des Saint-Just, des Robespierre, aux mains de tous ceux qui foulent aux pieds leur foi politique comme un vil macadam, de tous ces empiriques essayant d'apporter dans la gestion des affaires de notre beau pays si généreux, je ne sais quel système prétendu scientifique, sans élévation, sans générosité, réduisant tout à une simple formule mathématique, s'efforçant de nous imposer la sécheresse de leur cœur et de leur cerveau.

De pareilles comparaisons sont trop fortes pour qu'il n'en jaillisse pas à la fin une leçon.

C'est là notre but.

Relever nos cœurs par l'étude du passé.

Raconter chaque semaine, à jour fixe, un des grands actes enfouis dans la poussière de l'oubli de nos contemporains, c'est combler une lacune et créer une place dont je m'empare.

Nous prendrons les vertus de nos morts pour obliger les vivants à se souvenir.

La vérité, a dit notre maître Louis Blanc qui nous honora de son amitié, est une flamme qui brille sur les tombeaux ; c'est vers cette flamme qu'il nous faut tourner nos regards et nos désirs.

Poussons, nous aussi, notre cri de régénération ! *Sursum corda* !

Haut les cœurs ! mes braves !

Luttons pour la liberté escamotée, pour les principes violés, pour les *Droits de l'Homme* méconnus. Mettons dans nos veines un peu de ce « sang de feu » qui embrasait nos pères.

Armés des exemples des révolutionnaires, courons sus à ces renégats qui compromettent notre République, avec l'acharnement de la haine et la volupté de la vengeance; fouettons tous ces drôles déguisés en républicains de pouvoir et qui pataugent dans la fange des réactions.

Fixons nos yeux vers ces magnifiques tableaux

de la grande époque, saluons de l'âme ces héros, et nous nous sentirons le cœur gonflé de colère contre tous ces petits hommes qui veulent s'opposer aux grands événements.

Écoutons les magnifiques harangues de la Constituante, de la Législative et de la Convention, et, les oreilles frémissantes de ces mâles paroles, ayons de la pitié pour les ânonnements, les bégayements, les déclamations fades, les phraséologies bouffies de nos orateurs de banlieue, qui concluent sans cesse que l'honnêteté est une fantaisie et la probité une illusion.

Une génération se lève, c'est à elle que nous nous adressons.

Qu'elle prépare son levain de révolte contre les lépreux du monde parlementaire, les variolés du gouvernement, avachis par les succès, corrompus par des fortunes suspectes, tous formidables de bassesses et de mensonges. Qu'elle vienne écouter avec nous, au milieu des luttes de la révolution politique de 1789, la rumeur sourde et qui s'approche, de la révolution sociale.

Par ces dures leçons, nous pourrons former des citoyens robustes de cœur, prêts à défendre cette République qui est en droit, mais qui a besoin de devenir en fait, démocratique et sociale.

C'est une bonne fortune pour moi d'écrire les premières pages de cette Histoire à laquelle je vais consacrer vingt ans de ma vie, si j'ai bien calculé mes forces et mesuré ma besogne, de l'écrire, dis-je, à Nantes où m'ont appelé de Paris des démocrates de cette ville pour venir leur parler des idées révolutionnaires dans des réunions populaires ; je me souviens en effet que Michelet a écrit une partie de son immortelle épopée, qu'il en a buriné les dernière pages ici près « pendant que les vents acharnés de la tempête battaient les vitres sur ces collines de Nantes » et j'accomplis presque un pèlerinage, écoutant s'il ne me vient pas de par ici une voix encourageante, écho de celle du grand écrivain, me criant avec l'autorité du maître : « Allons, courage et haut les cœurs ! »

Nantes, 2 avril 1883.

HISTOIRE DE LA RÉVOLUTION

Du 1ᵉʳ au 7 avril

I

L'AFFAIRE DU COLLIER

Le duc de Rohan et Marie-Antoinette dans le parc de Versailles. — Le cardinal achète le fameux collier. — La reine le reçoit. — Arrestation du cardinal. — Aveux de Marie-Antoinette.

Le 9 avril 1784, le cardinal de Rohan, libertin célèbre, grand aumônier de France et ancien ambassadeur à Vienne, rentrait en grâces auprès de la reine, avec laquelle il était en délicatesse à la suite de diffamations dont il s'était rendu coupable.

Marie-Antoinette écrivait à M. de Rohan une lettre affectueuse par l'entremise de Madame de Lamothe, une aventurière, descendante des Valois, qui était maîtresse du cardinal et aurait eu des relations d'amitié avec la reine, s'il faut en croire les partisans du comte de Provence (1). Cette supposition n'a du reste rien d'invraisemblable pour ceux qui savent le caractère des rapports particuliers de la reine avec la toute belle Madame de Lamballe et la toute corrompue Madame de Polignac.

Les écrits contemporains rapportent que Madame de La Borde, sœur de l'ancien directeur de l'Opéra, plut tellement à la reine, que non contente de se l'attacher comme lectrice, elle fit créer en sa faveur une charge de « dame du lit » dont les fonctions consistaient à ouvrir et fermer les rideaux de Sa Majesté, et à coucher au pied de son lit quand elle le jugeait à propos. La duchesse de Polignac s'en montra, paraît-il, très jalouse (2).

Ceci est un fait indiscutable, et l'on doit ce respect à la vérité de dire, tout haut, dans l'histoire, ce que l'on a écrit tout bas, avec toutes bonnes raisons, dans les *Mémoires* du temps (3).

Elle avait abaissé le cérémonial des anciennes reines de France au ton ordinaire des familles bourgeoises. Elle allait dîner dehors, sortait à toute heure du jour et de la nuit, couchant hors de chez elle au mépris des usages et même des convenances (4).

Elle allait jusqu'à recevoir au bain un vénérable ecclésiastique appelé au château ; le vieux prêtre trouvant la reine nue, étendue dans sa baignoire, voulut

---

1. *Essai historique sur la vie de Marie-Antoinette d'Autriche, reine de France, pour servir à l'histoire de cette princesse.* — Londres 1789.

2. Anecdotes du règne de Louis XVI, t. 1. p. 286.

3. *Mémoires* de Soulavie, du prince de Lignes, du comte de Tilly, de Besenval, de M. le duc de Lauzun. — *Passages retranchés des mémoires de Lauzun, Revue rétrospective*, v. 1.

4. *Id.* t. VI, p. 9.

se retirer, mais la reine le rapela et il fut obligé de tenir la conversation en admirant à peine voilée une des plus belles femmes du royaume (1).

Ce sont des faits tellement incroyables qu'ils paraîtraient impossibles s'ils n'étaient affirmés par des témoins oculaires.

Revenons à l'aventure de Marie-Antoinette avec le grand aumônier ; après une première lettre, d'autres se succédèrent ; finalement, M. de Rohan demanda un rendez-vous, qui eut lieu dans le jardin du parc de Versailles, entre onze heures et minuit. Le cardinal, déguisé, baisa la main d'une femme qu'il reconnut pour être la reine ; notez qu'il la voyait souvent dans les entrevues officielles. La reine lui donna une rose, disant de sa voix grasse, qu'il reconnut aussi :

— Vous savez ce que cela veut dire (2).

Le grand aumônier mit un baiser sur la main de la reine et sentit le frisson de la femme secouée par la passion, attirée par le désir. Les deux amoureux furent dérangés par la venue intempestive de Madame et du comte d'Artois, qui avaient, chacun de leur côté, des raisons pour soupçonner la reine et l'épier ; Madame, pour le compte de Louis XVI, le comte d'Artois pour son compte personnel (3).

Du reste, cette intimité entre la reine et le duc de Rohan n'était pas une mésalliance dans les amours irréguliers de Marie-Antoinette ; elle qui devait ne pas dédaigner les simples chevaliers, même les humbles gentilshommes, pouvait bien s'éprendre d'un Rohan appartenant à une des plus grandes familles de

---

1. *Mémoires de Soulavie*, t. VI, p. 9.
2. *Mémoire pour la demoiselle Le Goy d'Oliva*, par Blondel.
3. *Id.*

France, descendant de souverains et dont le blason portait :

> Roi ne puis :
> Prince ne daigne ;
> Rohan suis.

Les Rohan avaient à la cour de Versailles rang de princes étrangers.

Le cardinal, étant ambassadeur à Vienne, y avait étalé un luxe scandaleux. Un jour de Fête-Dieu, le prince et tout le personnel de l'ambassade, en habit vert de chasse, avaient coupé une procession au grand scandale des dévots autrichiens très puissants à cette époque ; bref, par ses fredaines, il avait mécontenté Marie-Thérèse, qui demanda son rappel. Revenu en France, il fut nommé cardinal, grand aumônier de France et abbé de Saint-Wast. Cette abbaye rapportait trois cent mille livres. Le cardinal possédait un revenu de un million deux cent mille francs ; pourtant il était couvert de dettes ; il faisait sa compagnie des débauchés célèbres et des courtisanes en vue de son temps.

Mais ce n'était pas là le motif de la brouille avec Marie-Antoinette. La reine avait conçu de la haine contre le prince à cause des propos licencieux tenus par lui sur son compte alors qu'il était ambassadeur à Vienne. Néanmoins, comme tout est pardonné avec le temps aux hommes galants, Marie-Antoinette finit par oublier.

Au moment où le cardinal se réconciliait ainsi avec Marie-Antoinette, le joaillier de la couronne, Boëhmer, essayait de vendre une parure superbe composée et fabriquée tout exprès pour la reine, parure valant un million six cent mille francs, chiffre énorme pour l'époque, et qui représenterait aujourd'hui une valeur cinq fois plus grande.

Marie-Antoinette, devant la dette publique toujours grandissante, devant les dilapidations de la Cour augmentant sans cesse le déficit, et malgré son grand désir de posséder ce bijou unique dans son genre, dut refuser publiquement, pour ne pas surexciter l'opinion publique déjà indignée par le spectacle de tout un peuple mourant de faim, et d'une cour gaspillant les fonds de l'Etat au milieu des festins, des bals, des fêtes, d'un luxe asiatique.

Pourtant la reine ne renonça pas, en secret, à se procurer ce fameux collier.

Un jour le cardinal accompagné de Madame de Lamothe, se rendit chez le bijoutier, acheta la parure pour le compte de la Reine. Le prix en devait être payé par M. de Rohan, dans le délai de deux ans, par échéances de six mois en six mois. Cet arrangement réglé par écrit était garanti par la reine, qui mettait en marge de l'acte d'obligation :

Approuvé,

MARIE ANTOINETTE DE FRANCE

L'ambassadeur de Portugal avait entamé des pourparlers avec Boëhmer pour l'achat des célèbres diamants pour l'infante, et, après la visite du cardinal au joaillier, la reine, apercevant l'ambassadeur dans les salons du palais, alla vers lui en s'écriant avec joie :

— Je vous apprends, monsieur, que vous n'aurez pas le collier; j'en suis fâchée, mais vous ne l'aurez pas (1) !

---

1 *Mémoires de Mademoiselle Bertin* (femme de chambre de la reine), p. 105.

Quelques jours après, M. de Rohan remettait la cassette renfermant les précieux bijoux à Lesclaux, valet de chambre de la reine (1). Il avait été convenu que sitôt que Marie-Antoinette aurait reçu le collier, elle ferait un signe au cardinal, la première fois qu'ils se rencontreraient en public. Ce qui fut exécuté de point en point (2) ; et beaucoup de personnes présentes se demandèrent ce que pouvait bien signifier ce manège. On se l'expliqua seulement plus tard, après les révélations du procès.

Boëhmer, enchanté de son opération, alla remercier la reine de sa bienveillance pour sa maison et de l'achat du collier, qui lui procurait des bénéfices considérables (3). Marie-Antoinette accepta les remerciements sans s'étonner, sans protester ; cependant, réflexion faite, elle trouva le prix un peu élevé et fit demander, toujours par l'entremise de Madame de Lamothe et du cardinal, qui devait participer au payement, un rabais de 200,000 livres (4). Le joaillier consentit à cette diminution ; il écrivit directement à Marie-Antoinette pour lui annoncer qu'il acceptait cette modification dans le prix, ajoutant qu'il éprouvait *« une vraie satisfaction de penser que la plus belle parure de diamant qui existe servirait à la plus grande et à la meilleure des reines. »*

La reine reçoit la lettre, la lit à haute voix devant Madame de Campan, et toujours pas un mot de protestation (5).

A la cour, le bruit de l'achat du collier s'est répandu,

---

1. *Mémoires pour le cardinal de Rohan*, par M⁰ Target.
2. L'abbé Georgel, *Mémoires*, t. II, p. 63.
3. *Louis Blanc*, t. II, p. 13.
4. *Mémoires des joailliers Boëhmer et Barrange*.
5. *Mémoires de Madame de Campan*, t. II, ch. XII, p. 7.

les ennemis de la reine, le comte de Provence en tête, le colportent. Louis XVI en est informé ; bref, Marie-Antoinette est obligée de s'expliquer.

Deux moyens se présentaient à elle : ou tout nier et sacrifier ses deux complices, ou tout avouer et se déclarer adultère avec le grand aumônier de France. Elle choisit le premier parti, se prétendant outragée d'une façon indigne.

Le 15 août, jour de l'Assomption, le cardinal fut arrêté dans ses habits sacerdotaux au moment où il allait dire la messe dans la chapelle royale. Il était prêt à faire son entrée dans la chapelle, on l'appelle dans le cabinet du roi ; il entre et se trouve en présence de Louis XVI et de Marie-Antoinette, du garde des sceaux et de son ennemi intime le baron de Breteuil.

— Qu'est-ce, lui dit le roi, qu'un collier que vous devez avoir procuré à la reine ?

Le cardinal ému, troublé, perd la tête, il jette les yeux sur la reine dont le visage dur et impassible lui montre qu'il n'y a rien à attendre de ce côté.

— Ah ! s'écrie-t-il, je vois que j'ai été trompé.

— Qu'avez-vous fait de ce collier, reprend le roi ?

— Je croyais qu'il avait été remis à la reine.

— Qui vous avait chargé de cette commission ?

— Une dame appelée Madame la comtesse de Lamothe Valois qui m'avait présenté une lettre de la reine.

— Moi, Monsieur, interrompit la reine qui tourmentait son éventail, moi qui depuis votre retour de Vienne ne vous ai pas adressé la parole. A qui persuaderez-vous, s'il vous plaît, que j'ai donné le soin de mes atours à un évêque, à un grand aumônier de France !

Le cardinal arrêté fut conduit à la Bastille ainsi que Madame de Lamothe, et l'affaire fut portée devant le Parlement.

De deux choses l'une : ou le cardinal, — un prince de Rohan, possédant une des plus grosses fortunes de France, — avait, de complicité avec Madame de Lamothe, tenté d'escroquer le collier, ou la reine avait participé à l'achat, et par conséquent était coupable.

On essaya de donner le change sans y parvenir.

On fit venir de Bruxelles une jeune fille ayant de la ressemblance avec la reine, dont elle disait avoir joué le rôle dans l'entrevue du parc de Versailles ; enfin il se trouva, à Genève, un aventurier sachant imiter l'écriture de la reine qui se laissa accuser d'avoir écrit les lettres signées qu'on reprochait à Marie-Antoinette.

On crut écarter ainsi du débat les deux faits les plus accablants.

Mais de l'interpellation à l'ambassadeur du Portugal, du signe fait par la reine en public après la réception du collier, des remerciements adressés par Boëhmer, et reçus sans protestation, de la lettre écrite par ce dernier, consentant à une réduction, de Lesclaux, le valet de chambre, qui avait reçu la cassette, de toutes ces preuves irréfutables, on n'en parla pas, on ne pouvait pas en parler.

On essaya d'étouffer ce procès en rejetant tout le poids d'une condamnation ignominieuse sur Madame de Lamothe et on acquitta le cardinal.

A partir de ce moment, la majesté royale est perdue ; le prestige du trône est détruit. Tout le monde fut convaincu de la culpabilité de la reine, dont le cœur, au milieu des palpitations amoureuses des nuits de désordre, battait le rappel funèbre de la chute prochaine.

Dans la suite, Marie-Antoinette avoua tacitement sa culpabilité en envoyant Madame de Lamballe à la Salpêtrière, porter des secours à Madame de Lamothe qu'elle finit par faire évader (1).

Quand, réfugiée à Londres, celle qui avait assumé toute la responsabilité de ce scandaleux procès menaça de publier ses *Mémoires*, l'ambassadeur de France, par ordre, s'empressa d'acheter le silence de l'aventurière, qui rompit du reste plus tard le marché et publia un historique évidemment mensonger du procès ; M. de Calonne, devenu l'ennemi de Marie-Antoinette, en corrigea même les épreuves.

Donc, deuxième aveu et non pas des moins graves.

Au moment où nous tournons la tête vers le passé, en ouvrant l'histoire toujours actuelle de la Liberté, n'oublions pas qu'au nombre des causes secondaires de la Révolution se trouve cette célèbre affaire du collier, que les derniers documents et les ouvrages historiques nous permettent de juger, débarrassée du mystère dont on l'avait entourée.

Les relations commencées entre la reine et le cardinal de Rohan, par l'entremise d'une entremetteuse de haut rang, portèrent un coup terrible à la royauté, qui sortit diminuée et flétrie de ce procès scandaleux.

Du reste, avec une maladresse toute particulière, Louis XVI semble se faire un plaisir de mettre le public dans la confidence de ses déboires ; quelques années auparavant, il voulut donner une leçon à Marie-Antoinette, et il faut laisser parler un écrivain du temps qui est loin d'être un ennemi de la reine : « Marie-Antoinette était alors dans l'usage de faire des parties de nuit avec le comte d'Artois, d'aller aux différents

---

1. *Mémoires de Mademoiselle Bertin*, p. 13.

spectacles de Paris ou ailleurs et de rentrer fort tard. Sa Majesté, avant de rentrer dans son appartement après souper, donna la consigne que, passé onze heures, on ne laissât passer dans la grande cour du château aucune voiture, sans exception. La reine étant venue avec son beau-frère, à une heure ou deux du matin, fut très surprise de se trouver arrêtée par le garde du corps en sentinelle. Il fallut rétrograder et que Sa Majesté et le comte d'Artois fissent un grand tour pour rentrer d'un autre côté ».

Pendant que Paris gronde écrasé par la misère, une reine coupable, dans ses sorties nocturnes, laisse ouverte la porte des palais par où doit passer la Révolution.

16 avril.

II

LES AMOURS DE LOUIS XVI

Vices de conformation de Louis xvi. — La première nuit de noces. — Duel du comte de provence. — Continence du roi. — Le 16 mars 1778. — La reine grosse. — Scandale du baptême royal.

Au milieu des amitiés de la reine, de ses amours, de ses fêtes, Louis XVI passait calme, froid, morose. Il était assez brutal de sa nature et s'impatientait assez facilement, laissant échapper de gros jurons, même dans les circonstances officielles. Un jour qu'il recevait une députation du Parlement de Paris, il lui arriva de dire à mi-voix :

— Qu'ils aillent se faire f...

Le président entendit et, avec beaucoup de sang-froid :

— Sire, répondit-il, le Parlement enregistrera-t-il votre réponse (1) ?

De Maurepas qui était le mentor de Louis XVI répara « ce coup de boutoir », comme il disait, en accordant

1. *Maximes et pensées de Louis XVI*, p. 23.

ce que le Parlement demandait. Comme mari, il fut insensible et presque hostile à sa femme ; cette conduite n'étonnait personne, car tout le monde savait que le roi avait un vice de conformation et des principes qui le destinaient plutôt au célibat qu'au mariage (1).

Cependant les médecins prétendaient être venus à bout des résistances que la nature opposait à la descendance des derniers rois de France. En même temps, le précepteur qu'on lui avait donné alors qu'il n'était que duc de Berry, s'appliquait à émasculer les désirs et à refouler les ardeurs de ce pauvre jeune homme au sang vicié, qui semblait être l'arrêt forcé d'une race épuisée par de longs siècles d'orgies et de passions honteuses.

« Le double préjugé des familles royales et catholiques européennes de ne s'allier par des mariages qu'avec leurs égales et avec des princes catholiques avait forcé la maison de Bourbon à renoncer à tout mariage avec des maisons protestantes et à s'allier exclusivement avec les maisons de Médicis, d'Autriche, de Savoie et de Bourbon, le sang de la dynastie qui régnait sur les Français était réputé si sacré qu'un mélange avec celui de la noblesse du royaume l'eût souillé dans l'idée des peuples ; les Bourbons étaient obligés d'avoir recours à des mariages avec des Autrichiennes, des Saxonnes, etc. (2). »

On racontait tout haut que le soir des noces du Dauphin, le vieux roi Louis XV avait été obligé de donner lui-même au nouvel époux une leçon étrange,

---

1. Manuscrit de M. Sauquaire-Souligné cité par *Louis Blanc*, t. II, p. 19.

2. *Mémoires de Soulavie* (l'aîné), t. II, p. 25.

singulière, où, à l'aide de tableaux faits exprès, il essayait en une heure de réparer les longues années de castration morale dans laquelle le jeune marié avait vécu. Efforts superflus, leçons inutiles, le jeune homme de seize ans, maladif, le dévot austère se plaçait pour la forme dans la couche de Marie-Antoinette, s'endormant sans même lui adresser la parole (1).

Le mariage ne fût même pas consommé pendant huit années (2).

Le 9 juin 1771, Marie Thérèse écrivait à sa fille : « Ne vous découragez pas, espérez en Dieu, tout ira bien. »

Pendant huit ans, ce fut entre Louis XVI et la reine une lutte désespérée, où le désir de la maternité venait se briser contre un vice de conformation empêchant l'accomplissement des devoirs ; on dut recourir à une opération analogue à celle en usage chez les membres de la religion israélite. Au printemps de 1777, Joseph II, frère de la reine, vient en France et Marie-Thérèse écrit à son fidèle Mercy : « La froideur du Dauphin, jeune époux de vingt ans, vis-à-vis d'une jolie femme m'est inconcevable. Malgré toutes les assertions de la Faculté, nos soupçons augmentent sur la constitution corporelle de ce prince, et je ne compte presque plus que sur l'entremise de l'empereur qui, à son arrivée à Versailles, trouvera peut-être le moyen d'engager cet indolent mari à s'acquitter mieux de son devoir. »

Joseph II arrive à Versailles, une entrevue entre les deux beaux-frères a lieu, une explication délicate s'ensuit ; Louis XVI se laisse persuader, le médecin Lassonne intervient et Marie-Antoinette peut enfin écrire

1. *Mémoires de Madame de Campan*, t. I, ch. III, p. 60.
2 *Curiosités révolutionnaires*, par Louis Combes, p. 37.

à sa mère (16 juin) — « On croit la comtesse d'Artois encore grosse ; c'est un coup d'œil assez désagréable pour moi après sept ans de mariage. Il y aurait pourtant de l'injustice à en avoir de l'humeur ; je ne suis pas sans espérance. Mon frère pourra dire à ma chère maman ce qui en est. Le roi a causé avec lui, sur ce chapitre, avec sincérité et confiance. »

Les bruits les plus malicieux couraient parmi les courtisans.

Marie-Antoinette ne donnait que trop de prise à la médisance. Un jour, pour se rendre à une soirée où le roi ne devait pas l'accompagner, elle avançait l'aiguille de la pendule au milieu des sourires railleurs de la cour (1). Une autre fois elle mettait dans ses cheveux une plume de héron que lui avait offerte de Lauzun et que ce dernier avait ostensiblement portée à son chapeau (2). Dans un bal, dansant avec le comte de Dillon, au milieu du tournoiement de la danse, elle lui prenait sa main et la plaçant sur son cœur :

— Sentez, disait-elle, comme il bat fort !

— C'est inutile, répliquait le roi, qui était aux écoutes, M. de Dillon vous croira sur parole (3).

Les noms des amants présumés de la reine étaient du reste nombreux ; « on cita le comte d'Artois, le duc de Coigny, le beau Dillon, le comte de Fersen, des Enduques, des gardes du corps, et des plaisirs de telle nature, que l'histoire n'en parle que dans les époques les plus dépravées des nations. Rien ne fut

---

1. *Mémoires du comte de Tilly*, t I, ch. VI, p. 145.

2. *Mémoires de Madame de Campan*, t. I, ch. III, p. 169.

3. *Revue rétrospective*, n° 1, p. 87.

capable de tempérer la malignité publique qui dépréciait chaque jour la majesté royale » (1).

Pourtant on pardonnait presque les relations compromettantes prêtées à Marie-Antoinette quand on songeait quel piètre mari elle trompait.

Louis XVI se plaisait à observer les ouvriers qui travaillaient au château ou dans les jardins ; il mettait la main à l'œuvre pour les aider, pour soulever avec eux une pierre lourde, ou une poutre embarrassante ; à force de limer et de forger, il devint habile ouvrier en serrurerie. La Dauphine, en le voyant avec les mains noires, ne l'appelait que son « Dieu Vulcain » (2).

Louis XVI avait pourtant de temps à autre le mot pour rire : ainsi un comte savant et bel esprit revenait d'Angleterre où il était allé voyager ; il va rendre ses hommages au roi qui, peu content de ses absences continuelles, lui demande assez brusquement ce qu'il est allé apprendre en Angleterre.

— A penser, Sire, dit le comte.

— Des chevaux ? répond Louis XVI en lui tournant le dos (3).

De son côté, le comte de Provence pesait les chances plus ou moins certaines qui auraient pu l'amener sur le trône par suite d'une déshérence future, mais déjà escomptée. La reine s'amusait aussi à jouer la comédie, et donnait la préférence aux rôles de soubrette. Les acteurs jouant aux côtés de la reine étaient le comte d'Artois, Madame Elisabeth sœur du roi, et quelques grands seigneurs choisis. Un jour le roi s'amusa à siffler lui-même la royale soubrette.

1. *Mémoires de Soulavie* (l'aîné), t II, p. 41.
2. Id. *Mémoires de Soulavie* (l'aîné), t. II, p. 41.
3. *Anecdotes sur le règne de Louis XVI.*

Un parti s'était formé s'habituant à considérer le comte de Provence comme l'héritier certain de la couronne, et quand il avait eu un fils, le comte d'Artois, son frère, faisant une allusion basse aux relations que l'on prétendait exister entre Marie-Antoinette et le comte de Provence, disait à ce dernier :

— Prenez garde maintenant, mon frère, de ne pas renverser la couronne de sur la tête de votre enfant par vos joutes amoureuses (1).

En même temps, on essayait de donner des maîtresses au roi, qui repoussait les sourires les plus provocants, les avances les moins équivoques des plus belles femmes de la cour. Dans une promenade qu'il fit aux Bons-Hommes, on aposta sur son passage une des plus jolies femmes de Paris et les courtisans la lui firent remarquer en exaltant sa beauté ; le roi se contenta de répondre d'un air froid :

— Cette femme est en effet assez belle, quel est son état ?

— Elle est marchande, répondit-on.

— Elle ferait mieux d'être dans sa boutique, reprit Louis XVI (2).

Il n'y avait pas à insister ; les regards les plus enflammés venaient se briser contre ce cœur de glace, que n'avaient pu encore réchauffer les ardeurs de la princesse autrichienne.

Marie-Antoinette, ayant éprouvé l'inutilité des longues nuits du petit Trianon, résolut par tous les moyens de toucher cette âme rebelle, et ce fut en partageant les travaux grossiers de Louis XVI, ce fut en lui servant de manœuvre, en gâchant de ses mains

1. Manuscrit de Sauquaire-Souligné.
2. *Maximes et pensées de Louis XVI*, p. 21.

blanches et fines le mortier employé par le roi (1) pour les réparations des vieux pans de murs, qu'elle réussit à conquérir cette flamme qui se dérobait sans cesse. Durant plusieurs mois, on la vit s'enfermer avec son époux dans la forge du château, assistant aux joies ou aux déceptions de l'élève du serrurier Gamin, qui versait des larmes de contentement ou de colère, selon que les coups de lime avaient été plus ou moins heureux, plus ou moins habiles. Ce fut en faisant la cour à un homme de peine, en essuyant les gouttes de sueur grossières découlant de ce front vulgaire, qu'elle devint véritablement reine de France.

Le 16 mars 1778, le roi paraissait enchanté ; il venait de recevoir des compliments de Gamin pour une charnière à ressorts à laquelle il travaillait en secret depuis longtemps. Marie-Antoinette avait assisté à toutes ses émotions, suivi toutes les difficultés de ce travail manuel ; Louis XVI, ravi de son triomphe, était accouru recevoir des félicitations sur ce coup de maître ; la reine était seule, il l'avait embrassée avec une joie brutale, et Mademoiselle Bertin, la modiste préférée de la souveraine, qui passait dans les couloirs, fut obligée de fermer, par discrétion, une porte laissée entrebâillée et qui pouvait livrer le ménage royal aux sourires, aux moqueries du premier venu.

Marie-Antoinette, depuis cette après-midi, paraissait radieuse ; elle était fière, contente, mais elle n'osait pas encore annoncer la grande nouvelle dont Madame de Polignac avait été jusqu'ici la seule confidente. Enfin, un mois après, la reine accourait dans la forge de son mari, se jetait à son cou, la figure allumée de contentement et s'écriait :

— Je viens vous demander raison, sire, d'un de

1. Feuilleton *des Débats*, par Barrière, 26 août 1858.

vos nouveaux sujets qui me donne de grands coups de pieds dans le ventre (1).

C'était le 16 août 1778. Il y avait sept ans que Louis XVI était marié.

Un mois auparavant, Marie-Antoinette avait écrit à sa mère l'impératrice Marie-Thérèse : « J'ai vu ce matin mon accoucheur ; selon son calcul et le mien, j'entre dans le troisième mois ; je commence déjà à grossir visiblement... j'ai été si longtemps sans oser me flatter du bonheur d'être jamais grosse, que je le sens bien plus vivement à cette heure, et qu'il y a des moments encore où je crois que tout cela n'est qu'un songe, mais ce songe se prolonge pourtant et je crois qu'il n'y a plus de doute à avoir. »

Deux mois plus tard, 14 août 1778, elle écrit encore : « Mon enfant a donné le premier mouvement le vendredi 31 juillet, à dix heures et demie du soir, depuis ce moment il remue fréquemment, ce qui me cause une grande joie. »

Désormais, le roi n'est plus le même ; il devient empressé auprès de la reine, même jaloux ; il jette avec dédain les nombreux pamphlets imprimés par les soins du comte de Provence contre Marie-Antoinette ; car par dépit de voir ses espérances trompées, ses projets déçus, le frère aîné du roi abreuve sa belle-sœur d'injures, de calomnies, de diffamations distillées dans des libelles venimeux imprimés à Londres, écrits par des mercenaires à sa solde.

Quelques jours avant l'accouchement, on jeta dans l'œil-de-bœuf un volume entier de chansons manuscrites contre la reine ; ce manuscrit fut remis au roi

---

1. *Histoire de Marie-Antoinette*, par E. et J. de Goncourt, p. 129.

qui fut bien offensé et dit que de pareilles chansons troubleraient la paix de vingt ménages ; que c'était un crime capital d'avoir osé en faire contre la reine elle-même, et qu'il voulait que l'auteur de ces infamies fût recherché, découvert et châtié. Quinze jours après, on savait publiquement que les couplets étaient de M. de Champcenetz de Richebourg qui ne fut même pas inquiété (1).

Quand la reine eut accouché, Louis XVI en conçut une grande joie, il s'empara du nouveau-né, le couvrit de baisers, courut sur le balcon, l'offrir aux regards des curieux réunis et dit en le levant sur ses bras :

— N'est-ce pas que c'est bien là ma fille ? N'est-ce pas qu'elle me ressemble (2) ?

« Mesdames tantes étaient excellentes Françaises, leur ressentiment avait anéanti toutes les réserves de la politique ; elles tenaient avec courage des propos terribles sur les mœurs de la jeune cour, dont elles observaient le dépérissement insensible. Plus la jeune reine était belle, aimable, séduisante, hardie, téméraire, futile dans ses goûts, frivole dans ses désirs, ambitieuse de dominer et jalouse de son titre d'archiduchesse qu'elle mettait en avant dans toutes les circonstances et jusque sur les notices de la cour, et plus aussi elles étaient fières, affectant les grands tons des belles années du règne de Louis XV. Croira-t-on que les cinq princesses, les trois tantes et les deux belles-sœurs se détestèrent si passionnément qu'elles divulguèrent à l'envi les détails de la vie privée de la reine ? Ce que l'une avançait, une autre princesse le confirmait. Une troisième rendait les anecdotes incontestables.

1. *Mémoires de Madame de Campan.*
2. *Maximes et pensées de Louis XVI*, p. 29.

« La reine de son côté porta le ressentiment vindicatif au point de jeter les premiers soupçons sur les mœurs de Madame et sur celles de la comtesse d'Artois. Les perfidies allèrent si loin que les observateurs impartiaux de ces intrigues accusèrent Marie-Antoinette d'avoir dirigé les amants et même le garde du corps qui livrèrent au public Madame d'Artois en spectacle vers les dernières années de la monarchie (1). »

La cour est le théâtre de scènes violentes ; on en veut à Louis XVI d'avoir fait mentir la nature, d'avoir trompé les prévisions des médecins ; quand Marie-Antoinette eut accouché, on réserva la suprême insulte pour le jour du baptême de la jeune princesse, devant toute la cour et les ambassadeurs étrangers.

Le comte de Provence était précisément parrain, il tenait Madame sur les fonts baptismaux. Le grand aumônier de France lui demanda quel nom il voulait donner à la jeune princesse.

— Monsieur, interrompit le comte de Provence, procédons par ordre, le cérémonial exige d'abord que vous m'interrogiez sur le père et la mère de l'enfant.

Un murmure courut dans l'assistance, le grand aumônier balbutia, dit que la question n'était posée que lorsqu'il y avait doute.

— Croyez-vous que ce ne soit pas le cas ? repartit avec une insolence hautaine le frère du roi.

— Je ne le pense pas, repartit le grand aumônier, tout le monde sait ici que Madame est née du roi et de la reine.

Comme pour prolonger ce scandale, le comte de Provence se tourna vers le curé de Notre-Dame et lui demanda :

1. *Mémoires* de *Soulavie*, t. II, p. 72,

— Est-ce votre avis, monsieur le curé ?

C'est au milieu de ce bruit insolent que le curé de Notre-Dame répondit :

— En thèse générale, Votre Altesse Royale a raison, on doit s'enquérir du père et de la mère de l'enfant présenté aux fonts baptismaux ; mais dans le cas présent, je n'aurais pas agi autrement que le grand aumônier (1).

---

1. Manuscrit de Sauquaire-Souligné. — *Mémoires secrets de Bachaumont*, t. XIII, p. 251. — *Louis Blanc.* t. II, p. 32.

21 avril.

III

LES FINANCES DE LA ROYAUTÉ

La fortune de la France. — Les fermiers généraux.
— Le diner de J.-J. Rousseau. — Les pensions et
dotations des nobles. — Dilapidation. — Inutiles
mesquineries de Louis XVI. — Scène du duc de
Coigny. — Madame Déficit !

Au moment où la Révolution va véritablement commencer, où l'apostrophe de Mirabeau au marquis de Dreux-Brézé va être la première parole de révolte, au moment où nous allons pouvoir suivre date par date les événements, consacrons, avant l'ouverture des États généraux, un chapitre à l'examen de l'état des finances de la royauté ; voyons ce qu'elle avait fait des ressources de la France, à une époque où elle détenait le pouvoir absolu et où le roi était le *seul ordonnateur*.

Les trois ordres se composent de cent quarante mille nobles, de cent trente mille prêtres ou religieux possédant les deux tiers du sol, payant un impôt illusoire, et enfin du peuple qui possède l'autre tiers de la propriété, supportant toutes les charges. Les nobles ne payent que ce qu'il leur plaît de déclarer, leurs affirmations n'étant jamais vérifiées ; le clergé n'est tenu qu'à « un don gratuit », il donne ce qu'il veut et il ne veut pas beaucoup.

« Si on veut se les représenter un peu nettement, on peut imaginer dans chaque lieue carrée de terrain et pour chaque millier d'habitants, une famille noble et sa maison à girouettes, dans chaque village un curé et son église, toutes les six ou sept lieues une communauté d'hommes ou de femmes (1). »

Le payement des impôts est sous la sauvegarde, la responsabilité de trente-trois fermiers généraux, qui perçoivent la totalité, donnent un peu au roi, mais gardent davantage. Les fermiers ont sous leurs ordres deux cent mille employés fripons et voleurs, qui, pour arriver à faire payer les paysans, ont le droit de recourir à la force ; ils y recourent souvent. Des luttes sanglantes s'engagent entre les gens du fisc et les malheureux croquants ; quelquefois la mort s'ensuit, mais les meurtriers sont rarement punis, ils sont jugés par un tribunal spécial de la Ferme Générale, devant lequel il suffit pour être certain d'obtenir un acquittement, d'établir que la violence a été nécessaire. L'impunité est devenue de règle ordinaire, on en est même arrivé à ne plus poursuivre : un homme tué par les percepteurs des fermiers généraux ne valant pas la peine de déranger des juges, dont le métier est d'absoudre quand même, en mettant les frais de la procédure à la charge des biens de la victime.

Aussi les paysans étaient dans une misère noire, et ceux qui avaient quelque aisance simulaient le dénuement, comme le raconte Jean-Jacques Rousseau (2).

1. Taine. *Les origines de la France contemporaine*, t. 1, p. 17.
2. *Confessions*.

L'auteur d'*Émile*, après une longue course, las, mourant de faim et de soif, entra chez un paysan dont la maison n'avait pas belle apparence : il pria qu'on lui servît à diner, en payant. On lui apporta du lait aigre et du gros pain d'orge : Rousseau, qui avait grand appétit, fit contre mauvaise fortune bon cœur, se mit à manger les grossiers aliments qu'on lui offrait. Le paysan, qui examinait son hôte, jugea à sa mine qu'il n'avait pas affaire à un employé du fisc venu pour l'espionner ! Il ouvrit une petite trappe à côté de sa cuisine, descendit, revint un moment après avec un bon pain bis de pur froment, une tranche de jambon et une bouteille de vieux vin. Rousseau avait eu la chance de tomber chez un petit fermier aisé comme on n'en aurait pas trouvé un autre à dix lieues à la ronde. Quand il voulut payer, le brave homme refusa, en s'excusant d'avoir d'abord offert le pain de paille, mais il avait pris son hôte pour un commis ou rat-de-cave, et il lui expliqua qu'il cachait son vin à cause des aides, qu'il cachait son pain à cause de la taille, et qu'il aurait été perdu si on avait pu se douter qu'il ne mourait pas de faim comme tous ceux qui l'entouraient.

Aussi les petits agriculteurs disparurent peu à peu sous ce régime atroce ; ceux qui possédaient quelques terres, comme toutes les charges retombaient sur eux, furent obligés de vendre, redevenant métayers ou domestiques.

A côté de la gent taillable et corvéable à merci, les nobles et les prêtres, non contents de ne pas participer aux charges de l'État, se faisaient accorder des rentes, des privilèges de toutes sortes.

Le roi avait pris l'habitude de doter les jeunes filles nobles, mais pauvres, qui voulaient se marier ; i revenait les doter quand leurs maris les abandonnaient après avoir dissipé leur dot, ce qui ne l'empêchait pas de payer les dettes faites par les seigneurs dans les tripots et les établissements de bas étage.

A la fin du règne de Louis XVI, les privilégiés imaginèrent même de se faire payer le capital des rentes qu'ils touchaient, capital qu'ils n'avaient jamais versé, bien entendu.

C'était le gaspillage prenant la forme d'une institution.

D'un autre côté, les fermiers généraux avaient le droit de vendre des exemptions d'impôts. On versait une fois pour toutes une somme entre leurs mains et l'on ne contribuait plus aux charges. De telle sorte que le nombre de ceux qui payaient diminuait sans cesse, tandis que le chiffre à payer grossissait toujours.

Pour subvenir à ces besoins nouveaux, sans cesse augmentés, on eut recours à l'emprunt, ou plutôt aux emprunts, qui se succédèrent, et dont les produits disparaissaient dans les caisses toujours vides de la royauté, où les courtisans puisaient à pleines mains.

« On a vu avec effroi dans les campagnes le collecteur disputer à des chefs de famille le prix de la vente des meubles qu'ils destinaient à arrêter le cri du besoin de leurs enfants (1). »

L'impôt payé par l'agriculteur qui mourait de faim servait à satisfaire les honteuses cupidités des intrigants de haut rang et des coquins descendant des croisades.

De 1778 à 1786, on avait emprunté et dissipé plus d'un milliard.

Un jour, le roi apprit que le budget de son royaume

1. *Archives nationales*, H. 1417. Lettre de l'intendant d'Orléans.

se chiffrait par cent quarante millions de déficit par an.

Le bonasse Louis XVI ne se doutait même pas de la situation ; quand il connut l'état de ses finances, se laissant aller à son humeur brutale, il se mit dans une colère violente ; saisissant même une chaise, il la brisa en s'écriant :

— Ce coquin de Calonne, il mériterait que je le fisse prendre (1) !

Louis XVI se cabrait contre Calonne, qu'il rendait responsable de la ruine; le ministre n'avait fait que suivre l'entraînement général, obéir aux désirs de la reine, céder à toutes les demandes des nobles, ne refusant rien, accordant toutes les faveurs, augmentant les pensions, en créant de nouvelles pour ceux qui n'en avaient pas, aimable pour tous, généreux, prodigue des fonds de l'État, ouvrant ses caisses, prévoyant une catastrophe finale et semblant dire à tous ces seigneurs se disputant les derniers millions :

— Prenez vite ; hâtez-vous : ce sera plutôt fini !

On ne refusait rien, on proposait tout ; il n'y avait qu'à se baisser pour recevoir, et les nobles se baissèrent tellement qu'ils ne se sont plus relevés.

Tout ce monde enrubanné, avec de l'or aux habits, des plumes rares aux chapeaux, montait à l'assaut des plaisirs faciles, prodigués, procurés par un ministre sans pareil. Les bals avaient été augmentés, les fêtes étaient devenues une habitude ; toute cette cour, dont les os craquaient dans les spasmes de la passion, drainait les coffres-forts du trésor royal, saisie d'une fringale de débauche.

Cependant le roi ayant commencé par être économe,

---

1. *Mémoires historiques et politiques*, t. VI, p. 169.

finit par se montrer ladre ; il va jusqu'à jouer vingt sous au petit jeu de la cour, pariant un écu aux courses comme un vulgaire boutiquier revendeur au petit paquet.

Pourtant, un jour, le roi fabrique une charnière à ressort, dont nous avons conté l'histoire ; il fait sa paix amoureuse avec la reine, Mademoiselle Bertin ferme une porte ; à partir de ce jour, les serrures des coffres ne sont plus fermées, les réformes budgétaires sont abandonnées, Marie-Antoinette prend de l'ampleur et de l'empire sur le roi, elle achète Saint-Cloud ; Louis XVI ne voulant pas demeurer en reste achète Rambouillet ; cela dure ainsi jusqu'au jour où Calonne, se retirant, découvre le gouffre financier creusé sous le trône, gouffre où va s'effondrer la vieille monarchie des Capet.

On essaye de restreindre les dépenses, de supprimer des emplois, d'abolir quelques privilèges ; efforts inutiles. La noblesse refuse de se laisser « dépouiller » ; elle regimbe, se révolte même comme le duc de Coigny qu'on dit l'amant de la reine, — un des plus désintéressés pourtant, — à qui le roi annonce que la charge de grand écuyer, dont il était titulaire, était abolie ; le duc de Coigny se fâche, il fait une scène devant toute la cour, il va jusqu'à l'insolence, et Louis XVI cède, il plie les épaules. Le soir, il disait ingénument :

— Ce duc de Coigny, il m'aurait battu, si je l'avais laissé faire !

Battu !... il n'aurait plus fallu que cela. Battu par le duc de Coigny.

Pendant ce temps, la reine court les fêtes, et le peuple manque de pain ; un soir, comme elle passe en voiture se rendant à l'Opéra, une mère de famille, dont le fils était mort la veille faute de lait, lui lance cette dure apostrophe :

— Voilà Madame Déficit !

Épithète sanglante qui va s'imprimer sur le front de l'Autrichienne !

En attendant, la dette augmente ; il faut combler les cent quarante millions de déficit annuel. On songe à les demander à celui-là seul qui a toujours payé toutes les fautes, toutes les dépenses, toutes les folies des grands, au peuple ! Les Etats généraux sont convoqués.

La Révolution commence !

Du 1ᵉʳ au 7 mai 1789.

IV

CONVOCATION DES ÉTATS-GÉNÉRAUX

Proclamation dans tout le royaume. — Costume des députés. — Premiers incidents. — Procession du Saint-Esprit. — Cris populaires. — Les cahiers électoraux.

Les élections sont terminées dans tout le royaume.
Elles ont eu lieu suivant le règlement royal du 24 janvier 1787, variant suivant l'ordre qui devait les faire.
D'abord les privilégiés :
Les évêques, abbés et curés privilégiés, c'est-à-dire possédant des bénéfices, votent directement pour les députés aux États ; ils sont électeurs. Ils peuvent voter par procuration. Les chapitres nomment un électeur à raison de dix chanoines, deux au-dessus de dix, trois au-dessus de vingt. — Tous les autres ecclésiastiques se réunissent chez le curé et nomment un électeur à raison de vingt ecclésiastiques.
Les couvents d'hommes ou de femmes indistinctement nomment un électeur par communauté, pris dans le clergé.

Les nobles possédant fiefs ou ceux qui n'en possèdent pas, mais qui ont noblesse transmissible, sont électeurs directs. Les femmes, les filles, les veuves, les mineurs propriétaires de fiefs, ont droit à une voix d'électeur qui se manifeste par procuration.

En ce qui concerne le tiers-état, l'élection est à trois degrés.

Premier degré : Chaque deux cents habitants ayant un rôle individuel d'impositions s'assemblent devant le juge du lieu et nomment un délégué par cent feux. Il y avait divergences dans les chiffres pour certaines corporations, mais le système était le même.

Deuxième degré : Ces délégués se réunissent en assemblée préliminaire, au chef-lieu de la sénéchaussée, quinze jours avant l'assemblée générale des trois ordres et désignent le quart d'entre eux pour former le corps électoral.

Troisième degré : Ces électeurs nomment les députés de l'ordre.

Ce sont les électeurs de chaque ordre qui rédigent les cahiers.

Mais à un degré quelconque, on peut dire que tous les hommes de France, au nombre de cinq millions, prirent part à l'élection ; car tous les imposés âgés de plus de vingt-cinq ans votèrent ; la capitation, en effet, atteignait tout le monde, les domestiques exceptés.

Le scrutin était individuel, c'est-à-dire que les électeurs ne nommaient qu'un député à la fois ; il fallait, pour être nommé, obtenir la majorité relative des électeurs, sinon on revenait voter jusqu'à trois fois ; au troisième tour, celui qui avait le plus de voix l'emportait.

Les élections terminées, les députés se dirigèrent

vers la capitale pour de là se rendre à Versailles ; les voyages étaient alors assez difficiles ; il ne fallait pas moins d'une douzaine de jours pour arriver de la Provence ou du Bas-Languedoc. Les voitures les plus rapides étaient les *Turgotines*, ainsi nommées parce que Turgot en avait organisé le service ; la poste aux chevaux était un luxe de gros riche.

On allait de Paris à Rouen en un jour, moyennant 42 livres et 16 sols.

Pour Abbeville, la diligence ne partait de Paris que quatre fois par semaine, et restait un jour et demi en route, la place coûtant 32 livres.

Il fallait deux jours pour aller à Blois ou à Caen ; deux jours et demi pour aller à Auxerre, quatre jours pour Liège, huit jours pour Genève et pour Pau, cinq jours pour Lyon, dix jours pour Bordeaux.

A côté de la diligence, il y avait la concurrence d'autres voitures voyageant à petites journées ; ainsi le fourgon de Paris à Bordeaux restait 15 jours en route. Mais au lieu de payer 124 livres et 8 sols comme avec la diligence, on ne donnait par place que 24 livres et 14 sols (1).

Le 1er mai 1789, dans chaque ville de France, sur toutes les places et dans les carrefours, le roi d'armes de la cité, précédé de quatre hérauts, lut une proclamation annonçant que le roi admettrait le surlendemain les députés à l'honneur de lui être présentés.

Par cette formule, quelque peu vieille et ressuscitée du moyen âge, par cette mise en scène étrange, dont il avait perdu l'habitude, le peuple put s'apercevoir combien la cour avait l'intention de maintenir la différence des ordres, c'est-à-dire la différence des castes et des races.

1. *Mémoires de l'abbé Georgel*, t. II. p. 319.

La proclamation, en effet, portait que les trois ordres ne seraient pas reçus ensemble.

Le clergé devait être reçu à onze heures du matin, dans le cabinet de Louis XVI ; la noblesse à une heure de l'après-midi, dans le même endroit, enfin le tiers, ne devait être présenté qu'à quatre heures seulement, dans la chambre du roi.

Pour recevoir les ordres privilégiés, on ouvrit à deux battants la porte des appartements ; pour le tiers on jugea qu'un seul battant serait suffisant et on fit défiler les représentants des communes avec rapidité, sans presque se donner le temps de les apercevoir (1), comme si on se fût débarrassé d'une corvée.

On allait plus loin encore ; on fixait des différences plus humiliantes : on réglementait le costume que chaque député devait porter, suivant l'ordre auquel il appartenait. Il faut lire, dans les pièces du temps, ces règlements singuliers pour bien se rendre compte de l'esprit de cette royauté, qui, au moment où l'on va discuter les plus grands intérêts qui aient été jamais mis en jeu, et jusqu'à l'existence même du trône, s'occupe de mesures frivoles, prend un souci extrême de savoir comment seront chaussés et coiffés les députés, établissant des catégories qui n'existent plus que dans un cérémonial ridicule répondant à des idées disparues depuis des siècles.

Ainsi, pour le clergé, les cardinaux devaient être en chape rouge, les archevêques et évêques en rochet camail et soutane violette, les abbés et autres députés du clergé inférieur, en soutane et manteau long.

Les nobles devaient porter l'habit à manteau d'étoffe noire de la saison, un parement d'étoffe d'or sur le

---

1. *Les tablettes Royales.*

manteau, une veste analogue au parement, culottes noires, bas blancs, cravates de dentelles, chapeaux à plumes blanches retroussés à la Henri IV. Le règlement, dans une parenthèse, fait remarquer qu'il n'est pas obligatoire que les boutons de l'habit soient d'or.

Quant au tiers état, lui, on le réduit au costume le plus commun, affectant de le tenir dans une simplicité voisine de la pauvreté. L'habit, la veste et la culotte devaient être de drap noir, les bas noirs, le manteau court de voile, la cravate de mousseline et le chapeau retroussé de trois côtés, sans ganses ni boutons.

L'intention de mortifier le tiers état était évidente, et la reine prenait un plaisir extrême à regarder « ces pauvres députés du tiers, ayant tous la mine de fils de procureurs ». Humiliations. Amusements, dangereux, qui se voient pour la dernière fois.

Les esprits retardataires auraient encore voulu aller plus loin ; ils eussent désiré que, reprenant tous les vieux usages de l'antique cérémonial, on obligeât les membres du tiers à faire leur harangue à genoux ; mais la fermeté des députés leur fit comprendre que ces moyens n'étaient plus de mise après Voltaire et Rousseau. Ne pouvant contraindre les députés du peuple à cette injurieuse coutume, on ne voulut pas, néanmoins, l'en dispenser d'une manière formelle, et on décida seulement que le président du tiers ne prononcerait pas de discours.

Dans les grandes questions, tout s'enchaîne ; et les petits côtés expliquent souvent de grands événements.

Après la réception que la royauté vient de faire aux représentants du tiers état, qui donc pourra nier qu'il y avait contre le peuple un parti-pris arrêté ? Qui donc parlera encore de la bienveillance de Louis XVI, bienveillance qui ne se serait évanouie que devant les justes revendications de l'Assemblée nationale ?

Le tiers état va prendre sa revanche.

Humilié par la cour, il va être fêté par le peuple, qui éclatera en applaudissements sur son passage, lui disant bien haut que c'est en lui que réside l'espoir du pays, la suprême espérance de la nation.

Louis XVI avait décidé que la veille de l'ouverture, les députés se réuniraient, pour aller en procession de l'église Notre-Dame à celle du Saint-Esprit.

Les trois ordres s'assemblèrent dans l'église Notre-Dame ; quand la Cour fut arrivée, on chanta le *Veni Creator* et, cette prière terminée, tous les députés se rendirent à l'église Saint-Louis. Le tiers marchait le premier, la noblesse le suivait ; puis venait le clergé précédant le Saint-Sacrement que suivaient le roi et la Cour.

L'archevêque de Paris portait l'ostensoir sous un dais magnifique, dont les comtes de Provence et d'Artois, les ducs d'Angoulême et de Berry tenaient les cordons (1).

La députation du tiers état réunissait deux prêtres, douze gentilshommes, dix-huit maires ou consuls, cent soixante-deux magistrats des divers tribunaux, deux cent soixante-douze avocats, seize médecins, cent soixante-seize négociants, propriétaires ou cultivateurs. La députation du clergé était composée de quarante-huit archevêques ou évêques, trente-cinq abbés ou chanoines et deux cent dix-huit curés. Dans celle de la noblesse, on comptait : un prince du sang, deux cent soixante-neuf gentilshommes dont vingt-huit

1. *Dernières années de Louis XVI*, par F. Hué, p. 15.

magistrats (1). Le cortège, ayant au milieu la musique de la chapelle du roi, se mit en marche.

Il faisait un temps magnifique ; la nature semblait s'être mise en fête pour cette imposante cérémonie, prodiguant ses verdures nouvelles, ses parfums et ses plus brillants rayons de soleil.

L'avenir s'ouvrait riant, au milieu de la nature heureuse et superbe.

Paris avait émigré à Versailles, pour voir ceux qui arrivaient précédés d'espérances impatientes. Sur le passage du cortège, les maisons étaient tapissées, les rues jonchées de fleurs, les balcons garnis d'étoffes précieuses. La foule énorme s'écrasait contre les murs, de véritables grappes humaines se suspendaient aux croisées, les toits eux-mêmes étaient couverts de spectateurs. De distance en distance, des chœurs de jeunes filles faisaient entendre des cantiques et des chants joyeux.

Sur le parcours, nombreux sont les acteurs qui vont jouer leur rôle dans ce drame qui défie l'imagination, acteurs dont l'histoire conservera les noms ; voici un groupe d'écrivains : de Morande, revenu d'Angleterre avec Brissot qui signe de Warville, et dont il racontera plus tard la vie de pamphlétaire ; à côté, Linguet qui a aussi quitté Londres ; plus loin, Condorcet et le Génevois Clavière, causent du *Moniteur* qu'ils vont créer. Cet homme, noir, grand, sec, qui émerge en quelque sorte de la foule, c'est l'huissier du Châtelet, Stanislas Maillard ; cet autre à favoris rouges, avec sa figure couleur de cuivre, c'est Jourdan, ce maquignon qui aura pour surnom Jourdan-Coupe Tête. Ce petit hom-

---

1. *Histoire du règne de Louis XVI*, par Nougaret, t. VI, p. 133

me maigrelet qui se dresse sur la pointe des pieds pour mieux voir, c'est Jean-Paul Marat. Santerre a fermé sa brasserie du faubourg Saint-Antoine pour être là, tout comme Legendre sa boucherie, pour suivre Danton à Versailles, ce Danton dont il deviendra l'admirateur passionné.

Quand on vit les membres du tiers, à qui la simplicité, par ordre, donnait un air sévère, les acclamations de la foule retentirent, enthousiastes et spontanées. La noblesse, malgré son luxe tapageur et bruyant, fut acueillie avec une grande froideur ; le passage du clergé ne provoqua pas un seul cri. On remarqua beaucoup que le duc d'Orléans, qui représentait à ce moment les idées d'opposition à la cour et qui était brouillé avec Marie-Antoinette, on remarqua, dis-je, que marchant en tête de la noblesse, il se mêlait avec ostentation aux derniers rangs du tiers, qu'il ne quitta presque pas de toute la cérémonie. Si l'on songe que le duc était prince du sang, un Bourbon, et descendant du cinquième fils de saint Louis, on doit comprendre l'effet que produisit une pareille conduite dans de telles circonstances.

La reine était pâle et blême, le regard hautain, la lèvre frémissante ; à un moment donné, le cortège subit un instant d'arrêt ; Marie-Antoinette se trouvait précisément devant un groupe de femmes du peuple ; celles-ci, choquées du ton altier de la reine, la saluèrent d'un long cri de :

— Vive le duc d'Orléans (1) !

C'était lui lancer un affront à la face ; ce cri se répéta jusqu'à l'église Saint-Louis, et plusieurs fois

1 *Mémoires de Madame de Campan*, ch. XIII.

Madame de Lamballe dut soutenir sa souveraine prête à s'évanouir.

C'était la revanche des humiliations de la veille.

Les revanches du lendemain seront plus terribles encore.

Arrivés à Saint-Louis, les trois ordres prirent place dans la nef ; le roi et la reine s'assirent sous un dais de velours violet, parsemé de fleurs de lys d'or et un chœur entonna l'*O salutaris hostia*.

L'évêque de Nancy, M. de la Fare, monta en chaire et prononça un sermon paraphrasant cette idée : « La religion est la force des États. » Ce sermon eut beaucoup de succès, et quand l'orateur, après avoir flétri le luxe et le despotisme des Cours, les violences du régime fiscal, les misères des campagnes, s'écria : « Et c'est sous le nom d'un bon roi, d'un monarque juste, sensible, que ces misérables exacteurs exercent leur barbarie, » les applaudissements éclatèrent de toutes parts (1), malgré l'étiquette qui défendait d'applaudir à l'église et surtout en présence du roi.

La cérémonie se termina à quatre heures.

Ce jour-là, la France fit un beau rêve, voyant partout, dans son allégresse du moment, la joie et le bonheur du lendemain. La France était heureuse, parce qu'elle était confiante, elle avait foi dans ces hommes qui arrivaient avec des mandats bien arrêtés et bien déterminés ; car ceux-là qui devaient quelques jours plus tard commencer cette lutte épique, d'où sortirent des lois nouvelles et un régime nouveau, ceux-là venaient, apportant un mandat bien précis,

1. Mirabeau, *Journal des États généraux*, n° 1.

impératif, et dont ils ne firent que poursuivre la stricte application. Aussi, l'on peut dire que la Révolution fut faite non seulement par les six cents membres du tiers, mais par la France tout entière, car elle avait préparé les fameux cahiers électoraux ; c'est donc, à vrai dire, la collectivité des individus qui changea ces institutions séculaires, chassa une royauté enracinée dans les mœurs, métamorphosa les mœurs elles-mêmes, et bouleversa tout le vieux régime despotique d'où naquit la liberté.

Ces cahiers électoraux, dont l'influence fut si grande, avaient été dressés avec un soin extrême par ce peuple si nouveau à la vie politique, mais dont l'attitude fut pourtant aussi ferme que résolue.

Les cahiers contenaient le résumé des désirs des électeurs ; ils étaient précédés, le plus souvent, d'une déclaration des droits où les principes humanitaires et philosophiques trouvaient un large développement. Mais la partie pratique contenait la ligne de conduite du député, ce qu'il devait voter, ce qu'il devait refuser.

Et ces élus savaient tenir la parole donnée à leurs électeurs.

Du 5 au 7 mai 1789.

OUVERTURE DES ÉTATS GÉNÉRAUX

V

Première suppression d'un journal. — Aménagement de la salle des États généraux. — Vérification des pouvoirs par ordre ou par tête. — Première séance. — Première motion de Robespierre. — Joie de la reine.

La grande époque est féconde en dates glorieuses, mémorables, capitales ; il suffit de lever les yeux pour les voir éblouissantes, chacune marquant une étape vers la liberté, une défaite pour le despotisme, une victoire pour la nation.

Le 4 mai, c'est le peuple qui lance son cri de révolte à la face de la reine, en lui disant sur le passage du cortège de Notre-Dame à Saint-Louis : Vive Orléans à jamais ! Cette menace bouleverse Marie-Antoinette, dont les nerfs se contractent au point de briser les bracelets qui ornent ses poignets (1) de jolie femme ;

1. *Mémoires relatifs à la famille royale de France pendant la Révolution*, t. I, p. 341.

ce cri l'irrite tellement qu'à peine rentrée au palais, elle s'évanouit, et il faut que ses femmes déchirent précipitamment ses robes pour lui donner de l'air, n'ayant même pas le temps de la délacer.

La salle des Menus où devaient s'ouvrir les Etats généraux pouvait contenir deux mille personnes ; le plafond, percé en ovale, laissait tomber le jour à travers un taffetas blanc. Au fond, sur une estrade magnifiquement décorée et sous un baldaquin de grosses franges d'or, se trouvaient le trône, le fauteuil de la reine et les tabourets des princesses ; au bas de l'estrade, on avait placé un banc pour les sous-secrétaires d'État et une table recouverte de velours violet. — Louis XVI avait présidé à toutes ces décorations (1), mettant lui-même la main à l'œuvre et aidant les tapissiers au besoin. — Un de ses grands soucis avait été aussi de bien réciter son discours, « étudiant son temps » devant une glace, et s'exerçant aux intonations de sa voix (2).

Le 5 mai eut lieu l'ouverture officielle ; de nombreux spectateurs avaient, de bonne heure, envahi l'enceinte réservée au public, la vaste salle des *Menus*. Le clergé fut assis à la droite du trône, la noblesse à gauche et le tiers en face.

La séance devait commencer à une heure ; dès midi la salle est remplie et tous les députés du tiers sont à leur place.

On vit ensuite entrer processionnellement, par la porte du fond, la cour précédant le roi ; les députés du

1. Toulongeon, I, 37.
2. *Mémoires de Madame de Campan*, t. II, ch. XIII.

tiers avaient été introduits dans la salle par une porte pratiquée sur le derrière et abritée par un hangar (1). On commença à placer les députés du tiers à partir de neuf heures du matin.

Vers une heure, les hérauts d'armes annoncent l'arrivée du roi ; tous les députés sont debout. Le roi paraît et son entrée est accueillie par de nombreux applaudissements. Louis XVI monte sur le trône recouvert d'un dais ; la reine prend place sur un fauteuil un peu moins élevé et en dehors du dais : la famille royale entoure le roi ; les princes, les ministres, les pairs du royaume occupent des tabourets, et la cour se place sur les degrés de l'estrade.

M. de Dreux-Brézé, grand maître des cérémonies, étend le bras du côté de l'assemblée ; du bâton qu'il tient à la main, il fait signe que le roi va parler ; un profond silence s'abat sur la salle.

Le jeune monarque lit alors un discours faisant appel à la sagesse et à la prudence : « tout ce qu'on peut attendre du plus tendre intérêt au bonheur public, tout ce qu'on peut demander à un souverain, le premier ami de ses peuples, vous pouvez, vous devez l'espérer de mes sentiments. »

Il termine en annonçant que Necker va exposer l'état des finances.

Les applaudissements couvrent la fin de son discours, et le roi s'étant assis sur son trône se couvre ; les nobles l'imitent. Quelques membres du tiers commencent aussi à se couvrir, d'autres s'y opposent, cet incident cause une sorte de rumeur d'où s'échappent

---

1. *Mémoires de l'abbé Georgel*, II, 319. — *Précis historique de Rabaud-Saint-Etienne*, p. 72. — *Montgaillard*, II, p. 6.

ces mots : « Couvrez-vous, découvrez-vous ! » Louis XVI devient tout rouge, maîtrise un mouvement d'impatience ; le comte d'Artois se penche vers son frère, lui parle bas, lui conseillant de se découvrir ; le roi ôte son chapeau à longues plumes blanches, les nobles l'imitent et le tiers se découvre alors à son tour.

Louis XVI est forcé de s'incliner devant les mandataires du peuple. C'est la royauté qui courbe la tête ; dans quatre ans, cette tête, le peuple la tranchera.

Après le roi, le garde des sceaux Barentin, dévoué au comte d'Artois, prend la parole et parle une longue demi-heure sur le but des Etats généraux qu'on désirait maintenir purement fiscal, tout en consentant cependant à examiner « les mesures à prendre pour conserver la liberté de la Presse ; les précautions à exécuter pour maintenir la sûreté publique et conserver l'honneur des familles, ces changements utiles que peut exiger la législation criminelle, pour mieux proportionner les peines aux délits. »

Mais l'organe du ministre de la justice était si faible qu'on n'entendit presque pas son discours. Un paragraphe pourtant fut applaudi ; celui où le ministre affirma que les prêtres, les militaires, les industriels, « tous les citoyens, quelle que soit leur condition, sont les membres d'une même famille. »

Necker se leva ensuite et prononça une longue harangue, qui dura trois heures, dans laquelle, après avoir exposé la situation des finances, il avoua un déficit de cinquante-six millions. Pour combler ce déficit, Necker demanda, comme première réforme, l'égalité de la répartition de l'impôt.

Le 6 mai est plus qu'une date dans l'histoire, c'est un fait.

Fait important, décisif ; le peuple refuse d'obéir pour la première fois ; il pose en principe la supériorité du droit sur les privilèges, sur les abus, sur les routines ; la supériorité des communes sur la noblesse et le clergé.

Le matin, le roi avait commencé par supprimer le seul journal de combat qui existât, *les États Généraux*, dont un seul numéro avait paru la veille et dont Mirabeau était le rédacteur.

Pauvre homme, qui s'imagine confisquer la lumière en soufflant sur une bougie vacillante, et cela au moment où gronde le volcan, dont l'irruption est imminente, dont la flamme gigantesque va éclairer le monde pendant que la lave incandescente ensevelira pour toujours l'ancien régime, l'ancienne dynastie, l'ancienne royauté ?

C'est pour remplacer ce journal que Mirabeau publia ses fameuses *Lettres à mes commettants*. — Les députés du tiers état de la ville de Paris intervinrent dans cette affaire et, par une décision rendue publique, ils dénoncèrent l'arrêt de suppression comme une violation de la liberté réclamée de toute la France et invitèrent les États généraux à en demander sur-le-champ la révocation.

Une ordonnance du roi prescrivait aux députés de se réunir chacun suivant l'ordre auquel il appartenait, dans les locaux qui leur avaient été destinés.

On avait préparé trois salles différentes où la noblesse, le clergé et le tiers état devaient, suivant la volonté de la cour, délibérer séparément ; la grande salle des États devait être réservée pour les réunions d'apparat et de grandes cérémonies. Mais l'administration des Petites-Écuries ayant refusé de céder le local qu'on destinait au tiers, on dut lui laisser la salle des assemblées publiques pour ses réunions privées ; cela lui donna une force nouvelle : ce dernier caprice mit, en effet, le tiers véritablement chez lui, au milieu de ce peuple accouru pour l'entendre, pour assister à ses délibérations, de ce peuple qui va s'emparer des moindres incidents, des moindres paroles, pour les répéter sur la place publique, d'où elles vont s'envoler à travers la France anxieuse, attentive, frémissante.

Il s'agissait de la vérification des pouvoirs.

Le roi, conformément aux vieux usages, voulait que chaque ordre examinât respectivement la validité des mandats de ses membres.

Le peuple voulait, suivant le droit, que tous les membres réunis pussent vérifier la légitimité des pouvoirs de chacun.

Ceci donne bien le caractère de la lutte qui va s'engager.

D'un côté, une partie de la noblesse et du clergé rangée avec le roi ; de l'autre, le peuple seul avec le tiers état ; d'un côté, un monarque disposant de tous les pouvoirs ; de l'autre, une nation n'ayant que sa force personnelle, et qui oblige le roi à capituler, à se soumettre, à obéir.

La question est des plus importantes, elle est décisive.

Il s'agit de savoir si le parti de la cour aura deux voix contre une dans toutes les discussions qui vont avoir lieu, ou bien si chaque député ne représentera qu'une seule voix dans cette grande collectivité de douze cents députés. Si l'on se souvient que le tiers état est composé de six cents membres, le clergé de trois cents, et la noblesse de trois cents, si l'on pense que les représentants des communes peuvent compter sur cinquante nobles et sur cent prêtres disposés à voter avec eux, si l'on n'oublie pas enfin que le *veto* d'un seul des trois ordres peut empêcher le vote d'une proposition, on voit de suite que c'est la question vitale qui se pose dès le premier jour.

Il s'agit de savoir si la révolution sera étouffée ou triomphante.

Un député, gros, grand, à la parole haute, se remue surtout beaucoup ; il va de groupe en groupe, exubérant, la tête forte, le front large, la figure et le cou marqués par des cicatrices du vice ; ses joues détendues par les excès et par les passions, se laissent aller, molles, marquées de petite vérole ; c'est Mirabeau qui avait essayé d'abord de se faire élire aux Etats généraux comme représentant de la noblesse à laquelle il appartenait : il avait, dans ce but, acheté en novembre 1788 un fief en Dauphiné, 4,800 francs, en prenant l'engagement de payer le prix le 20 novembre. Mais quinze jours avant l'échéance, il ne possède pas le premier sou et il s'adresse alors à un ami du duc d'Orléans, le duc de Lauzun, qu'il prie d'intervenir auprès du Ministre, M. de Montmorin (1). « Vous me rendriez, lui écrit-il, un service très signalé en obtenant de M. le comte de Montmorin qu'il fît les fonds du moins des 4,800 francs que je suis obligé de payer le 20, sous peine de voir ma signature très compromise. — Il y va pour moi, outre le mauvais coup d'œil d'un très mauvais procédé, de perdre la seule chance que j'aie, quant à présent, des États généraux. »

(1) *Ces lettres ont été publiées pour la première fois d'après le manuscrit de la Bibliothèque nationale, par M. Charles Nauroy, dans le Curieux* n° 27

Le ministre ne se hâtait pas de répondre ; aussi Mirabeau écrit-il deux jours après, le 16 novembre : « L'échéance du 20 qui peut m'être si fatale, tombe jeudi, ne pouvez-vous lui suggérer (à Montmorin) de me donner, en avancement d'hoirie, le bon procédé de me tirer d'embarras ? Je lui ai parlé nettement du besoin que j'avais d'être pécuniairement aidé pour m'introduire dans l'Assemblée nationale. — Si aux 4,800 francs du fief on ajoutait 100 ou 150 louis au moins, Monsieur le duc, soit pour me transporter dans les provinces où se brassera mon élection, soit pour égayer les électeurs, on mettrait le comble au service. »

Malgré ces pressants appels, l'argent du Ministre ne vint pas, la vente du fief fut résiliée et Mirabeau, ne pouvant se présenter aux suffrages de ses pairs, alla se faire élire comme marchand de drap, par les bourgeois de Provence.

Tel était Mirabeau, dont l'entrée, la veille, a été accueillie par des murmures et qui arrive précédé d'une réputation étrange, portant un nom compromis, mais dont le génie va triompher de toutes les répulsions au début même de ces grands événements sur lesquels il exercera une influence considérable, souvent décisive.

Le clergé et la noblesse, pendant ce temps, délibèrent dans deux salles latérales, le Tiers les fait prévenir qu'il les attend pour vérifier les pouvoirs.

Les délégués de vingt-cinq millions de Français ne veulent pas subir les volontés des représentants de soixante mille privilégiés.

Il est deux heures et demie quand on apprend que le clergé, par 133 voix contre 114, et la noblesse, par

188 voix contre 114, ont voté le maintien de la séparation des ordres, et ont décidé qu'on voterait par ordre, non pas par tête.

Une agitation nerveuse s'empare de l'Assemblée. Les propositions se formulent ; on en met plusieurs aux voix ; elles sont repoussées. Quelques-uns, en bien petit nombre, les plus impétueux qui sont ce jour-là les plus sages, proposent de constituer séance tenante l'Assemblée nationale. Un jeune député dépose une motion, qui n'est seulement pas mise aux voix. On refuse même la discussion à l'idée de cet inconnu, qui timide presque, revient s'asseoir et n'insiste pas, sentant bien que tout effort serait inutile.

Mirabeau néanmoins l'a remarqué, et il demande à un de ses voisins quel est le nom de ce petit jeune homme maigre et pâle qui a essayé de faire une proposition.

Les voisins ne savent pas, on s'informe, et l'on apprend que c'est Maximilien Robespierre, député d'Arras.

Les heures s'écoulent et les représentants des communes ne veulent pas prendre de résolution définitive ; cherchant, attendant beaucoup de la réflexion, ils s'abstiennent de toute discussion, allant jusqu'à refuser de décacheter les lettres qui sont adressées au tiers état ; ils décident d'attendre, et rendez-vous est pris pour une seconde réunion, qui doit avoir lieu le lendemain.

Le soir, dans la rue, les crieurs vendaient pour deux sous une ode imprimée sur papier grossier, une *ode aux Etats généraux*, signée Camille Desmoulins, un jeune avocat inoccupé, remplissant les loisirs que lui laissaient les clients en rimant des vers. Cette ode est

assez grise comme poésie et on n'y sent pas le souffle
de celui qui va devenir, dans quelques mois, le brillant
auteur des *Révolutions de France et de Brabant*.

Camille Desmoulins commence par chanter le roi ;
« Louis enflamme sa verve. »

> Louis, ton peuple t'idolâtre,
> Mais plus heureux qu'Henri IV
> Pourras-tu faire son bonheur ?
>
> . . . .
>
> Cher prince, des rois le modèle,
> Eh bien, nous doutions de ta foi,
> Et qu'au-dessus de Marc-Aurèle
> La France dut placer un roi.

Puis, se détournant du roi, il laisse échapper des
paroles amères qui sont dans tous les cœurs :

> Sous ses cheveux blancs et ses rides
> Patru voit, sur les fleurs de lys,
> Les fils imberbes et stupides
> De pères par l'or ennoblis,
> Le sang fait seul nos Patriarches
> De l'autel sur les saintes marches
> Il élève le vice impur,
> Et de Nobles une poignée
> De l'armée en vain indignée
> Guident seuls le courage obscur.
>
> Pour les Nobles toutes les grâces :
> Pour toi, Peuple, tous les travaux.
> L'homme est estimé par les races
> Comme les chiens et les chevaux.
> Pourtant, au banquet de la vie
> Les enfants qu'un père convie

Au même rang sont tous assis :
Le Ciel nous fit de même argile,
Et c'est un fil aussi fragile,
Que tourne pour eux Lachésis.

L'impôt prend sa course incertaine :
Dans le parc et dans le château
Il ne pose son pied qu'à peine,
Et foule vingt fois le hameau.
Ton glaive trop longtemps repose :
Du pauvre prends enfin la cause,
Venge Naboth, Dieu Protecteur,
D'Achab s'il ne fuit plus l'épée,
Il fuit les fers du Collecteur.

Qu'entends-je ? Quels cris d'allégresse
Retentissent de toutes parts ?
D'où naît cette subite ivresse
Et des enfants et des vieillards ?
Necker descend de la montagne
La raison seule l'accompagne,
En lui le peuple espère encor.
Lois saintes, lois à jamais stables,
Dans ces mains il tient les deux tables ;
Il va renverser le veau d'or.

Et vous, à l'heureuse puissance
De briser leur joug odieux
Préféreriez-vous l'espérance
D'être un jour oppresseurs comme eux ?
Non, la Nation vous écoute :

Vous justifierez tous sans doute
Son choix pour vous si glorieux !
Tonnez, et Tribuns de la plèbe,
De l'esclavage de la glèbe
Effacez le reste odieux !

Ces vers ne firent pas grand bruit, en vain les ven-

deurs en criaient-ils le titre, les curieux n'achetaient pas la poésie ; peut-être en la publiant Camille n'avait-il d'autre but que de se signaler à la bienveillante attention de Mirabeau à qui il écrivait, le 4 mai, pour demander à collaborer (1) aux *Etats généraux* dont le premier numéro avait valu à l'éditeur des souscriptions par milliers ; mais le premier numéro du journal n'eut pas de lendemain, la cour le supprima.

Camille n'en continue pas moins à aller à Versailles, se mêlant à la société des députés du Dauphiné et de la Bretagne, dînant avec eux, dépensant dans ces fréquentations tout l'argent dont il peut disposer. Il a vingt-neuf ans et il parle dans les groupes, aux alentours de la salle des séances. Bien des gens l'entendent discourir, s'étonnent qu'on ne l'ait pas nommé député (2). « Compliments qui le flattent au-delà de toute expression ». Le soir, Desmoulins rentre à Paris, rapporte les incidents de la journée dans les groupes du Palais-Royal, où la foule anxieuse attend les nouvelles de Versailles ; il court au café Procope et dépense dans ces allées et venues l'argent qu'il aurait voulu employer à renouveler son vestiaire assez misérable en ce moment ; car il allait un peu râpé avec des airs hargneux (3). Le jeune écrivain traverse les heures difficiles du début, il connaît ces alternatives de désespérance et de foi dans l'avenir, ces abattements et ces soubresauts qui meurtrissent si souvent le cœur des hommes de génie à leurs premières journées de lutte. Mais il porte en lui ce viatique puissant : la conviction,

1. *Correspondance inédite de Camille Desmoulins*, publiée par Matton, Paris, 1836, p. 4.
2. *Id.*
3. Chateaubriand, *Mémoires d'outre-tombe.*

qui rend invulnérables les hommes de talent combattant pour une idée, en dépit de toutes les amertumes des commencements si pénibles et si difficiles.

Du 8 au 15 mai 1789

VI

PREMIÈRES SÉANCES

Hésitations et incertitudes. — Rancunes de clocher. — Sentiments de la noblesse. — Le Tiers refuse de se constituer. — La coquette de Brive-la-Gaillarde. — Le divorce. — Multiplicité des brochures. — Vaincre ou périr.

Nous voudrions reproduire jour par jour, reconstituer heure par heure, si c'était possible, ces séances fameuses, les premières des Etats genéraux, durant lesquelles les représentants des communes montrèrent une patience douce qui frisait la pusillanimité et venait se heurter à l'insolence, aux dédains, aux défis, aux arrogances, aux insultes mêmes de la noblesse.

Les historiens les plus complets ont passé trop vite sur ces heures premières de la Révolution ; ils ont glissé trop rapidement sur ce long mois d'atermoiement et d'attente, qui va de l'ouverture des États au serment du Jeu de Paume.

Elle est touchante et admirable la résignation de ces hommes nouvellement venus à la vie politique et qui, sentant l'effondrement proche, entendant autour d'eux les craquements de la vieille société française, ne sachant pas si le moindre de leurs mouvements ne va pas faire crouler le vieil édifice, n'osent presque pas bouger, ignorant où ils vont, où ils veulent aller.

Oh ! certes, si plus tard les fougueux, les ardents et les passionnés entraînèrent les événements après eux, c'est que les champions vaillants, avant de se lancer dans la lutte, avaient eu le temps de regarder droit et loin devant eux, c'est qu'ils avaient eu le temps de mesurer leur élan durant ces longues journées coupées par des conciliabules, des conférences d'où rien ne sortait, rien que la preuve nouvelle du désir bien arrêté chez la noblesse de conserver son ancienne tyrannie et le despotisme de la royauté.

L'Assemblée se composait de douze cents membres, et chacun touchait un traitement de dix-huit livres par jour, ce qui faisait par an six mille cinq cent soixante-dix livres. Chaque journée coûtait vingt-et-un mille six cents livres, soit neuf cents livres par heure. On compta (1) que les dépenses des comités, les paiements des commis et ouvriers, joints aux frais des députés montaient, par mois, à sept cent vingt mille livres, et par an à huit millions six cent quarante mille livres. Vingt-deux comités de l'Assemblée avaient cent quatre-vingt-dix-huit secrétaires ou commis.

Les comptes de comptabilité nous montrent un relevé de huit cents livres de bois pour l'hiver 1789. Enfin, chaque décret envoyé dans les provinces coûtait cent mille francs.

Le ministre essaya d'adoucir les irritations que

1. *Anecdote du règne de Louis XVI*, t. VI, p. 138.

rencontrèrent les députés en général ; il leur accorda la franchise postale ; chaque député envoyait ses lettres gratuitement au moyen du sceau de l'Assemblée et les lettres qu'on leur adressait n'avaient pas besoin d'être affranchies.

C'est dans les comptes rendus sommaires de ces séances préliminaires, — car on n'en faisait pas encore les procès-verbaux, — qu'il faut aller chercher la physionomie de ces longues journées d'incertitude et d'attente.

Puisons dans les documents du temps les éléments de cette reconstitution si attachante, et dont les moindres incidents offrent un intérêt si grand, puisque, par ces excitations de tous les instants, les membres du Tiers furent entraînés graduellement et en arrivèrent aux énergiques décisions qui effrayèrent les nobles et terrifièrent la cour.

Le 6 mai, mercredi. — Le clergé et la noblesse refusent de se joindre au Tiers pour la vérification des pouvoirs.

Le 7, jeudi. — Des membres du Tiers se rendent dans les salles de la noblesse et du clergé pour engager ces deux ordres à se joindre aux communes ; dans les chambres de la noblesse, on ne trouve que les commissaires de cet ordre nommés pour la vérification des pouvoirs, qui déclarent que l'ordre ne se réunira de nouveau que le 11. Le clergé promet de nommer des commissaires pour étudier la question.

Le 8, vendredi. — L'inactivité est complète.

La noblesse ne s'assemble pas.

On annonce la mort de d'Héliaut, député de la sénéchaussée du Maine.

C'est le premier député qui meurt ; il succombe,

celui-là, avant même l'ouverture des mémorables travaux.

Le 9, samedi. — Quelques membres demandent qu'il soit nommé un président pour diriger les travaux ; cette proposition est combattue, parce que, dit-on, on ne peut commencer les discussions tant qu'on ne sera pas constitué. On décide seulement que le doyen d'âge aura la police des séances et que le règlement ne sera rédigé et arrêté qu'après la constitution de l'Assemblée.

La noblesse continue de ne pas siéger.

Le clergé s'occupe de nommer une commission de conciliation entre la noblesse et le Tiers.

Le 10, dimanche. — Les trois ordres s'abstiennent de toute réunion.

Le 11, lundi. — L'assemblée des communes commence la semaine en déclarant qu'elle ne se considère pas comme constituée, et elle refuse, en conséquence, d'entrer en rapports avec quinze gentilshommes du Maine, à la tête desquels se trouve M. d'Embrun, et qui viennent attaquer la validité des élections de leur province.

Le clergé finit par nommer la commission de conciliation.

La noblesse, après sept heures de séance, décide qu'elle est suffisamment constituée, et passe à la vérification du pouvoir de ses membres dont les élections n'avaient pas été encore examinées.

Le 12, mardi. — Rabaud Saint-Etienne, le député protestant de Nîmes, le fils du martyr des Cévennes, fait voter la nomination d'une commission chargée d'entrer en pourparlers avec les délégués des deux autres ordres.

Le 13, mercredi. — La noblesse envoie au Tiers une députation, composée de MM. le duc de Praslin, Deschamps, le duc de Liancourt, le marquis de Crillon, Saint-Maixent, Sarrasin, le marquis d'Avari et le prince de Poix. Cette députation se rend dans la salle des Etats généraux et, avec un cérémonial du moyen âge, avec une insolence ridicule et dangereuse en un pareil moment, lit divers arrêtés dans une forme surannée et d'où il résulte que la noblesse daigne recevoir les délégués nommés pour les conférences, mais que, d'ores et déjà, elle est décidée à maintenir la vérification séparée et le vote par ordre.

Les 14 et 15 mai sont remplis par les discussions du Tiers divisé par deux opinions : les uns veulent mettre une bonne fois pour toutes les deux autres ordres en mesure de se prononcer, les autres conseillent encore la patience et désirent ne recourir à ce moyen que lorsque tout espoir de conciliation sera détruit.

Voilà donc une semaine perdue ; des hésitations d'un côté, des provocations de l'autre. Pendant plus d'un mois, la conduite du Tiers va être la même, il déclarera à plusieurs reprises qu'il ne forme ni un ordre, ni une assemblée, et qu'il ne se considère que comme une réunion de citoyens convoquée par une autorité légitime pour attendre d'autres citoyens.

Et ils attendaient !

Il y avait une sorte d'antipathie naturelle de la part de la noblesse, qui savait bien qu'elle cesserait d'exister, elle et ses iniques prérogatives, le jour où elle abandonnerait les privilèges injustes de ses empiètements passés. Mais à côté de la grande répulsion générale, il y avait aussi des haines particulières et des rancunes privées, que les députés des divers ordres avaient apportées de leurs provinces, les uns contre les autres.

On racontait, par exemple, qu'un gentilhomme limousin, avant de se rendre à Paris, avait rencontré dans une auberge son curé, qu'il ne pouvait souffrir et qui était député comme lui ; le noble sortit de suite de la salle où il se trouvait, en disant :

— Je quitterais le ciel s'il y était.

A plus forte raison ce noble borné était-il alors disposé à quitter les Etats généraux, plutôt que de s'y rencontrer avec son ennemi de clocher.

On racontait aussi qu'une duchesse disait un jour à une femme de condition ayant épousé un homme du tiers état :

— Comment avez-vous pu vous abaisser à devenir la femme d'un homme semblable ?

— Il le fallait bien, j'étais enceinte, répondit l'autre.

D'où cette réponse de la duchesse :

— Ah ! madame, six bâtards ne vous auraient pas déshonorée autant qu'un seul enfant légitime provenu d'un tel mariage (1).

On pourrait citer cent exemples de la sorte ; et on ne réfléchit pas assez combien de ces petites mesquineries entourent les grands événements et les précipitent. Aucun de ces gentilshommes routiniers ne pouvait oublier les querelles de terroir, qui exerçaient, croyez-le, une très grande influence dans cette résistance opiniâtre de la noblesse.

Du reste, les nobles ne cachaient guère leurs sentiments hostiles, ils s'emportaient en menaces, et la reine

1. *Anecdotes curieuses et plaisantes relatives à la Révolution* (Paris, 1791).

s'oublia, devant toute la cour, jusqu'à diffamer, en termes de la halle, les représentants des communes.

En attendant, toujours sans vouloir se constituer, le tiers état s'occupe à dépouiller les cahiers de chaque province où l'on voit si profondément les souffrances et les misères de ce peuple, couvert d'impôts, accablé de misère, qui n'a espérance et foi que dans les Etats généraux, de qui il attend le droit de vivre et d'échapper à la misère. Toutes ces plaintes, les cahiers, sombres protestations contre le malheur public, les reproduisent.

Au milieu des larmes, on rencontre pourtant, en tournant ces tristes pages, un éclair de gaieté échappé.

Ainsi, dans un cahier, une vieille coquette de Brive-la-Gaillarde présente une requête aux Etats généraux pour obtenir la permission de changer de mari, celui qu'elle a lui refusant des bonnets à la mode et l'obligeant à faire visite à ses voisines dans une voiture traînée par un âne.

Changez le motif, remplacez la fantaisie par la réalité, mettez une femme malheureuse à la place de cette extravagante, et voilà le divorce, c'est-à-dire une grande réforme qui prend naissance entre deux éclats de rire. Il faut ajouter que cette grande réforme du divorce était demandée par deux autres cahiers du tiers pour des motifs autrement sérieux et que l'Assemblée législative devait l'adopter en 1792.

Les gazetiers, avec une liberté d'allures qu'on rencontre à cette époque, prêtent à Louis XVI et à un de ses ministres le dialogue suivant :

— Le *maire d'Eu* n'est-il pas arrivé en pot de chambre (1) ? demande le roi.

1. Nom populaire sous lequel on désignait une espèce de cabriolet fermé.

— Je l'ignore, Sire.

— Il faudrait pourtant que vous le sussiez.

— Son retard ne doit pas étonner, interrompt un seigneur, on sait que c'est un *maire lent* (1).

Pendant ce temps, le peuple attend anxieux, secoué par la fièvre, il parle haut et dit tout franc sa façon de penser au coin des carrefours et dans les brochures de tout genre qui s'impriment en quantité énorme tous les matins. « Des brochures, on en fait aussi vite, dit un contemporain, que des gaufres au Palais-Royal ; on dirait que les brochures ont pris la place des cartes, et maintenant on se rassemble pour lire comme autrefois pour jouer. »

Jeu terrible, dont la tête d'un roi est l'enjeu et qui coûtera l'existence à la partie qui succombera.

Vaincre ou périr !

Tel est déjà le mot d'ordre.

1. *Révolutiana* (an X), p. 64.

Du 16 au 21 mai 1789

VII

PREMIERS GROUPEMENTS

Avances du Tiers. — Robespierre n'est pas écouté. — Jeunesse de Maximilien. — Robespierre harangue Louis XVI. — Robespierre au barreau. — Les avocats. — Robespierre académicien, poète et franc-maçon. — Courriers de Versailles a Paris.

Les hésitations continuent, mais durant ces longues séances inutiles, les députés des communes commencent à se connaître, à se grouper ; déjà, on peut deviner l'influence que vont prendre quelques membres ; en observant attentivement, on peut pressentir les faiblesses, les trahisons de l'avenir. En même temps, les esprits se raidissent, les résolutions deviennent plus fermes, le tiers état commence à se cabrer contre les mesquineries de l'étiquette imposée par la volonté de la cour ; quelques députés abandonnent le costume noir réglementaire pour les habits de couleur défendus par les ordonnances du roi.

La révolte se manifeste encore d'une façon plus énergique, plus caractéristique, par des propositions vigoureuses comme celle de Le Chapelier, député de Rennes, qui demande de déclarer immédiatement que les députés des communes ne reconnaîtront comme représentants légaux que ceux dont les pouvoirs auront été examinés par des commissaires élus en assemblée générale. C'était terminer d'un coup le conflit. L'Assemblée n'était pas encore prête pour une résolution si ferme, qui déclarait si ouvertement aux deux autres que, s'ils ne voulaient pas se soumettre, on allait se passer de leur concours. Un mois plus tard seulement, on en arrivra à ce moyen extrême.

Dès le commencement de la réunion du tiers état, la salle était divisée en deux par le bureau du président ; on remarqua que les députés amis du peuple avaient coutume de se réunir et de se grouper du côté gauche de la salle, tandis que les royalistes fervents se réunissaient à droite (1) : de là, par la suite la division en droite et en gauche, des assemblées parlementaires.

En attendant, on poursuit les négociations ; après plusieurs jours de discussions, on nomme seize commissaires pour s'entendre avec ceux de la noblesse et ceux du clergé ; néanmoins, il est convenu que les commissaires resteront fidèles dans leurs négociations au principe du vote par tête et de l'indivisibilité des États généraux. Dans ces circonstances, ces conférences ne devaient pas et ne pouvaient pas aboutir ; entre ceux qui ne voulaient rien accorder et ceux qui ne pouvaient rien céder, il n'était pas d'entente possible.

Pourtant le Tiers se soumettait encore une fois, faisant des avances repoussées injurieusement.

1. *Anecdotes du règne de Louis XVI*, t. VI, p. 156.

Un député jeune, celui-là même dont Mirabeau s'était informé dès les premiers jours, Maximilien Robespierre, avait essayé d'appuyer la proposition si ferme, si courageuse de Le Chapelier ; mais il ne fut pas plus heureux qu'aux premières séances. Sa voix fut à peine écoutée, sa parole se perdit au milieu des conversations, personne ne fit attention au discours de ce jeune homme, et le doyen remplissant les fonctions de président ne crut même pas devoir mettre la proposition aux voix (1).

C'était la seconde fois que cet affront était fait à ce député sans conséquence, à ce moment ; celui qui doit s'emparer de la direction de la Révolution débute par des discours étouffés sous l'indifférence générale, par des propositions ayant si peu de crédit qu'elles ne sont même pas soumises au vote de l'Assemblée.

Maximilien Robespierre était, en effet, absolument inconnu de ses collègues ; il avait trente et un ans.

Fils d'un avocat d'Arras, Robespierre avait été orphelin de bonne heure ; l'aîné de deux sœurs et d'un frère en bas âge, il fut, pour ainsi dire, le père de ces orphelins, dont il devint l'unique soutien dès qu'il fut à même de plaider et de gagner la vie de toute cette famille.

Touchant exemple que celui de cet avocat de vingt-trois ans pourvoyant aux besoins de trois jeunes enfants dont il est le seul appui et le seul conseil.

Le caractère de Robespierre était, — ce qu'il demeura du reste jusqu'à son entrée dans la vie publique, — doux, enjoué, tendre, aimable et affectueux. Le jeune homme éprouvait un amour tout particulier

. Lettre de Robespierre du 24 mai 1789.

pour les roses et les oiseaux ; au collège, il s'amusait à édifier de petites chapelles dans son pupitre ; il collectionnait des images et des gravures qu'il collait soigneusement sur des cahiers spéciaux (1). Maximilien ne fut pas ce jeune homme hargneux, triste, sombre et morose qu'ont essayé de dépeindre certains écrivains, depuis Mallet-Dupan jusqu'à son lourd imitateur et disciple M. Taine, qui a délayé, en quatre gros volumes diffus, les pamphlets contre-révolutionnaires. Comme le dit le savant professeur d'histoire de la Révolution à la Sorbonne (2), où donc trouverait-on les raisons psychologiques de cette amertume dont on se plaît à environner sa jeunesse ? Est-ce dans sa famille ? Il fut orphelin, c'est vrai, à l'âge de neuf ans ; mais, recueilli par son grand-père et sa grand'mère maternels qui lui prodiguèrent ces caresses que savent trouver les vieux parents pour les petits enfants qui commencent à sourire à la vie. Au collège d'Arras, tous ses camarades s'accordent à nous le représenter plein de gaîté et d'entrain, toujours à la tête de sa classe, et le premier à organiser les jeux de son âge durant la récréation. Dans son cabinet de travail, à Arras, se trouvait une grande cage où il élevait des serins qu'il soignait lui-même tous les matins en leur sifflant des airs à la mode.

Les débuts de Robespierre au barreau furent remarquables, et il eut une clientèle nombreuse à un âge où d'autres n'ont pas encore terminé leur stage. Il avait, d'ailleurs, fait des études très complètes en qualité de boursier du collège Louis-le-Grand, où il eut pour

1. *Mémoires de Charlotte Robespierre*, ch. Ier.
2. *Les orateurs de la Constituante*, par F.-A. Aulard.

camarade Camille Desmoulins. Le jeune Maximilien, studieux, laborieux, était un des meilleurs élèves, et, — antithèses auxquelles le hasard se plaît souvent, — quand Louis XVI, venant de se faire sacrer à Reims, fit son entrée solennelle à Paris, allant de Notre-Dame à Sainte-Geneviève, il voulut s'arrêter au collège Louis-le-Grand ; le principal ayant choisi l'élève le plus méritant pour haranguer le nouveau souverain, ce fut le jeune Robespierre qui, au nom du collège, félicita le jeune roi de son avènement (1).

Etrange coïncidence.

On a voulu nous faire croire que ses camarades auraient tyrannisé le pauvre boursier, l'auraient raillé et torturé par de continuels sarcasmes. Nulle part nous n'avons trouvé les preuves de cette assertion. Tous ceux qui l'ont connu prétendent au contraire qu'il était aimé de ses maîtres, à ce point que même après ses études terminées, le conseil du collège lui vota encore une gratification pécuniaire de six livres (2). Son professeur de rhétorique, le doux et savant abbé Hérivaux, « dont il était particulièrement apprécié et chéri (3) », l'avait surnommé le Romain, voulant ainsi faire allusion à la beauté de ses compositions qui semblaient écrites par un citoyen de l'ancienne Rome, tant la langue de Cicéron y était pure. — Et quand Louis XVI vient visiter ce collège, c'est ce souffre-douleur, ce garçon méprisé qui est choisi pour haranguer le souverain. — « Il faut n'avoir pas vécu dans cette

1. Hamel, *Histoire de Robespierre*, t. I, p. 15.
2. *Etude sur Camille Desmoulins*, par Eugène Despois, p. 211.
3. Hamel, *ibid*.

République en miniature qu'on appelle un collège pour s'imaginer qu'un *fort* comme l'était Robespierre, qu'un héros des concours scolaires ait pu y jouer, de près ou de loin, le rôle d'un souffre-douleur (1). »

Après avoir terminé son droit, Robespierre va à Ermenonville visiter Jean-Jacques Rousseau, dont il était un des disciples les plus ardents, et dont il devait plus tard prêcher l'application des doctrines du haut de la tribune de la Convention nationale.

Dès la seconde année de son inscription au barreau, Maximilien plaida des procès retentissants, où il mit sa parole mesurée, mais éloquente, au service des faibles, des opprimés, contre les forts et contre les puissants.

On pourra attaquer les avocats tant que l'on voudra, ils prêtent assez à la critique, et la constitution de leur ordre passe pour une anomalie dans notre société égalitaire qui, après avoir aboli les jurandes et les maîtrises, respecte le dernier monopole d'une profession privilégiée ; on pourra donc les attaquer, mais on ne leur enlèvera jamais ce mérite spécial, c'est qu'ils ont toujours, aux époques de despotisme et d'arbitraire, pris vaillamment en main la défense des petits et des malheureux, souvent même en sacrifiant leurs intérêts, en compromettant leur situation.

Que nous en connaissons de ceux qui se font un jeu de les railler, — chose toujours facile, — incapables de ces dévouements et de ces élans de générosité !

Robespierre, reçu tout jeune membre de l'Académie d'Arras, étudia les grandes questions d'économie politique alors à l'ordre du jour ; il faisait aussi partie de la

1. A.-F. Aulard, *les Orateurs de la Constituante*. T. 1.

loge maçonnique du rite écossais qui, sous le nom de *Loge de la Constance*, avait été fondée en 1757 à Arras, par un prince Anglais, Charles Stuart, chassé d'Angleterre à cause de ses idées religieuses. C'est dans cette loge maçonnique que Robespierre passa en revue les grands problèmes sociaux et politiques qui agitaient les esprits.

C'est là un des caractères distinctifs de ces jeunes députés qui, venus des coins les plus éloignés des provinces, vont se trouver en face des questions les plus graves qu'aient jamais eu à traiter des hommes, et y apporteront des connaissances, une science qui étonneraient si on ne se rendait bien compte du mouvement des esprits, durant les dix ou quinze années qui ont précédé la Révolution.

Tous ces députés du Tiers, imbus des idées de Voltaire ou de Rousseau, secoués par les théories de l'*Encyclopédie*, faisaient partie des académies de province ou étaient membres des loges maçonniques ; dans ces milieux, ils avaient étudié, commenté, discuté, approfondi tous les terribles problèmes qui allaient se poser ; on peut dire que, lorsque éclatèrent les grands événements qui devaient entraîner la royauté, toute cette génération studieuse était prête, et son avènement ne fut pas, — comme quelques-uns le prétendent, — un coup de fortune d'avocats d'aventure ; mais, au contraire, ce fut la prise de possession du pouvoir par des hommes mûrs pour les affaires publiques.

Robespierre n'était pas seulement un avocat déjà célèbre, un studieux, un savant, c'était aussi un aimable compagnon plein de gaieté, de retenue, sachant à l'occasion tourner des couplets pleins du charme gaulois qu'on retrouve dans des chansons dont il est l'auteur, et qui nous ont été conservées.

Voici un madrigal assez fade adressé par le jeune avocat à une demoiselle de sa connaissance :

> Crois-moi, belle et jeune Ophélie,
> Quoi qu'en dise le monde et malgré ton miroir,
> Contente d'être belle et de n'en rien savoir,
> Garde toujours la modestie.
> Sur le pouvoir de tes appas
> Demeure toujours alarmée,
> Tu n'en seras que mieux aimée,
> Si tu crains de ne l'être pas (1).

Maximilien avait alors vingt-trois ans.

Robespierre faisait partie d'une société littéraire et chantante, *les Rosati*, dont les premiers personnages d'Arras étaient aussi membres. Là, Carnot, notamment, était le collègue de Robespierre.

Voici résumée l'organisation des *Rosati*.

La cérémonie de réception était aussi simple que poétique. Le récipiendaire « prenait une rose », puis « la respirait trois fois », après quoi « il attachait la fleur à sa boutonnière » ; il buvait un verre de vin rosé à la santé de la société », on embrassait en signe de solennité « la personne que l'on aimait le mieux dans la société », le parrain et le dernier reçu d'ordinaire ; on chantait une chanson de bien-venue ; on terminait par l'éloge obligé des roses, de la beauté et de l'amour.

---

1. Ce madrigal publié du vivant de Robespierre est rapporté par Montlosier, au T. II de ses Mémoires.

Les sociétaires tenaient leurs séances sous un berceau de verdure, devant les bustes des trois patrons, Chapelle, Lafontaine et Chaulieu, couronnés de roses. Les assemblées commençaient au printemps pour finir à l'automne.

Maximilien, suivant l'usage, répondit en vers au discours que prononça le président le jour de sa réception.

Voici cette poésie que nous donnons en entier comme curieux document :

> Je vois l'épine avec la rose
> Dans les bouquets que vous m'offrez, (*bis*)
> Et, lorsque vous me célébrez,
> Vos vers découragent ma prose.
> Tout ce qu'on m'a dit de charmant,
> Messieurs, a droit de me confondre :
> La rose est votre compliment,
> L'épine est la loi d'y répondre. (*bis*)
>
> Dans cette fête si jolie
> Règne l'accord le plus parfait. (*bis*)
> On ne fait pas mieux un couplet,
> On n'a pas de fleur mieux choisie.
> Moi seul j'accuse mes destins
> De ne m'y voir pas à ma place ;
> Car la rose est dans nos jardins,
> Ce que vos vers sont au Parnasse. (*bis*)
>
> A vos bontés, lorsque j'y pense,
> Ma foi, je n'y vois pas d'excès ; (*bis*)
> Et le tableau de vos succès
> Affaiblit ma reconnaissance.
> Pour de semblables jardiniers
> Le sacrifice est peu de chose ;
> Quand on est si riche en lauriers,
> On peut bien donner une rose. (*bis*)

Dans cette soirée, Maximilien chanta des chansons de sa composition, comme les autres, et il en est une, *la Coupe vide*, dont voici le dernier couplet :

> Amis, de ce discours usé
> Concluons qu'il faut boire.
> Avec le bon ami Ruzé
> Qui n'aimerait à boire ?
> A l'ami Carnot,
> A l'aimable Cot,
> A l'instant je veux boire ;
> A vous, chèr Fosseux,
> Au groupe joyeux
> Je veux encore boire !

Dans l'Académie chantante d'Arras, Maximilien tenait bien sa place et n'était jamais en retard quand il fallait improviser une pièce de vers ou chanter une chanson : il savait même faire valoir ces vers, s'il faut en croire un de ses collègues qui nous a laissé une chanson où se trouve le couplet suivant :

> Oh ! redoublez d'attention !
> J'entends la voix de Robespierre,
> Le jeune émule d'Amphion
> Attendrirait une panthère.

Y a-t-il là une ironie, ou la comparaison avec le fameux roi de Thèbes empruntait-elle quelque chose à la réalité ? Nous pencherions à conclure dans le dernier sens, surtout si nous nous en rapportions au procès-verbal de la séance des *Rosati* du 22 juin 1787, dans laquelle on reçut M. Foacies de Ruzé, avocat-général au Conseil d'Artois. Carnot prononça le discours d'usage.

« Les applaudissements avaient ébranlé le berceau de Flore, nous dit le procès-verbal (1). On remplit les verres ; M. Legay (2), tirant de sa poche le joyeux diplôme surmonté d'une couronne de roses vermeilles peinte par M. Begoigne, en fit la lecture, à la grande satisfaction de tout le Conseil. MM. de Charamond et Leducq présentèrent le verre et la rose à M. de Ruzé. — Ce fait accompli, on procéda à la cérémonie du baiser, et l'on entendit une voix qui chanta, en détonnant, les couplets suivants dans lesquels il n'y avait de faux que le faux ton du chanteur, M. de Robespierre. »

Très populaire à Arras, le nom de Robespierre fut un des premiers qui sortirent des élections pour les Etats généraux.

En arrivant aux Etats généraux, Maximilien était ce rosati si alerte et si vif que nous connaissons ; le lettré, l'avocat disert et le philosophe que l'on a maintes fois décrit ; rien en lui ne laissait supposer l'homme triste et sombre dont la mélancolie un peu aigre allait naître avec les événements. C'est en voyant de près les agitations, les compromissions, qu'il devint plus réfléchi et plus sévère ; aussi refusait-il, dès le début, de suivre Camille Desmoulins aux fêtes de Monceaux données par le duc d'Orléans, sous le patronage de Madame de Senlis, disant : « Je reste chez moi. La tisane de Champagne est le poison de la liberté (3). »

1. Rapporté à la page 180 de la *Jeunesse de Robespierre*, (1 vol. in-8) par M. Paris. Ce volume ne se trouve pas à la Bibliothèque Nationale ; j'en dois la communication à l'obligeance de M. Wicquot, le savant bibliothécaire de la ville d'Arras.

2. Alors avocat à Arras ; il devint avocat impérial et mourut juge d'instruction à Béthune.

3. *Camille Desmoulins*, par Jules Claretie, p. 130.

Nous savons que si Robespierre renonça aux fêtes brillantes ! il ne renonça pas aux plaisirs de la jeunesse ; s'il fuyait les parcs de Monceaux et les fêtes de nuit dans les petites maisons du Palais-Royal où se complaisaient des Girondins, il ne fut à aucun moment l'anachorète que l'on croit généralement, confiné dans le ménage de l'entrepreneur de menuiserie Duplay, mais il sut au contraire toujours faire la part des choses et, en sortant du parterre du Théâtre-Français, où il aimait à aller applaudir les tragédies classiques, il ne renonçait à aucun des faciles plaisirs de la vie de garçon (1).

Il arriva à Versailles, absolument ignoré, comme nous venons de le voir, ne parvenant même pas à se faire écouter.

Bientôt tout changera.

En attendant, l'Assemblée ne se constitue pas ; la noblesse continue ses arrogances, le clergé hésite, la cour devient menaçante et s'entoure de soldats. Le peuple, réuni au Palais-Royal, se tient en continuelle communication avec les députés du tiers, des courriers vont sans cesse de Versailles à Paris ; les députés des communes, peu à peu, vont se laisser entraîner par l'agitation du dehors qui, enfin, les emportera malgré eux vers la route de la liberté.

A ce moment, même après les fautes commises, la cour pouvait encore tout sauver, elle ne le voulut pas, une sorte de fatalité semblant la pousser à la ruine. Cette ruine sera complète.

1. Voir notre étude sur *quelques poésies de Robespierre*, dans, « la Révolution française » (Revue historique, t., IX, p. 103).

Citons quelques traits qui nous dépeignent la situation des bourgeois et des plébéiens face à face.

Un gentilhomme des Etats du Dauphiné disait pour soutenir la suprématie de la noblesse :

— Songez à tout le sang que la noblesse a versé sur le champ de bataille.

Un membre du Tiers lui répondit :

— Et le sang du peuple versé en même temps, est-ce de l'eau (1) ?

Un autre jour, un seigneur recevait ses fermiers qui lui apportaient de l'argent ; pour se donner un air de popularité, il les invita à sa table ; à la fin du repas, il dit à son maître d'hôtel :

— Servez-leur du tiers état.

C'était de l'eau-de-vie qu'il appelait ainsi.

— Vous avez bien raison, lui répondit un des paysans, car c'est la liqueur qui a le plus de force et d'esprit (2).

1. *Le nouveau Paris,* par Sébastien Mercier, ch. CXXI.
2. *Id.*

Du 22 au 23 mai 1789

VIII

ATERMOIEMENTS

LES VINGT DÉPUTÉS DE PARIS. — SIÉYÈS. — INTRIGUES DE MARIE-ANTOINETTE. — LOUIS XVI ET CHARLES Iᵉʳ. — LE GARDE DU CORPS AMOUREUX DE LA REINE. — PREMIÈRE AVANCE DE MIRABEAU A LA COUR. — IL RENIE SON TITRE DE COMTE. — DÉMARCHES DU TIERS AUPRÈS DU CLERGÉ. — ENTHOUSIASME DES PETITS CURÉS. — LE ROI ORDONNE LA REPRISE DES CONFÉRENCES. — INSULTES AU TIERS.

Durant cette semaine, les événements se précipitent, les situations se dessinent. Le Tiers coordonne ses forces, épuise sa patience et reçoit un sérieux appoint pour la lutte, par l'arrivée des vingt députés de Paris dont les élections avaient été retardées de quelques jours par la longueur des opérations électorales. En tête de cette députation, marchaient Bailly et Siéyès. Bailly, un savant de grand mérite, qui, durant les premières heures de la Révolution, va diriger, conduire la résistance avec une grande fermeté. Au moment où arrivent les députés de Paris, les présidents de l'Assemblée qui avaient succédé aux doyens n'étaient nommés que pour quatre jours : il en était de même des secrétaires. Bailly, quelques jours plus tard, fut honoré le premier, du titre de président pour une durée de quinze jours. Ce fut Bailly qui imagina de haranguer l'Assemblée en prenant possession du fauteuil et de la remercier en le quittant. Cet exemple fut imité plus tard et il est enfin devenu une habitude. Siéyès, un abbé roturier, avait poussé, dans une petite brochure, ce cri fameux :

— Qu'est le tiers état ?
— Rien !
— Que doit-il être ?
— Tout !

Siéyès arrivait le cœur rempli de rancunes pour une monarchie qui, par deux fois, n'avait pas su l'acheter, alors qu'ignoré il s'offrait pour une abbaye de douze mille livres de revenu ; ce bouillant abbé, l'âme pleine d'ambition, va se ruer contre cette vieille société qu'il hait, avec tous ses appétits des grandeurs longtemps avivés, avec tous les désirs violents de venger les dédains et les humiliations que les grands de son ordre lui ont fait subir.

Les commissaires des trois ordres se réunissent, les discussions stériles recommencent. Pendant ce temps, la reine et le comité Polignac mettent tout en œuvre pour déconsidérer les Etats Généraux, dont le parti de la cour rêve la dissolution. Des troupes nombreuses sont massées aux alentours de Versailles et de Paris ; on pèse sur l'esprit hésitant de Louis XVI ; tous les petits moyens sont employés pour l'affoler, le jeter sous la puissance absolue de Marie-Antoinette, qui s'écrie dans un moment d'expansion intime :

— Je risquerai tout pour empêcher la réunion des trois ordres.

Elle risqua tout, en effet, sa couronne et sa tête, elle perdit l'une et l'autre par l'accumulation de ses fautes, par ses mensonges continuels, par ses résistances criminelles.

Le comte d'Artois agit, lui aussi sur l'esprit de Louis XVI ; il avait déjà remplacé, dans le cabinet du roi, le portrait du monarque par un portrait de Charles Ier. Ce portrait est le même qui est aujourd'hui conservé dans les galeries du Louvre, acheté en Angleterre par Madame Dubarry, qui l'avait gardé trois ans dans son boudoir, puis l'avait donné à Louis XV ; quand le roi rentra à Paris, le comte d'Artois fit venir du château de Versailles la magnifique toile de Van Dyck. Au moment où les conférences sont rompues, terminées sans résultat, il enlève cette image, qui n'est pas assez significative, il la remplace par une gravure récemment publiée par son ordre, représentant le roi Charles étendu sur l'échafaud au moment où le bourreau va lui trancher la tête d'un coup de hache.

Certes, le comte d'Artois ne croyait pas être si bon prophète.

Ce fut un élan d'enthousiasme à la cour, lorsqu'on apprit que les commissaires des trois ordres n'avaient pu s'entendre ; enfin, ils étaient de nouveau vaincus, ces robins qui avaient l'ambition d'opérer des réformes. Ce fut un redoublement de joie, un débordement de contentements intimes ; la reine était radieuse, elle ouvrit son jeu le soir avec un superbe sourire de satisfaction.

Pour un soir, on reprend les veilles, les courses au dehors ; les rires volent à tous éclats. Pendant que le jeu continue, on sort par la terrasse du château, et, dans de sombres capotes, on se perd dans la foule. La cour revient goûter, pendant une nuit encore, les plaisirs excitants des années passées. Pendant que le petit Dauphin est mourant, profitant d'une soirée où le jeune prince semble être revenu à la santé, la reine et Madame de Polignac se remettent à la course des aventures ; il leur semble que le mauvais rêve est fini, que les belles nuits d'avant les Etats Généraux vont recommencer.

L'illusion est même complétée par une aventure piquante dont, le lendemain, la reine se vante tout bas.

Un beau garde du corps, qui avait conçu des espérances, la reconnaît sous son déguisement, il l'accoste gaillardement, et, à demi-ému, il lui dit à brûle-pourpoint :

— Pardonnez, madame, à mon égarement, mais ou vous posséder ou mourir (1) !

La reine ne se déconcerte pas.

— Ni l'un ni l'autre, monsieur, répond-elle.

Et elle passa.

Mirabeau, de son côté, n'est pas encore bien décidé : il hésite, il pèse ses chances de succès. S'il pouvait rentrer, grâce au peuple, au milieu de cette noblesse qui l'a tant dédaigné, qui l'a si honteusement traité ; s'il pouvait faire acheter son appui dont il mesure la

---

1. *Anecdotes du dix-huitième siècle.* — Soulavie dans ses *Mémoires*, t. VI, p. 50, affirme tenir le récit de cette scène du garde du corps lui-même qui en fut l'acteur. Soulavie donne, comme témoin oculaire, d'autres détails piquants sur la vie de Marie-Antoinette qu'il ne nous a pas convenu de révéler pour ne pas encourir le reproche de nous être acharnés après une reine, quand en réalité, dans notre conscience d'historien, nous n'avons voulu que détruire une légende faite autour de l'Autrichienne pour lui substituer la vérité historique.

puissance ! Il fait des avances à Necker par l'entremise d'un Génevois, M. de Roverari; il obtient un rendez-vous de Malouet, qui était lié avec Necker : une entrevue est éménagée ; mais on le reçoit de telle façon qu'en sortant il dit à Malouet :

— Je n'y reviendrai plus, mais ils auront de mes nouvelles (1) !

De fait, dès le lendemain, sa résolution est prise ; il fera expier cher à cette cour les dédains qu'il vient d'essuyer une fois encore. Il commence par prêcher la résistance et par renier son titre de comte. Un membre, pendant que Mirabeau parlait, fit remarquer que l'on ne devait pas se parer de dignité nobiliaire dans une assemblée d'hommes égaux, — et Mirabeau, la face empourprée, avec cette grosse éloquence entraînante qui faisait frémir les assemblées, s'écria :

— J'attache si peu d'importance à mon titre de comte, que je le donne *gratis* à qui voudra le prendre et le porter ; mon plus beau titre, le seul dont je m'honore, est celui de représentant d'une grande province et de représentant d'un grand nombre de mes concitoyens (2) !

La scission est faite entre Mirabeau et la cour, jusqu'au prochain marché.

Sitôt que les commissaires furent séparés, la noblesse s'empressa de décider de nouveau que les pouvoirs seraient vérifiés par ordre ; le lendemain, le tiers état, en se réunissant, en trouvait la notification sur le bureau. Mirabeau monta à la tribune, proposa de

1. *Essais historiques.* Beaulieu, t. I, p. 140. Récit de Malouet.
2. *Œuvres de Mirabeau.*

tenter une dernière démarche auprès du clergé pour l'inviter à se réunir au Tiers et se mettre ensuite résolument à l'œuvre. Cette proposition est votée par acclamation. Target, à la tête d'une députation, se rend auprès des membres du clergé, qu'il adjure de se joindre aux représentants des communes, « au nom du Dieu de paix et de l'intérêt national », pour « sauver la chose publique ».

Les prélats restent froids, mais la terreur se peint immédiatement sur leurs visages. Des acclamations accueillent les paroles de Target. Les simples curés, les membres du petit clergé, les humbles desservants se lèvent, ils se disposent à suivre les délégués des communes ; des cris de « Partons à l'instant même ! » se font entendre ; de nombreux curés, touchés par ce spectacle plein de dignité et de grandeur, ont les yeux remplis de larmes (1).

Les prélats comprennent que tout est perdu ; ils se gardent bien de combattre ouvertement l'idée de la réunion, se voyant battus sur ce terrain ; mais ils objectent que la décision est grave, qu'il faut la réfléchir, puis ils font déclarer, sans oser même passer au vote, que le clergé va s'occuper de la proposition des communes, la soumettre à une sérieuse discussion.

Alors la crainte s'empare de nouveau de la cour ; la reine, à peine éveillée de sa nuit d'intrigues et de plaisir, retrouve le danger qu'elle croyait éloigné ; personne ne sait que faire, on cherche les moyens d'empêcher la réunion des curés au Tiers. Comment ? On n'en sait rien, mais enfin, comme il faut gagner du temps, on fait signer au roi un ordre, convoquant

1. *Séance des députés des Communes*, p. 56.

de nouveau les conférences, qui, cette fois, auront lieu sous la présidence du garde des sceaux et des commissaires nommés par le roi. C'est vouloir tout remettre en question ; la noblesse, en même temps qu'elle désigne de nouveaux commissaires, décide que chaque ordre doit avoir un *veto* suspensif. C'est montrer clairement qu'on ne cédera pas, qu'on veut tout obtenir et ne rien accorder. Néanmoins, le clergé accepte ces nouvelles conférences, et le tiers état se soumet une fois encore ; il décide même qu'une députation, conduite par Bailly, ira présenter au roi « l'hommage respectueux de ses fidèles communes ». Cet acte de soumission est une nouvelle humiliation. Le garde des sceaux Barentin dit à Bailly que la députation ne peut être admise sans une forme spéciale de respect.

« L'usage est que l'orateur se mette à genoux devant le monarque, ajoute le ministre, et si le roi voulait...

— Et si vingt-cinq millions d'hommes ne veulent pas, répond Bailly (1).

Parole digne, qui sonne clair au milieu de ces scènes injurieuses pour les représentants des communes, pendant que le peuple attend le droit de vivre de ces Etats Généraux qui hésitent à se constituer depuis vingt-deux jours !

Les Etats délibèrent et le peuple meurt de faim !

1. *Mémoires de Bailly.*

Du 28 mai au 5 juin 1789.

IX

DÉBUTS DE LA VIE PARLEMENTAIRE

Moyen de conciliation proposé par Necker, repoussé par la noblesse. — Misère du peuple. — Condamnation contre les ouvriers. — Erreur des pouvoirs despotiques. — Premiers jours parlementaires. — La sonnette du président. — « Organt », poème de Saint-Just. — Les poètes chassés de la politique.

La commission dite de conciliation, nommée par le roi dans le seul but de gagner du temps, se réunit.

Les nobles se lancent à raisonnements perdus dans de futiles discussions, hérissées d'arguties et de sophismes ; quand il y a à résoudre une question d'intérêt national et de salut public, les petits esprits de cette noblesse ridicule et impuissante se mettent à argumenter par des syllogismes dont les prémisses vont se perdre dans l'histoire des Francs, ou même dans les annales de l'Empire romain.

Oui ! il se trouva des intelligences assez anémiques

pour prétendre que la noblesse devait conserver sa suprématie et son droit de *veto*, parce que Tacite nous parle des différents ordres de Rome, comme s'il pouvait y avoir quelque rapport entre les grands de la société romaine et les grands de la fin du dix-huitième siècle ; Cazalès et d'Eprémesnil, — anoblis depuis quatre ans, — donnèrent ces raisons pitoyables, qui firent hausser les épaules aux graves députés du Tiers.

En fin de compte, Necker proposa un moyen terme qui paraissait devoir tout concilier : c'était de faire vérifier les pouvoirs par une délégation des trois ordres. Le clergé accepta immédiatement ; le Tiers voulut attendre la réponse des nobles, qui s'en rapportèrent à leurs premières déclarations et rompirent définitivement, mettant ainsi les communes en demeure de prendre les intérêts du peuple.

A Paris, on comptait bien que la victoire resterait au Tiers et on chantait cette chanson qui obtenait une très grande vogue :

> Vive le Tiers Etat de France !
> Il aura la prépondérance
> Sur le prince, sur le prélat !
> Ahi povera nobilita !
>
> Je vois s'agiter la bannière ;
> J'entends partout soucis de guerre ;
> Vive l'ordre du Tiers Etat,
> Ahi povera nobilita !
>
> Le plébéien, puits de science,
> En lumière, en expérience,
> Surpasse et prêtre et magistrat,
> Ahi povera nobilita !

>   Je vois parler dans nos tribunes,
>   Six cents orateurs de nos communes,
>   Comme Fox ou Gracque au Sénat,
>   Ahi povera nobilita !

Il y avait un mois, jour pour jour, que les États Généraux s'étaient réunis, et la misère augmentait toujours, la famine devenait plus grande, le pain se faisait plus rare, les souffrances s'accumulaient. Paris grondait sourdement ; le pouvoir voulut donner une leçon à ces misérables qui mouraient de faim ; par une mesure impie, il centupla les forces de ces passions populaires trop justement mises en éveil.

Des ouvriers avaient été arrêtés dans une émeute qui avait éclaté à propos d'une question de salaire ; ils furent condamnés à la prison et à l'amende honorable. On vêtit ces malheureux d'une longue robe blanche ; puis, sous la conduite du bourreau, pieds nus, corde au cou, portant sur la poitrine le cartel où était écrite leur condamnation, ils furent traînés par les rues de Paris, jusque sur le parvis Notre-Dame ; là, un cierge de cire jaune à la main, ils durent avouer leurs torts (1).

Ils manquaient de pain, ils mouraient de faim, et on croyait les dompter en les faisant condamner par une magistrature vénale.

O imbécillité des gouvernements de toutes époques, qui, à la veille de chaque bouleversement, s'imaginent se rendre maîtres de la révolution qui s'annonce, en frappant les ouvriers, les faibles, les petits, ceux qui sont aussi les ardents et les passionnés, ceux qui mar-

---

1. *Registre de la prévôté de l'Ile de France.*

chent à l'avant-garde, parce qu'ils luttent pour leur existence même !

Étrangeté de la fatalité despotique ! Tous les pouvoirs, près de tomber, signalent leur chute par les mêmes actes ! Tous les autoritaires de toutes les époques, qui font crouler leur puissance sous le poids de leurs fautes, ont recours aux mêmes procédés. Tous croient arrêter le peuple montant à l'assaut des questions politiques ou des réformes sociales, en frappant la classe vaillante des ouvriers, ce pivot de toute liberté et de tout progrès. Toutes ces têtes sans idées, tous ces cœurs pourris d'ambition personnelle, tous ces médiocres que le hasard jette un moment au pouvoir, s'imaginent avoir la main assez large et assez forte pour couvrir la bouche de leur époque et pour étouffer le cri d'indignation qui s'en échappe !

Oui, ils croient commander au peuple en le faisant condamner par les valets de leur magistrature soumise !

Pauvres fous, que le premier souffle de la Révolution jette à bas et détruit comme l'orage emporte et brise un fétu !

Pendant ce temps, le tiers état, non encore constitué, continue de siéger, ses membres apprennent à se connaître, se formant par groupes, naissant à cette vie publique à laquelle beaucoup s'étaient préparés dans leurs provinces, mais dont l'exercice même leur était difficile, n'y étant pas encore habitués. La plupart montaient dans une tribune pour la première fois, se servaient assez mal de la parole, si difficile à manier dans les grandes assemblées.

Le président avait adopté un usage qui était d'agiter une sonnette, non pas quand la salle faisait du bruit, mais quand l'orateur était trop long ou parlait trop mal ; l'orateur comprenait et se taisait.

Un jour, pendant que les commissaires pour la conciliation étaient en conférence, Montbrison, qui présidait à ce moment, s'étant perdu dans une communication, remua assez fortement la malheureuse sonnette, se rappelant ainsi lui-même à l'ordre. La salle éclata de rire et Montbrison ne put reprendre le fil de son idée (1).

Au début, le Tiers renouvelait son bureau tous les quatre jours ; Montbrison fut remplacé par d'Ailly, qui, effrayé devant cette assemblée devenant remuante et hardie, en présence des provocations de la cour, donna sa démission, fut remplacé par Bailly, dont la direction, à la fois prudente et ferme, mérita les plus grands éloges.

Le 4 juin, le dauphin mourait. Le pauvre petit prince était devenu difforme ; déjà, le 22 février précédent, la reine écrivait à son frère Joseph II : « Mon fils aîné me donne bien de l'inquiétude, mon cher frère, quoiqu'il ait été toujours frêle et délicat, je ne m'attendais pas à la crise qu'il éprouve. Sa taille s'est dérangée, et pour une hanche qui est plus haute que l'autre, et pour le dos dont les vertèbres sont un peu déplacées et en saillie. Depuis quelque temps, il a tous les jours la fièvre et est fort maigre et affaibli (2). »

Depuis ce jour, le dauphin ne fit qu'agoniser lentement, et ce fut une douleur cruelle pour la reine à qui on peut adresser tant et de si justes reproches, mais qui fut toujours une mère admirable.

1. *Lettres et correspondances de l'époque.*
2. *Marie-Antoinette, Joseph II, und Leopold II.* Von d'Arnath, Leipzig 1886.

Cette même semaine parut un ouvrage de poésies légères en vingt chants et deux volumes, intitulé *Organt* (1), qui fit un certain bruit, même au milieu des graves événements de l'époque, et qui était signé du nom d'un tout jeune homme qui devait occuper une si grande place quelques années plus tard, en devenant l'ami de Robespierre : j'ai nommé Saint-Just.

Saint-Just avait écrit, comme préface de son poème, ces seuls mots :

« J'ai vingt ans, j'ai mal fait, je pourrais faire mieux ! »

Organt est un ouvrage comme en écrivaient beaucoup les lettrés de l'époque un peu galant, quelquefois licencieux, grivois et légers, mais renfermant des tableaux très riants, très fins et très poétiques. C'est une imitation de la *Pucelle*, et il commence précisément à la fameuse aventure de l'âne, par où finit le poème de Voltaire.

> ... Dans le camp son âne la sentit.
> Il sentit Jeanne, et d'un battement d'aile,
> La tête haute il s'envole vers elle ;
> Il s'agenouille, il demande pardon
> Des attentats de sa tendresse impure :
> « Je fus, dit-il, possédé du démon,
> Je m'en repens. » Il pleure, il la conjure
> De le monter ; il ne saurait souffrir
> Que sous sa Jeanne un autre ose courir.
> Jeanne vit bien qu'une vertu divine
> Lui ramenait ce volatile asine ;
> Au pénitent sa grâce elle accorda,
> Ferra son âne et lui recommanda
> D'être à jamais plus discret et plus sage ;
> L'âne le jure, et rempli de courage,
> Fier de sa charge, il la porte dans l'air.

Que les esprits étroits, que les ratés de la littéra-

---

1. L'édition originale de ce poème en deux volumes est devenue très rare, et nous l'avons vue atteindre 500 francs dans une vente publique de l'hôtel Drouot.

ture, pour qui la politique est un pis-aller, blâment Saint-Just d'avoir composé ce poème ; nous, non pas ; nous aimons trop les franchises des penseurs et des écrivains pour leur faire un crime d'avoir du talent.

Saint-Just était poète, ce qui ne l'empêcha pas de devenir le conventionnel que l'on sait.

Élu par la ville de Soissons, député à vingt-quatre ans, un an avant la majorité électorale, il fera preuve, dans le sein de la Convention, des connaissances les plus diverses et les plus grandes ; envoyé en mission à l'armée du Rhin, il montrera une fermeté d'âme extraordinaire, et il écrira les *Institutions républicaines*, que l'on ne suit guère, et que malheureusement on lit moins encore.

Poète, oui, il l'était, tout comme Robespierre, le jeune député qui, au moment où nous sommes arrivés, n'est presque pas écouté par le tiers état et qui, dans trois ans, va conduire toute la Révolution ; Robespierre dont la fermeté de caractère et la droiture du cœur, quels que soient les graves reproches que nous aurons à lui adresser plus tard, lui assurent la première place parmi tous les fondateurs de la République ; il joignait l'exquise sensibilité des natures délicates à la force de volonté de chef de parti. A Arras, comme nous l'avons dit, il faisait partie d'une société chantante, les *Rosati*, où se réunissaient les esprits les plus cultivés de la province.

Là, nous le savons, au dessert il payait, comme les autres, son tribut poétique en chantant sa *Coupe vide*.

Eclairs de gaieté, de jeunesse et d'esprit qui vont disparaître bientôt pour faire place aux graves soucis des luttes gigantesques où ces deux athlètes, Robespierre et Saint-Just, vont occuper le premier rang. Qu'ils sachent bien, les chagrins et les moroses qui font aujourd'hui de la politique par ambition, par spéculation, par métier, que les grands hommes des journées fameuses avaient non seulement les grandes qualités d'esprit qui leur manquent, à eux, mais encore les dons gracieux d'une imagination aimable, qu'on essaye de railler chez nos contemporains. Les lourdauds ! ils voudraient, tous ces médiocrates, interdire l'accès des affaires publiques aux écrivains et aux poètes ; ils n'y réussiront pas ! Ecrivains et poètes ont de trop illustres devanciers.

Du 6 au 12 juin 1789

X

VERSAILLES ET PARIS

Bravades de la cour. — Misère du peuple. — Incendie des chateaux. — Mesures militaires contre l'Assemblée. — Dernière sommation aux privilégiés. — Vers satiriques de Camille Desmoulins. — Le Palais-Royal. — Un espion rossé. — Une comtesse fouettée.

La patience des députés du Tiers est à bout, celle du peuple est lassée depuis longtemps. Les représentants sont tenaillés par l'indignation, les malheureux à qui le pain manque sont rendus furieux par les souffrances de toutes sortes. La cour continue ses insolences, ses bravades, ses provocations, ses défis ; Louis XVI reçoit tous les jours les délégués du clergé et de la noblesse, et Bailly, à la tête d'une délégation des communes, est obligé d'attendre toute une semaine avant d'être admis. Le président des communes assure le roi du dévouement et de la fidélité du Tiers ; le roi ne trouve à répondre que quelques paroles sèches, banales, maussades :

— Allez, dit-il à Bailly, et dites à ceux qui vous envoient que je reçois avec satisfaction les témoignages de dévouement à ma personne et d'attachement à la monarchie.

La classe ouvrière, elle, continue de souffrir, remarquons-le une fois encore. Le travail a cessé, les riches ne font plus travailler, attendant la tournure que prendront les événements. Le capital, timide comme toujours, se cache ou passe à l'étranger.

Celui qui ne pouvait compter sur le produit de son travail en était réduit à tendre la main, à mendier, et quand le soir, lassé, il n'avait pas trouvé une bouchée de pain, il n'avait qu'à aller rejoindre les bandes d'affamés qui couraient dans la campagne, saccageant ici un champ de pommes de terre dont se nourrissaient ces misérables comme les derniers animaux. Plus loin, ces hommes en guenilles, dont plusieurs n'avaient pas mangé depuis huit jours, rencontraient un carrosse, qu'ils arrêtaient et qu'ils brisaient, tuant les chevaux qu'ils dévoraient tout crus, comme des sauvages, se disputant les lambeaux de ces viandes saignantes. Quand ces bandes trouvaient un château sur leur chemin, elles le pillaient quelquefois, et si le seigneur voulait résister, elles le tuaient. mettaient le feu au domaine, puis passaient.

Je n'ai pas un seul mot d'indignation contre ces assassinats, pas une protestation contre ces incendies ; je n'ai que de la pitié pour ces martys réduits au brigandage, et l'historien trouve une grande excuse qui fait tout pardonner quand il veut se rendre compte de ces événements terribles : la faim !

La faim qui ne raisonne pas, qui met la folie au cerveau des masses, la fureur au cœur des foules;

l'épouvante au milieu du peuple et allume le brasier qui consume les domaines féodaux d'où sont si longtemps partis les ordres iniques et barbares.

Le 10 juin, une grande effervescence règne dans le sein de l'Assemblée.

La veille, plusieurs députés se sont réunis par groupes, et l'abbé Siéyès, député de Paris, en accompagnant un de ses collègues, lui dit :

— Il est inutile d'essayer de dénouer ce nœud gordien ; il faut couper le câble.

Neuf régiments de soldats étrangers, suisses ou allemands, entourent Versailles, les canons sont braqués sur l'Assemblée. Qu'importe ? Ces hommes qui, depuis un mois, ont pu se rendre compte du but de la noblesse et de la royauté, sont bien décidés à en finir une fois pour toutes.

Siéyès monte à la tribune et, dans un langage plein de hardiesse, il propose d'envoyer une dernière sommation aux deux autres ordres de venir dans la salle des États pour se soumettre à la vérification des pouvoirs en commun.

Cette proposition est acclamée.

On décide immédiatement que cette sommation sera portée par une délégation, que l'appel de tous les députés aura lieu une heure après la sommation ; immédiatement après, on procédera à la vérification et on donnera défaut contre les non comparants.

La Révolution est faite désormais.

Les mandataires du peuple ont pris une résolution qui répond au vœu de toute la nation, et rien ne pourra prévaloir contre elle.

C'est en vain que la noblesse va essayer de résister, que les prélats vont intervenir pour arrêter de simples curés allant rejoindre leurs collègues plébéiens, que Marie-Antoinette poussera son mari aux actes de force, que le roi fermera la salle des États, chassant les députés, décrochant les tentures, enlevant les sièges. Vains efforts ! peines perdues !

Une ère nouvelle va s'ouvrir.

Sur les ruines de l'ancien régime va s'établir un ordre de choses nouveau ; la tribune va s'élever là où régnait le silence ; l'égalité de tous va remplacer les privilèges de la noblesse ; la philosophie triomphante va planter l'indépendance dans les cœurs ; la liberté va surgir glorieuse des décombres d'une prison d'État. C'est le moment où la fatalité des événements ferme le livre du passé, ouvrant l'histoire de l'avenir, sur la première page de laquelle les penseurs vont écrire cette devise dès longtemps préparée par la franc-maçonnerie et les encyclopédistes : Liberté, Égalité, Fraternité.

Devise fière et sublime, dont l'application est toujours à faire, pour le triomphe de laquelle nous aurons à lutter longtemps encore.

Le peuple prend sa part de ces journées fameuses son attitude excite, encourage, soutient les députés.

Quand le roi passe, personne ne dit mot ; c'est encore du respect si l'on veut, mais c'est aussi du dédain ; demain, ce silence sera du mépris. Quand Bailly, le président de l'Assemblée, paraît, la foule bat des mains ; les applaudissements ne sont interrompus que par les vivats ; de tous côtés partent les cris de : Vive la nation !

La raillerie française, — cette arme qui détruit les régimes, comme elle tue les individus, — ne perd pas ses droits ; les nobles sont honnis, la reine est huée publiquement et la cour est chansonnée en bloc.

Camille Desmoulins qui prélude dans le Palais-Royal, toujours rempli, prononce des discours, compose des vers, lance des couplets satiriques, répétés par la foule.

Dans les *Poésies révolutionnaires*, Camille publie ces vers brûlants, plein du souffle et de la flamme qui embrase Paris.

> Stupides citoyens, ô lâches que nous sommes !
> Un homme ose braver tant de millions d'hommes.
> Et tout doit-il souffrir, afin qu'à Trianon
> Nos maux fassent danser l'Autrichienne Toinon ?
> Claude sur les Français règne, et de Messaline
> L'âge accroît tous les jours la fureur utérine.

Tout cela se vend, se lit, se déclame au Palais-Royal, centre de l'agitation populaire. Des orateurs pérorent sur les tables, ceux qui ne savent pas improviser lisent l'écrit du jour ; la foule crie bravo ! on fait répéter les passages les plus vigoureux. Des enfants de dix ou douze ans courent des imprimeries au jardin, apportant les feuilles humides sortant de sous presse et qui volent de main en main, épuisées en quelques minutes.

Les crieurs publics parcourent les groupes en annonçant diverses publications satiriques.

Demandez l'arrêt du peuple français ! La Polignac exilée à cent lieues de Paris ! Condé pendu ! Conti rossé ! D'Artois châtré et la reine au b.....! (1)

---

1. *Anecdotes curieuses et plaisantes de la Révolution.*

De temps en temps, cette foule passe des paroles aux actes ; un espion est surpris, déshabillé en plein jour, chassé à coups de canne au milieu des huées. Une comtesse est entendue parlant mal de Necker ; elle est empoignée, on la place sur une table, un tribunal s'improvise ; on fouette la réactionnaire en public, et on la jette dans le bassin, d'où elle se tire avec peine.

— Ça lui rafraîchira les idées, dit une marchande de fleurs.

— Mais ce n'est pas les idées, c'est le c.. qu'elle se rafraîchit, objecte un assistant.

— C'est là que les comtesses ont leurs idées, réplique la femme du peuple.

Le mot a un succès énorme et fait le tour du jardin.

Telle est la physionomie de Paris au moment où l'Assemblée va se constituer.

Du 12 au 17 juin 1789.

XI

CONSTITUTION DE L'ASSEMBLÉE NATIONALE

Dernières intrigues. — Adresse du Tiers au roi. — Premiers procès-verbaux de l'Assemblée. — Les trois curés ralliés. — Nouveau refus des nobles. — Entrevue du roi avec Bailly. — Mort d'un député de Marseille. Diverses qualifications proposées pour désigner l'Assemblée.

La semaine que nous voulons raconter aujourd'hui a une importance telle qu'il faut la dire jour par jour, et en compter en quelque sorte les minutes comme si on comptait les palpitations du cœur de ceux qui vont accomplir des hauts faits et sauver leur pays.

Le tiers état a tenu un langage à la fois ferme et digne ; il a sommé le clergé et la noblesse d'avoir à se réunir, les menaçant de donner défaut contre eux s'ils ne comparaissaient pas.

Le clergé, désorganisé par la défection des curés, céda le premier ; la noblesse dut, malgré ses décisions antérieures, venir prendre place en essayant d'enrayer le mouvement de la Révolution qui marchait sans elle et contre elle.

Mais avant d'arriver à cette réunion des trois ordres en une seule assemblée, avant que les privilégiés, moralement vaincus, soient obligés de venir participer à des travaux qu'ils ont tout fait pour empêcher, nous allons assister encore à des luttes suprêmes, à des intrigues désespérées, dont les représentants des communes sortirent victorieux à force de volonté et de dédain pour ces vieilles classes qui voulaient sauver les abus dont elles bénéficiaient, même après la constitution de l'Assemblée.

12 juin, vendredi. — Notification est faite au clergé et à la noblesse d'avoir à se rendre le lendemain même.

Le Tiers vote une adresse au roi, dans laquelle on lui expose que la noblesse ayant refusé le moyen de conciliation proposé par Necker, les représentants des communes vont se constituer.

Bailly se rend au château pour remettre l'adresse à Louis XVI en personne, mais le roi est à la chasse, dit-on, il ne reviendra que fort tard.

L'Assemblée, lassée d'attendre le bon plaisir de ce monarque toujours absent du château quand le Tiers a besoin de lui parler, décide de placer l'adresse sous enveloppe et de la remettre au gentilhomme de la chambre. Ce simple fait, qui nous paraît insignifiant aujourd'hui, n'en a pas moins une importance capitale ; il dénote combien l'esprit des députés s'est débarrassé du respect prestigieux qu'on avait encore pour l'idole vermoulue qu'une vieille noblesse épuisée tentait de mettre en travers des idées nouvelles, pour essayer d'arrêter la liberté au passage.

N'oublions pas qu'il y a quinze jours à peine, le garde des sceaux discutait sérieusement pour savoir si on n'obligerait pas les représentants du Tiers à parler au roi à genoux.

A l'heure où nous en sommes arrivés, le Tiers n'attend plus le roi, il lui donne communication par une circulaire.

Que de chemin parcouru !

C'est le commencement de la fin.

13 juin, samedi. — Jusqu'ici il n'avait pas été rédigé de compte rendu des séances. L'Assemblée décide qu'à partir de cet instant il sera dressé un procès-verbal dont la rédaction sera confiée à deux secrétaires.

Les deux premiers secrétaires élus furent : Camus, député de Paris, et Pison, député du Dauphiné.

On procède à l'appel de la noblesse : personne ne répond.

A l'appel du clergé, trois curés seulement, au moment où le secrétaire lance leur nom dans la salle, répondent :

« Présent ! » au milieu des applaudissements des députés et des tribunes.

Le nom de ces trois curés de village qui, les premiers, vinrent se joindre aux représentants du peuple, d'où ils étaient partis et dont ils se rappelaient les malheurs, les souffrances, la misère, méritent d'être cités ; notre désir serait qu'ils fussent retenus, car ce sont les noms de trois fondateurs de la liberté qui rougiraient, certes, s'ils pouvaient voir combien leurs successeurs d'aujourd'hui, méchants, obscurs, étroits d'esprit, sont indignes de l'exemple qu'ils leur ont donné. Ces trois prêtres étaient : *Lecesve* (1), curé de Saint-Triaise ; *Balard*, curé de Poyré ; *Jallet*, curé de Chérigné (2).

Ils furent embrassés par plusieurs députés, et un des trois fut même placé au bureau. L'allégresse était grande, parce que l'on comprenait très bien que la chaîne qui reliait tous ces envoyés des paroisses était bien définitivement rompue, et que ni l'habitude de l'obéissance aux prélats, ni les ordres des évêques, ni les intrigues des hauts fonctionnaires, ni leurs menaces, ne pouvaient désormais retenir le bas clergé entraîné par le mouvement irrésistible des idées d'égalité qui poussaient les curés vers le Tiers.

— Mais on délibère encore, s'écrie une voix, on délibère dans la salle du clergé.

— Je ne mets pas, moi, dit le curé Balard, ma conscience en délibération (3).

La noblesse décide qu'elle considèrera la sommation du Tiers comme non-avenue, et elle refuse de nouveau de se joindre à lui.

Le roi a réfléchi sur l'inconvénient de se soustraire à l'entrevue demandée par le Tiers, il fait dire qu'il est prêt à recevoir Bailly.

Bailly se rend immédiatement auprès de Louis XVI, qui lui demande ce que veulent lui soumettre les députés du Tiers.

— Nous n'avons rien à vous soumettre, répond le

---

1. Lecesve. — Prêta le serment civique le 27 décembre 1790 : au commencement de 1791, fut nommé évêque constitutionnel de Poitiers.

2. *Mémoires de Bailly* t. I, p. 141.

3. *Histoire de la Révolution*, par deux amis de la liberté t. I, ch. x.

président des communes. Mes collègues ont, hier, pris une suprême décision, ils l'ont communiquée à Votre Majesté par un avis remis sous enveloppe au gentilhomme de sa chambre. Je n'ai rien à ajouter à cette communication.

Le roi, peu habitué à ce langage, pâlit ; il est décontenancé ; presque tremblant, il congédie Bailly, en disant qu'il fera connaître sa réponse.

La reine, accourue, trouve le roi tout hors de lui ; elle s'effraye, demande ce qui s'est passé, veut savoir les détails de l'entrevue.

— Il ne s'est rien passé, répond Louis XVI ; ils veulent siéger, et moi j'ai bien faim.

Et, pour se donner du courage, le roi se met à table, où il dévore d'un gros appétit, pendant que l'Assemblée délibère et prépare la chute de la royauté.

Pauvre nature royale, comme les hasards t'avaient bien choisie pour toutes ces chutes !

14 juin, dimanche. — Quoique ce soit un dimanche, l'Assemblée décide de siéger quand même et continue la vérification des pouvoirs.

Le soir, six nouveaux curés, conduits par l'abbé Grégoire, curé d'Embermesnil, du bailliage de Nancy, entrent et viennent prendre rang.

L'abbé Marolle dit en entrant (1) :

— Me voici, messieurs, mais depuis l'ouverture des États Généraux, mon cœur était au milieu de vous (2).

Liquier, député de Marseille, meurt ; c'est le second depuis la convocation des États Généraux. Les fana-

---

1. *Moniteur.*

2. MAROLLE. — Curé de Saint-Jean de Saint-Quentin ; prêta le serment civique, fut nommé évêque constitutionnel de Soissons et mourut en 1795.

tiques du temps ne manquent pas d'y voir un châtiment du Ciel, et un certain aumônier des Carmélites dit, dans un sermon, que c'est la vengeance de Dieu qui punit ainsi l'Assemblée de n'avoir pas respecté le jour du Seigneur ; mais le temps n'est pas aux niaiseries de la chaire.

15 juin, lundi. — Deux nouveaux curés viennent en séance. On fait remarquer à la tribune que, même sans le clergé et sans la noblesse, les députés représentent les quatre-vingt-seize centièmes de la nation.

16 juin, mardi. — On discute la grande question de savoir le nom que prendra l'Assemblée.

Il est intéressant de relever les diverses propositions qui furent faites à ce sujet.

Les uns voulaient que l'Assemblée s'appelât simplement *la Nation* ; Mounier avait trouvé : *Assemblée légitime des représentants de la majeure partie de la nation agissant en l'absence de la mineure partie;* Pison du Galand (1) prônait la dénomination de : *Assemblée active et légitime des représentants de la nation française;* Barrère de Vieussac, député de Bigorre, désirait le nom de : *Représentant de la très majeure partie des Français dans l'Assemblée nationale;* Mirabeau proposa le nom de : *Représentants du peuple;* un autre celui de : *Représentants de la presque totalité du peuple français ;* un dernier : *Représentants de vingt-quatre millions d'hommes* (2).

Toutes ces dénominations exprimaient bien ce

---

1. PISON DU GALAND. — Avocat à Grenoble, rentra dans la vie privée après la Constituante ; en 1797, le département de l'Isère le nomme membre du conseil des Cinq-Cents dont il devint président ; en 1801, il renonça à la vie publique.

2 *Moniteur.*

qu'elles voulaient dire, mais elles étaient longues et trop particulières aux idées du moment.

— Que sommes-nous ? s'écrie dans un groupe le député Legendre ; nous sommes l'Assemblée représentant la Nation, prenons donc le seul nom qui soit le nôtre, celui d'*Assemblée nationale* (1).

17 juin, mercredi. — Siéyès, qui a entendu le cri échappé du cœur de Legendre, monte à la tribune, soutient cette proposition, et les députés adoptent par quatre cent quatre-vingt-onze voix contre quatre-vingt-dix ce nom merveilleusement trouvé d'Assemblée nationale.

Nom admirable que l'Assemblée devait certes bien mériter, malgré des défaillances que nous aurons à signaler ; mais ces défaillances ne se produisirent que lorsque les députés, ayant vaincu la cour, se sentirent pris d'une sorte de terreur pour le peuple qui les avait toujours soutenus et demandait sa part de ces droits, de ces franchises et de ces libertés qu'il avait aidés à conquérir.

Quatre mille personnes debout, silencieuses, sont entassées dans les tribunes ; les six cents députés, également debout, tiennent la main étendue, et Bailly, grave, solennel, lit une formule de serment ainsi conçue : « Nous jurons et promettons de remplir avec zèle et fidélité les fonctions dont nous sommes chargés. »

— Nous le jurons ! répètent ensemble les députés.

On se sépare au cri de : « Vive le roi ! »

Vive le roi !

Le malheureux, à ce moment, aurait encore pu tout sauver, mais il n'eut pas la force de vouloir, et il devait

---

1. *Le Point du Jour*, n° 1 (Journal de Barrère).

vivre seulement un peu plus de trois ans, le temps de donner à l'idée républicaine les moyens de naître et de grandir.

~~~~~~~

Du 19 au 29 juin 1789.

XII

SERMENT DU JEU DE PAUME

Le roi suspend les séances. — La réunion du Jeu de Paume. — Le serment. — L'assemblée dans l'église du Saint-Esprit. — Séance solennelle des Etats. — Apostrophe de Mirabeau.

En présence de la force d'âme, de l'énergie, de la volonté ferme et tenace des membres de l'Assemblée nationale, la cour eut réellement peur, elle eut un moment le sentiment de sa situation ; se voyant perdue, elle crut qu'un coup de force pouvait tout sauver. Le roi suspendit les séances ou plutôt essaya de les suspendre : un détachement de gardes françaises s'empara le samedi 20 juin de la salle des États.

A neuf heures, Bailly, accompagné des députés se présente ; un officier lui refuse l'entrée ; le président proteste ; il obtient seulement qu'on lui laissera emporter les papiers et registres qui sont sur le bureau.

Réunis sur l'avenue de Versailles, les députés délibèrent ; les uns sont d'avis de s'assembler sur la place d'armes, les autres poussent le cri de :

— A Paris !

On hésitait encore, il faisait un temps sombre et triste ; il pleuvait par intervalles ; les six cents représentants du peuple étaient là, les pieds dans la boue, les vêtements mouillés, mais la tête haute, la mine à la fois austère et fière, le regard allumé ; la fermeté était peinte sur tous les visages, l'énergie âpre dominait ces groupes de députés chassés de leur salle de séance et attendant au vent, à la pluie, que l'accord fût établi entre eux, pour prendre un parti décisif.

Guillotin, un médecin que sa réputation de charité inépuisable avait désigné au peuple pour le représenter, connaissait un brave homme qui tenait un jeu de paume ; il va lui demander de lui louer la salle pour l'Assemblée ; le propriétaire refuse de la louer et ne consent à la livrer qu'à la condition expresse qu'il ne sera pas parlé de rémunération.

Un petit bourgeois voulut donner asile à ces mandataires du peuple que Louis XVI venait d'arracher de leurs bancs pour les jeter sur la place publique.

Dans cette salle aux murs noirs, pour mieux distinguer les coups des balles de cuir, il n'y avait aucun ornement ; on emprunta à un tailleur du voisinage une table de bois blanc, et ce fut tout. Bailly prit place derrière cette table et les députés se groupèrent tout autour ; on apporta un fauteuil, mais Bailly ne l'accepta pas, ne voulant pas être assis quand l'assemblée était debout.

Ces hommes restèrent ainsi toute la journée, prenant la plus grave décision qu'assemblée ait jamais prise, brisant en quelque sorte la vieille monarchie, que le serment prêté en ce jour va frapper droit en pleine puissance, à tout jamais.

Bailly avait placé deux députés, des plus jeunes, à la porte pour empêcher les étrangers d'entrer ; mais une demi-heure après, les gardes de la prévôté de l'hôtel de ville vinrent demander à continuer leur service comme à la salle des Etats.

Sur la proposition de Mounier (1), un modéré, on prête le serment suivant :

« *Nous jurons de ne jamais nous séparer de l'Assemblée nationale et de nous réunir partout où les circonstances l'exigeront, jusqu'à ce que la constitution du royaume soit établie et affermie sur des bases solides.* »

Serment sublime, parti de la poitrine de ces hommes sans crainte à ce moment, et qui surent faire la Révolution à force de fermeté.

Ils étaient là tous, le corps agité par le frémissement de l'enthousiasme, le visage lumineux, au milieu de cette grande salle sombre, noire et nue.

Debout sur la table, Bailly, impassible comme toujours, lit la formule, détachant chaque mot d'une voix grave qui tombe, lentement, comme le glas de la monarchie.

Après leur doyen, tous les députés prêtent ensemble et à l'unisson ce serment qui va épouvanter la royauté.

Un seul député, parmi les six cents, refusa de s'associer à ses collègues, ce fut Martin d'Auch, du bailliage de Castelnaudary.

Tous les autres prononcèrent les paroles sacramentelles et firent véritablement la Révolution ; ils brisè-

---

1. Mounier : *Recherches sur les causes qui ont empêché les Français d'être libres*, p. 296.

rent vraiment, ce jour-là, le trône des Capet ; car, sans le serment, l'Assemblée eût été sûrement dissoute ; la cour, débarrassée des Etats Généraux, ne les aurait, certes, jamais convoqués durant le règne.

Pendant ce temps, le roi chasse à Marly, la reine donne à dîner aux grands seigneurs et aux petits gentilshommes ; tout ce monde s'excite à la résistance. Le comte d'Artois fait dire au maître de la salle qu'il jouera le lendemain même et qu'il ait à lui réserver son jeu de paume. Le propriétaire résiste d'abord, mais devant les menaces, il s'effraye, et voilà une seconde fois l'Assemblée nationale mise à la rue.

L'Assemblée alla alors frapper à la porte du couvent des Récollets, qui n'osa pas lui donner l'hospitalité. Ce fut le curé de l'église du Saint-Esprit qui lui abandonna son temple ; c'est là que l'Assemblée nationale reçut cent quarante-neuf membres du clergé, qui se joignirent au Tiers, conduits par l'évêque de Chartres, les archevêques de Bordeaux et de Rodez.

Le marquis de Blacons et M. d'Agoult (1) furent les deux premiers députés de la noblesse qui vinrent se soumettre à la vérification ce jour-là même.

La veille, l'Assemblée s'était vraiment révoltée contre le roi ; le lendemain elle va notifier à Louis XVI. cette révolte en s'adressant au grand-maître des cérémonies.

Le 23 juin, en effet, devait avoir lieu une grande

---

1. BLACONS (le marquis). — Député de la noblesse du Dauphiné, demanda l'abolition du costume des ordres ; en 1791 se rallia à l'opposition royaliste, émigra et fit de nombreuses dettes à l'étranger, rentra en 1801 et se brûla la cervelle en 1805, à Paris. — AGOULT (comte). — Emigra en 1791, rejoignit les royalistes à Coblentz, servit dans l'armée de Condé ; il représentait la noblesse du Dauphiné aux Etats Généraux.

séance extraordinaire, présidée par le roi en personne ; la cour avait compté sur une sorte de lit de justice, comme sous Louis XV ; on se proposait de casser les décisions prises par les députés du Tiers, et ce devait être tout. Mais en combinant ainsi ses plans, la cour commettait un anachronisme, elle oubliait que le roi n'avait plus le pouvoir de dire : Je veux ! quand la nation avait répondu : Je ne veux pas !

Le mardi 23 juin, il pleuvait encore, le ciel était gris, le temps sombre, et Versailles hérissé de baïonnettes, qui donnaient à la ville un air plus désolé encore que de coutume.

La cour, sur les conseils de Marie-Antoinette, avait renouvelé contre les représentants du Tiers les tracasseries mesquines et les vexations hautaines qui indiquaient à tous, bien clairement, que l'on commençait par des humiliations, prêts à terminer par la violence.

Ainsi, tandis que les membres du clergé et de la noblesse entraient dans la salle par la grande porte donnant sur l'avenue, les membres du Tiers furent laissés dehors (1), à la pluie, durant plus de deux heures ; lorsqu'on voulut bien enfin les introduire par une espèce de porte de service, ils trouvèrent les deux autres ordres ayant déjà pris place.

La cour était au grand complet sur l'estrade ; seul, le tabouret de Necker était vide.

Le roi lut une longue et provocante déclaration équivalant à un véritable coup de force ; elle cassait la déclaration par laquelle le Tiers s'était constitué en Assemblée nationale, maintenait la distinction des

1. Mémoires de Bailly, t. II, p. 206.

trois ordres, ordonnait aux députés, avec des formules insolentes, d'avoir à continuer leurs travaux sans s'occuper de questions autres que celles qui lui seraient soumises par lui.

Il termina par ces mots :

— Je vous ordonne de vous séparer de suite, et d'avoir à vous rendre demain matin dans les chambres affectées à vos ordres pour y reprendre vos séances.

Le roi se retira, la cour le suivit, et l'on put remarquer le sourire orgueilleux, ravi, hautain de la reine. La noblesse sortit aussi, ainsi qu'une partie du clergé; mais les députés des communes restèrent à leurs bancs, immobiles. Pas un ne bougea.

Le marquis de Dreux-Brézé vint dans la salle et dit à Bailly :

— Avez-vous entendu les ordres du roi ?

Le président, un peu saisi, ne répondit pas directement au grand-maître des cérémonies, se contentant de demander à ses voisins :

— Je crois que la nation assemblée ne peut pas recevoir d'ordres (1).

Ce que voyant, Mirabeau, qui était très agité depuis le commencement de la séance, s'avança, lançant à ce gentilhomme de service cette dure apostrophe autour de laquelle il s'est fait une sorte de légende :

— Oui, monsieur, nous avons entendu ; mais vous qui ne sauriez être l'organe du roi auprès des États Généraux, vous qui n'avez ici ni place, ni voix, ni droit de parler, vous n'êtes pas fait pour nous rappeler son discours. Si l'on vous a chargé de nous faire sortir, vous devrez employer la force, car nous sommes ici

---

1. Mémoires de Bailly.

par la volonté nationale, et nous n'en sortirons que par la force des baïonnettes !

On a contesté le texte même de cette apostrophe ; mais ce qu'il y a de certain, c'est que ce fut bien là le sens de la virulente réponse de Mirabeau (1).

Toujours est-il que, pendant que l'Assemblée délibérait, on commanda aux soldats du corps de disperser les députés par la force ; les soldats se formaient déjà en carré dans l'avenue quand le contre-ordre arriva.

L'Assemblée, pendant ce temps, par assis et levé, à l'unanimité, déclara qu'elle persistait dans tous ses votes précédents, et elle proclama l'inviolabilité de ses membres.

Le peuple triomphait, la royauté était mise en échec.

---

1. Mirabeau dans son journal, *Troisième lettre du comte de Mirabeau à ses commettants,* où il raconte longuement cette séance, rapporte ainsi sa réponse : « Je vous déclare que si on vous a chargé de nous faire sortir d'ici, vous devez demander des ordres pour employer la force, car nous ne quitterons nos places que par la force de la baïonnette. » *Le Moniteur,* les *Mémoires* de Bailly et de Barrère, tous deux présents, ne parlent pas de la célèbre antithèse conservée par la légende : « volonté nationale » et « force des baïonnettes » que l'on trouve pour la première fois dans une brochure du temps.

Du 26 juin au 3 juillet 1789.

XIII

LE ROI SOUMIS

La noblesse « avant la lettre ». — Un mariage rompu. — L'archevêque de Paris assailli. — Le roi ordonne la réunion des ordres. — Mot de Bailly. — Conduite inqualifiable de la reine. — L'armée de la révolution. — La famine.

Enfin, les communes ont vaincu la noblesse, dompté le clergé et soumis la royauté.

Après le clergé, qui s'était joint au Tiers, c'est une partie de la noblesse, conduite par le duc d'Orléans, qui vient se joindre aux représentants du peuple dans la séance du jeudi 25 juillet.

Ils étaient au nombre de quarante-sept et parmi eux, les comtes de Montmorency, de Clermont-Tonnerre, de Lally-Tollendal, de Lusignan, de Castellane, de Crillon, le vicomte de Toulongeon, le marquis de la Tour-Maubourg, les ducs de la Rochefoucauld, de Luynes (1).

---

1. Montmorency (comte Mathieu de). — Après la Constituante devint aide de camp du vieux Luckner ; il émigra en 1792, erra en Suisse, rentra en France en 1795, resta un an en prison, et après le 18 brumaire se rallia à Bonaparte qui le nomma administrateur

Le duc d'Orléans marchait en tête ; à son approche, la foule éclata en applaudissements :

— Mes amis, s'écria le duc, point de bruit maintenant. Je veux votre bonheur, je vais m'en occuper. Vous applaudirez ce soir si vous voulez (2).

Ce fut la noblesse intelligente, la grande noblesse

des Hospices de Paris. — LALLY-TOLLENDAL (comte de). — Fils légitimé du célèbre Lally mort sur l'échafaud avant la Révolution. Il était capitaine de cuirassiers quand la noblesse de Paris l'envoya aux Etats Généraux ; dès la fin de 1789, il émigra en Suisse avec Mourier. Rentré à Paris en 1792, il se rangea du côté du roi abandonné de toute la noblesse ; il fut arrêté, enfermé à l'Abbaye et échappa aux massacres de septembre ; il s'évada en Angleterre d'où il écrivit à la Convention pour demander à être l'avocat de Louis XVI. Revenu en France après le 18 brumaire, il se retira à Bordeaux. — CASTELLANE (comte de). — Député de la noblesse pour le bailliage de Châteauneuf ; après la Constituante se retira de la lutte, se rallia à Bonaparte au 18 brumaire et fut nommé préfet des Basses-Pyrénées. — CRILLON (marquis de). — Député de la noblesse de Troyes ; après l'affaire de Varennes prêta le serment de fidélité à l'Assemblée et servit dans les armées de la Révolution. — TOULONGEON (vicomte de). — Ami de Necker ; il fit partie de l'Institut en 1796 ; en 1802 la Nièvre l'envoya au Corps législatif. Il fut fait commandeur de la Légion d'honneur. — LA TOUR-MAUBOURG (marquis de). — Député de la noblesse du Puy-en-Velay ; prêta le serment de fidélité après la fuite de Varennes ; il fut un des commissaires chargés de ramener le roi à Paris ; il commanda un corps d'armée sous les ordres de Lafayette et s'enfuit avec lui le 19 août 1792. En 1800 Bonaparte lui permit de rentrer en France ; il fit partie du Sénat et du Corps législatif. — LA ROCHEFOUCAULD (L. A. duc de). — Membre de l'Assemblée des notables, député aux Etats Généraux par la noblesse de Paris ; se rallia de bonne heure à la Révolution, demanda la suppression des ordres religieux. Après la Constituante il devint président du département de Paris ; ayant démissionné et étant devenu très impopulaire, il fut arrêté et massacré en septembre 1792 à Gisors au moment ou il se rendait aux eaux de Forges accompagné de sa famille. — LUYNES (duc de) — Député de la noblesse de Touraine, ménagea successivement tous les partis qui passèrent au pouvoir ; après le 18 brumaire, il se rallia à Bonaparte, entra au Corps législatif et fut nommé commandeur de la Légion d'honneur.

1. Beaulieu, *Essais historiques.*

entre parenthèses, qui suivit la première l'élan donné. Parmi les nobles qui proposèrent à leurs collègues de se rendre auprès des communes, figurent au premier rang les hommes les plus distingués de cet ordre, nourris des fortes lectures des grands écrivains du dix-huitième siècle. M. de Montcalm s'écria dans la réunion de la noblesse :

— J'ai treize mille livres de rentes, j'en sacrifierais la moitié pour obtenir cette réunion tant désirée, et mes six enfants ne me désavoueraient pas (1).

Remarquons-le en passant, ce furent les petits gentilshommes nouvellement anoblis ou les nobles de campagne qui montrèrent un esprit aveugle, poussèrent à la résistance contre le peuple, tandis que les vieux noms de France ou les représentants des anciennes familles eurent, pour ainsi dire, l'intuition de ce mouvement irrésistible qui entraînait la vieille société.

Quelques jours plus tard, le roi se verra forcé, dans une lettre, de prier, même d'ordonner que les autres membres de la noblesse aillent prendre place dans le sein de l'Assemblée nationale ; aussi les écrivains humoristiques qui font entendre leurs éclats de rire au milieu de ces coups de foudre, ne manquent pas d'appeler les nobles qui ont suivi le duc d'Orléans, les bons nobles, ou la noblesse « avant la lettre ».

L'abattement fut grand au château quand on apprit cet événement : un des irréconciliables qui allait marier sa fille à un des nobles ralliés à la cause du tiers, rompit toute relation avec son futur gendre, et, parlant des quarante-sept, il prononça ces paroles

2. *Le Point du Jour*, n° 9.

extraordinaires, mais qui dépeignent bien les préjugés de cette caste aveuglée :

— Quel dommage ! voilà quarante sept familles déshonorées et auxquelles personne ne voudra plus s'allier !

Le peuple était dans une perpétuelle ébullition. Une troupe d'habitués du Palais-Royal rencontre l'archevêque de Paris, M. de Juigné (1), qui s'était opposé avec obstination à la réunion du clergé au Tiers : il est reconnu, poursuivi, sa voiture renversée, et il ne doit son salut qu'à l'intervention de l'archevêque de Rodez, un des premiers prélats qui avaient été prendre rang à l'Assemblée nationale. Du reste, cette leçon ne fut pas perdue, et dès le lendemain le fougueux prélat allait à son tour prendre sa place à l'Assemblée.

Au château, la cour était dans la consternation, la reine pleurait (2) et le roi lui-même en perdait l'appétit, ce qui était chez lui le signe certain d'une grave préoccupation. Enfin, apeuré, Louis XVI envoya à la noblesse une lettre lui donnant l'ordre de se joindre aux communes, et comme il y avait encore des résistances, on fit écrire par le comte d'Artois que la vie du roi était en danger. C'était, alors, un mensonge, dont le peuple, plus tard poussé à bout, se verra obligé de faire une réalité.

Cette réunion définitive eut lieu le samedi 27 juin.

1. Après la constitution de l'Assemblée, M. de Juigné suivit ses travaux, siégea avec les modérés de son ordre ; en avril 1790 il s'opposa à ce que les biens du clergé fussent déclarés nationaux ; à la fin de 1790 il se retira en Savoie d'où il envoya un mandement contre le serment des prêtres. En 1792 il passa en Allemagne et après le 18 brumaire refusa de reprendre ses anciennes fonctions.

2. *Mémoires de Ferrières*, t. I, p. 66.

La noblesse n'obéit qu'à contre-cœur et sur la promesse formelle que lui donna le roi que la réunion serait d'une courte durée ; on comptait opérer un coup de main ; on envoya à trente régiments nouveaux l'ordre de marcher sur Versailles, avec l'espoir secret de pouvoir, au moment favorable, dissoudre par la force cette Assemblée que la cour persistait à considérer comme une Assemblée de factieux.

La noblesse n'en pénétra pas moins dans la salle des États et Bailly l'accueillit avec un mot d'une fraternité charmante :

— La famille est au complet, dit-il.

La joie du peuple fut très grande ; elle se manifesta par des feux de joie et des illuminations. L'allégresse fut même poussée à un tel point que la foule, entraînée par des émissaires de la cour déguisés, se laissa emporter jusqu'à crier : « Vive la reine ! » sous les balcons du château.

Marie-Antoinette dut paraître, sa venue fut saluée par de longs applaudissements, auxquels se mêlèrent néanmoins quelques sifflets. Mais comme si la foule avait voulu effacer toutes ses vieilles rancunes, se raccommoder en quelque sorte, elle demanda que la reine lui montrât le dauphin en signe de réconciliation. La reine refusa d'abord, elle n'obéit que sur les instances de plusieurs courtisans prudents ; elle reparut avec son fils dans ses bras. Rentrée dans le salon, elle lava elle-même la figure du jeune prince, comme si cette atmosphère plébéienne avait sali le royal visage de l'enfant.

L'armée, elle-même, sur qui la cour fondait son espoir était ébranlée, se sentant entraînée par l'enthousiasme populaire. Plusieurs soldats avaient juré de n'obéir qu'aux ordres venant de l'Assemblée nationale, considérée par eux comme la souveraine ; ainsi, tandis qu'ils étaient désignés pour monter la garde aux abords de la grande salle des États, plusieurs d'entre eux refusèrent, un soir, de faire la patrouille dans les cours du château, et, ayant à se plaindre de leur colonel, ils allèrent déposer une pétition sur le bureau de l'Assemblée, reconnaissant ainsi cette nouvelle puissance, en qui ils avaient plus confiance qu'en celle du roi, dont le prestige diminuait de jour en jour. L'armée dans sa masse, était donc acquise aux idées nouvelles ; tous les soldats écoutaient avec enchantement les paroles d'égalité qui tombaient de la tribune française à peine construite.

Disons en passant que les officiers de l'armée absorbaient quarante quatre millions, tandis que les simples soldats coûtaient quarante-deux millions seulement.

C'est que, jusqu'alors, les régiments étaient un composé d'unités sous la main du premier gentilhomme venu qui achetait la fonction de colonel comme d'autres achetaient une terre ; et l'on voyait des soldats de valeur, sans espoir d'avancement, soumis à des chefs de corps de douze ou quinze ans ; pourtant, parmi ces militaires obscurs, sous l'uniforme du simple soldat, se trouvaient les Kléber, les Jourdan, les Joubert, les Hoche, les Marceau et tant d'autres qui seraient morts inconnus, inutiles dans leur grade de sergent, si la Révolution n'était venue les affranchir en leur permettant de monter au premier rang, où les appelaient leur bravoure, leur intrépidité et leurs talents !

Aussi la cour comptait surtout, et y comptait fermement, sur trente mille hommes appartenant aux régiments étrangers, dont on confia le commandement au vieux duc de Broglie. Le dernier espoir de la royauté résidait dans ces troupes qui marchaient sur Versailles, et il arrivait souvent que la reine, dans ses conversations particulières, disait, en parlant des projets qu'elle voulait mettre à éxécution : « Nous ferons telle chose quand les régiments auront dissous les États Généraux. »

Pendant ce temps, la famine, entretenue par de cruels accapareurs, augmentait dans des proportions effrayantes. Il faut souvent se rappeler une chose quand on juge ces événements : c'est que plus de la moitié de ces hommes qui discutaient sur les places publiques des affaires politiques, mouraient de faim, ne sachant même pas comment, le lendemain, ils nourriraient la femme et les petits enfants laissés au logis.

Le travail étant arrêté, il ne fallait pas compter sur les salaires ; d'ailleurs, le blé manquait et le pain se vendait quatre et cinq sols la livre, ce qui représenterait aujourd'hui dix-huit ou dix-neuf sous. La foule faisait queue à la porte des boulangeries, qui distribuaient, après plusieurs heures d'attente, une pâte faite avec des farines aigries et tellement dure qu'il fallait la couper avec une hache.

Dans cette circonstance, le dévouement des femmes fut admirable ; on les voyait passer de longues heures devant la porte des boulangeries attendant leur tour ; le vent, la pluie, la fraîcheur des nuits, rien ne les rebutait.

Une d'elles se plaignait :

— Mon Dieu ! mon Dieu ! disait-elle.

— Laisse donc le bon Dieu tranquille, lui répondit une de ses compagnes ; tu ne vois pas que Dieu est un aristocrate puisqu'il fait ainsi souffrir le pauvre monde.

Et toutes ces malheureuses se mettaient à chanter pour tromper la faim qui leur tenaillait les entrailles.

Telle était la situation de ce peuple, qui réclamait maintenant une constitution sans même savoir s'il ne serait pas mort d'inanition le jour où il pourrait l'appliquer.

Spectacle sublime que celui de cette nation manquant de pain et réclamant la liberté !

Du 3 au 10 juillet 1789

XIV

NOUVELLES CONSPIRATIONS DE LA COUR CONTRE LE PEUPLE

Rage de la reine. — Mot de l'abbé de Vermond. — Nouveaux préparatifs militaires. — Liste de proscription. — Mot atroce de Marie-Antoinette. — Litanies royalistes. — Réponse d'un accapareur. — Arrogance de Louis XVI. — La Bastille mise en état de défense.

Le roi était soumis, mais la reine ne voulait pas s'avouer vaincue. Le sang de la fière Autrichienne, échauffé par les bouillonnements de quelques nuits inactives, passées à obséder Louis XVI pour l'obliger à se révolter, avait encore été aigri par les humiliations de la veille ; la rage de Marie-Antoinette contre le peuple ne connut plus de bornes ; désormais elle n'eut plus qu'une seule pensée, qu'une idée fixe plantée dans son esprit : disperser les représentants des communes par un coup de force et dissoudre les Etats Généraux.

— Les tiers, disait-elle, sont comme les chiens à la curée, on ne les arrête qu'à coups de fouet en plein museau !

L'abbé de Vermond, le prêtre vicieux et corrompu qui avait été le précepteur de Marie-Antoinette, sortant de dîner le 3 juillet de chez le comte de Flahaut, à moitié gris, la tête échauffée par les vapeurs des vieux vins et la langue agitée par les fumées des liqueurs fortes, laisse échapper des propos pleins de canaillerie, qui vont être répétés dans les réunions populaires. L'abbé, trouvant un crapaud sous ses pas, s'adresse à ceux qui l'accompagnent :

— Tenez, dit-il, le Tiers est comme ce crapaud, il ne s'arrêtera que lorsque nous l'aurons écrasé.

Et il perce la bête du bout de sa canne.

— La reine me le disait hier, ajoute l'abbé de Vermond, les Etats doivent être renvoyés dans leurs provinces à grands coups de pied dans le derrière, et, si le pied ne suffit pas, nous y planterons des baïonnettes comme des épingles dans une pelote.

Ces paroles imprudentes et impudentes que les nobles répétaient un peu partout après les dîners trop copieux, donnèrent l'éveil ; comme on l'apprit plus tard, un vaste plan avait été combiné et préparé par la reine ; Marie-Antoinette qui s'était mise à la tête de tous ces extravagants, ne voyait dans les députés du peuple rien autre chose que des êtres malfaisants qu'il fallait écraser.

On apprit d'étranges révélations qui jetèrent l'effroi dans la capitale. Trente mille hommes, tous appartenant à des régiments étrangers, se dirigeaient sur Paris à marches forcées ; la reine avait donné l'ordre de fabriquer cent millions de bons sur le Trésor pour subvenir aux frais de l'attentat projeté. Des troupes furent cantonnées dans le jardin de la Muette ; on plaça des canons à Sèvres, comme si on avait voulu couper le courant qui unissait Paris à Versailles. Déjà près de quarante mille hommes campaient aux environs de Versailles ; des canons dissimulés dans des maisons voisines étaient braqués sur l'Assemblée. Un petit bourgeois, dont on avait oublier de demander le consentement pour placer un canon dans son jardin avoisinant la salle des Etats, se fâcha et alla tout dénoncer.

On colporta dans Paris un petit écrit ayant pour titre : *Lettre de M... à son ami... ce 9 juillet*, contenant des détails où non seulement ne se trouve pas un seul fait qui ait été démenti, mais dont les écrivains royalistes se rendent garants en ce qui concerne le plus grand nombre (1).

Voici un des propos placés dans la bouche d'un personnage facile à reconnaitre : l'abbé de Vermond :

— J'espère, disait-il, que sous peu de jours nous chasserons ce coquin de Necker et que nous nous débarrasserons de ces polissons (2).

Enfin ce passage caractéristique n'était pas sans répandre de légitimes alarmes :

« Les aristocrates, dans l'ivresse de leur joie, n'ont pu se contenir ; ils ont répondu que le roi avait dit

---

1. *Histoire parlementaire*, t. II, p. 70.

2. *Idem.* — L'abbé de Vermond, d'abord employé à la bibliothèque du collège Mazarin, fut ensuite envoyé à Vienne, sur la recommandation de Brienne, archevêque de Toulouse, en qualité d'instituteur de la jeune archiduchesse ; il apprit à lire et à écrire à Marie-Antoinette dont il gagna la confiance. Nommé lecteur de la reine, il aurait pu jouer un rôle considérable : il préféra son rôle modeste. L'abbé de Vermond contribua à faire appeler son bienfaiteur Brienne au ministère ; il émigra après le 14 juillet.

expressément de *ne pas s'éloigner... que dans peu tout serait fini*. Les gens ne peuvent croire à la vérité du propos ; mais ce qu'il y a de certain, c'est qu'un jour de la semaine passée, on est parvenu, à force de vins et de liqueurs, à mettre l'abbé de Vermond (le lecteur de la reine) en gaîté ; en cet état, on a parlé des affaires du jour : on lui a demandé quelles pouvaient être les vues du ministère : « Ce n'est rien, a-t-il répondu, ce
« n'est rien ; on a d'autre dessein que de dissoudre les
« Etats-Généraux et de demander de nouvelles élec-
« tions. »

Enfin, un domestique du château, acquis aux idées révolutionnaires et qui connaissait un député du Tiers, lui communiqua une liste où l'on pouvait reconnaître l'écriture du comte de Provence, de l'abbé de Vermond, de la reine et du trop célèbre de Coigny, liste qui avait été dressée de concert, sur laquelle chacun avait ajouté son homme, et où l'on remarquait le nom du duc d'Orléans en tête, ainsi que ceux des principaux chefs du parti révolutionnaire, non pas seulement des plus avancés, mais encore des députés modérés qui voulaient faire de Louis XVI un roi constitutionnel (1). Cette liste était la condamnation à mort de tous ceux y figurant et qui devaient être massacrés à un signal donné.

Après le nom de d'Orléans, on y pouvait lire ceux de Mirabeau, de Mounier, de Lally-Tollendal, ces deux derniers, royalistes ardents, voulant seulement une royauté avec des réformes.

Voilà donc quelles étaient les occupations des princes et de la reine.

1. L'abbé de Montgaillard, t. II, p. 62.

Deux hommes furent placés à la tête du mouvement de proscription et de massacres préparé par la cour : le baron de Breteuil (1) et le général de Broglie.

En recevant le baron de Breteuil, la reine lui dit :

— Vous savez qu'il s'agit de mettre à la raison la canaille de France ?

— Je le sais, répondit le baron.

— Il faudra employer les moyens violents.

— Contre la populace, je n'en connais pas d'autres.

— Il faudra peut-être vider comme des lapins la plupart des rebelles.

— Comptez sur moi.

— Et s'il faut brûler Paris ?

— On le brûlera.

— Allons, conclut la reine avec un sourire, vous êtes l'homme que Dieu nous envoie pour consolider la monarchie de France.

Quant au maréchal de Broglie, son programme tout entier peut se résumer dans ces quelques lignes qu'il écrivit alors au prince de Condé : « Une salve de canons ou une décharge de coup de fusil aura bientôt dispersé ces argumentateurs et remis la puissance absolue qui s'éteint, à la place de l'esprit républicain qui se forme. »

Le comte d'Artois était à la tête des plus fougueux aristocrates : il continuait à se croire « chef de parti, parce que tous les nobles tenant à la monarchie et au roi, venaient tour à tour l'entretenir de la position

---

1. M. de Breteuil, avant de devenir ministre, avait été trente ans diplomate à Saint-Pétersbourg et à Vienne ; après le 14 juillet il prit la fuite et négocia, au nom de Louis XVI, avec les cours du Nord. Il rentra en France en 1802, mais vécut éloigné de la politique.

fâcheuse où se trouvaient l'une et l'autre. Il en faisait toujours mettre un à chacun de ses côtés chez la duchesse de Polignac où il dînait tous les jours. Il ne traitait bien qu'eux ; il les voyait le matin en particulier, comme s'il eût eu en eux des partisans et qu'il en eût attendu des secours réels d'hommes et d'argent (1). »

Le 10 juillet, le comte d'Artois se livra à une scène qui fut approuvée par les fougueux de la noblesse.

Comme Necker se présentait à la porte de la chambre du conseil, le comte d'Artois se précipita au-devant de lui et, lui montrant le poing :

— Où vas-tu traître d'étranger ? Retourne en ta petite ville, ou tu ne périras que de ma main.

Necker, surpris, recula, regarda fièrement son agresseur et sans répondre un seul mot, alla prendre sa place au Conseil (2).

Tous ces éclats précédaient les préparatifs du coup de main qu'on voulait tenter contre le tiers-état.

Du reste, la cour croyait si bien être sûre de son affaire, qu'elle ne se cachait même plus ; elle était devenue menaçante jusque dans la rue, où elle faisait proférer des menaces que des forcenés chantaient sous la forme et sur l'air des litanies de l'Eglise.

Après avoir accusé les révolutionnaires des plus sinistres projets, ces litanies se terminaient par ces mots :

> Comte d'Artois, exaucez-nous !
> Reine de France, ne quittez pas votre époux !
> La Fayette, montrez-vous !
> Clergé, réunissez-vous !

---

1. De Bezenval. — *Mémoires.*
2. Ferrières. — *Mémoires.*

Noblesse, vengez-vous !
Duc d'Orléans, tremblez pour tous !

De nos ennemis, des Necker, des Mirabeau, des Target, des Mounier, des évêques de Bordeaux et de tous les monstres de l'Assemblée, délivrez-nous (1).

Ainsi donc, c'est la guerre civile organisée, la proscription préparée, le massacre des chefs révolutionnaires et des groupes constitutionnels décidé.

La plaine de Grenelle est couverte de cavaliers appartenant aux régiments commandés par le maréchal de Broglie ; Saint-Denis est occupé par l'artillerie ; le Champs de Mars est un camp rempli de soldats allemands. Partout les canons accroupis, partout brillent les baïonnettes.

Toutes ces formidables dispositions sont prises contre ce peuple mourant de faim depuis un an, qui ne peut pas travailler, l'argent manquant chez les petits bourgeois et se cachant chez les gros propriétaires ; mais la famine ne diminue pas le courage, n'abat point l'enthousiasme ; rien ne peut amoindrir la foi dans les réformes ; rien, pas même la réponse barbare et provocante de cet accapareur qui, s'adressant à des malheureux qui se plaignaient de n'avoir pas mangé depuis trois jours, leur dit :

— Vous n'avez pas de pain, mangez des cailloux !

Il fallut toutes les noirceurs projetées par la reine et ses partisans pour river les armes aux mains de ces vaillants, qui ne réclamaient qu'une constitution et dont on allait faire des combattants.

Le dimanche 12 juillet, Paris bouillonnait ; on se

---

1. *Litanies des saints contre le diable.*

demandait si Louis XVI oserait renvoyer Necker. Vers midi, un messager arrivé de Versailles apporta la confirmation du renvoi du ministre. La nouvelle connue au Palais-Royal, se répandit dans tout Paris ; on sut que la veille Necker était à table lorsqu'il avait reçu la lettre royale lui annonçant sa disgrâce et lui enjoignant de quitter la France sans bruit. Il continua de dîner, affectant un air dégagé avec ses convives ; à la fin du repas, il prétexta un mal de tête, priant Madame Necker de l'accompagner dans le jardin ; quelques instants après ils partaient pour Bruxelles sans que personne eût été averti (1).

A quatre heures, la foule conduite par les meneurs du Palais-Royal, se rend à l'atelier des figures de cire du sculpteur Curtius, boulevard du Temple ; elle demande les bustes du duc d'Orléans et de Necker ; on les recouvre d'un crêpe et on les promène processionnellement à travers Paris. Dix mille, puis quinze, puis vingt mille suivent les bustes en criant : Vive d'Orléans ! Vive Necker !

Après avoir traversé le Palais-Royal, la procession prend la rue de Richelieu, remonte les boulevards, descend rue Saint-Martin, s'engage dans la rue Saint-Honoré, et arrive à la place Vendôme. Là, se trouve un détachement du Royal allemand ; le colonel de Lambesc, placé sous les ordres du général de Bezenval, cantonné aux Invalides, donne l'ordre aux dragons de charger ; un de ceux qui portent le buste de Necker—

1. *Histoire de la Révolution*, par deux amis de la Liberté, t. I, ch. xv, p. 311.

un jeune homme en habit de soie rayée (1), tombe mortellement frappé, il est de suite remplacé ; le cortège continue, mais il n'a pas encore dépassé la place Louis XV qu'un autre porteur, un Savoyard, est tué frappé d'un coup de sabre à la poitrine ; le malheureux est relevé, transporté tout sanglant au Palais-Royal où il resta exposé à la vue du peuple indigné.

Le Palais-Royal était en pleine effervescence. A midi, dès qu'on apprend la nouvelle, un jeune avocat, l'auteur de l'*Ode aux États Généraux*, Camille Desmoulins, électrisé par l'exaltation générale, se fait le porte-parole des colères des patriotes ; il monte sur une table et, emporté par l'enthousiasme, cessant pour un moment d'être bègue :

— Citoyens, s'écrie-t il, vous savez que la nation entière avait demandé que Necker lui fût conservé ? J'arrive de Versailles. Necker est renvoyé. Ce renvoi est le tocsin d'une Saint-Barthélemy de patriotes. Ce soir, tous les bataillons suisses et allemands sortiront de Paris pour nous égorger. Il n'y a pas un moment à perdre, nous n'avons qu'une ressource, c'est de courir aux armes et de prendre une cocarde pour nous reconnaître.

Ce jeune homme à la figure expressive, les yeux pétillants de colère, exprimait la pensée de tous. Comme il l'écrit lui-même, il avait l'audace de la Révolution.

— Quelle couleur voulez-vous, continua Camille ? voulez-vous le vert, couleur de l'espérance, ou le bleu de Cincinnatus, couleur de la liberté d'Amérique et de la démocratie.

---

1. Déposition de François Pepin dans la procédure instruite par le Châtelet. Ch. CXXIV, p. 185.

La foule répond :

— Le vert ! le vert !

Camille donne l'exemple, il attache un ruban vert à son chapeau et la foule se précipite vers des femmes qui distribuent des paniers de cocardes, de rubans verts ; mais l'impatience est telle qu'on n'attend pas que les cocardes soient faites, on s'accroche aux branches des tilleuls et on les dépouille de leurs feuilles qu'on se pique au chapeau à l'aide d'une épingle.

Camille tire alors de dessous son habit un pistolet et s'écrie en le brandissant :

— Amis, la police est ici ! Elle m'observe, elle m'espionne. Eh bien ! oui, c'est moi qui appelle mes frères à la liberté ! Mais je ne tomberai pas vivant entre ses mains ! que tous les bons citoyens m'imitent : Aux armes ! (1).

L'orateur avait électrisé les groupes qui l'entouraient ; il descendit de la table, étouffé d'embrassements ; les uns le serraient contre leur cœur ; d'autres le baignaient de leurs larmes ; un citoyen de Toulouse, craignant pour les jours du jeune auteur, ne voulut jamais l'abandonner (2).

On comprend l'effet que dut produire l'arrivée du cadavre du Savoyard tué sur la place Louis XV par les dragons allemands commandés par le prince de Lambesc.

Cependant le cortège qui promenait les bustes de Necker et du duc d'Orléans se disperse et veut fuir du côté des Tuileries, mais les soldats commandés par Bezenval l'arrêtent. Un vieillard de soixante-quatre

1. *Camille Desmoulins*, par Jules Claretie, p. 15.
2. Camille Desmoulins, *Le vieux cordelier*, n° 5,

ans, le maître d'école Chauvel, blessé d'un coup de sabre, est foulé aux pieds des chevaux. A ce moment les Tuileries étaient pleines de promeneurs qui, revenant de passer leur après-midi au Bois de Boulogne, s'étaient rendus là, se croyant en sûreté, pour voir ce qui se passerait; la charge des dragons de Lambesc les surprit, on avait consigné les gardes françaises dans leur caserne de la chaussée d'Antin, mais surexcités par l'énervement qui régnait dans Paris, les soldats brisent les portes et arrivent sur la place Louis XV au moment où les dragons allemands se retiraient des Tuileries ; les gardes françaises se rangent en face des soldats de Besenval protégeant le peuple qui les acclame.

Le soir, la foule envahit l'Opéra et fait baisser le rideau en signe de deuil.

Le lendemain, lundi, comme les troupes ne sont pas retirées, chacun songe à se défendre et à se procurer des armes, ces armes qui vont servir au peuple pour la prise de la Bastille.

L'Assemblée envoie au roi une députation de seize membres chargés de lui remettre une adresse respectueuse, où on le prie de renvoyer les troupes dont la présence alarme Paris.

La réponse de Louis XVI fut hautaine :

— Je vous ai déjà fait connaître mes intentions, dit-il, sur les mesures que les désordres de Paris m'ont forcé de prendre, c'est à moi seul de juger de leur nécessité et je ne puis, à cet égard, y apporter aucun changement.

Comme les députés attendent encore, ne voulant pas croire que c'est là tout ce qu'un chef de pouvoir a à répondre à une demande de l'Assemblée, le roi les congédie par un geste insolent et un mot qui frappe les députés en plein cœur.

— Allez ! dit-il en étendant le bras, en leur montrant la porte du salon où il avait daigné les recevoir.

Les députés se retirent, vont rejoindre leurs collègues, qui écoutent la lecture du rapport de Lafayette sur la Déclaration des droits.

Le lendemain, la reine donna l'ordre de mettre la Bastille en état de défense ; on y enferma des Suisses, on y entassa des poudres et des munitions, enfin on braqua sur les tours des canons qui montraient, entre les épais créneaux, leurs gueules luisantes, menaçant le faubourg Saint-Antoine.

Dernière provocation qui allait coûter cher à la royauté.

En temps de révolution, les canons sont comme d'énormes aimants qui attirent le peuple et ses bataillons hardis. En mettant des canons sur la plate-forme de la Bastille, la royauté plaçait un aimant terrible qui allait attirer tout le peuple de Paris, dont le choc allait renverser à la fois la Bastille et le trône de France.

Le 14 juillet ne fut que la conséquence des menées de la cour.

On avait préparé la guerre civile contre Paris ; Paris répondit par l'insurrection, ce devoir sacré, le plus saint de tous pour les peuples opprimés.

XV

LE 14 JUILLET

Aux jeunes de France.

14 juillet !
Brillant anniversaire !!
Première victoire de la Révolution !!!

Un géant de chair se rue sur un colosse de granit, le peuple attaque les pierres qui soutenaient la féodalité tout entière ; en détruisant la Bastille, Paris donne une impulsion énorme au monde, détraque le rouage monarchique, renverse un trône, anéantit un principe, ruine une caste privilégiée, brise les chaînes, relève la France courbée depuis des siècles, conquiert l'indépendance, prépare la liberté.

A pareille date, le faubourg Saint-Antoine était debout ; le peuple allait combattre pour son propre compte, il allait courir sus à cette royauté qui l'avait si longtemps exploité, pillé, volé, tyrannisé, affamé, taillé à merci et réduit à cette nécessité brutale : ou de mourir de faim, ou de vivre libre en chassant la royauté : il commençait par détruire la Bastille.

Il commençait par détruire cette prison qui avait été si longtemps comme un défi jeté à la justice et à l'humanité. On aurait dit que le peuple en détruisant ces cachots où avaient été enfermés seulement ceux qui possédaient du talent ou du blason, de la noblesse d'esprit ou de la noblesse de famille, obéissait non seulement à la nécessité de la défense personnelle, mais encore à un invisible instinct de générosité qui le poussait à renverser cette citadelle cossue, où tant de riches avaient souffert, gémi et grincé des dents.

Admirable élan populaire !

Peuple ! au moment de commencer la lutte, ton premier soin est d'anéantir le charnier patricien. Lion faubourien, tu rugis enfin ! tu te dresses du haut de ta taille : un seul coup de ta griffe suffit pour faire disparaître cette monstrueuse citadelle où tes rois enterraient, dans la pierre des cachots, ceux qui les gênaient ou déplaisaient à leurs concubines. L'orgueil des souverains, les rancunes des prostituées peuplaient la Bastille de martyrs, la remplissaient de sanglots, de soupirs, l'arrosaient de pleurs ; toi, tu la renversas.

La Révolution commence !

Nous fêtons aujourd'hui le 14 juillet !

Le drapeau tricolore flotte partout, nos maisons sont décorées, nos édifices pavoisés, le canon hurle la joie, la foule tressaille, les fronts s'illuminent, les fanfares répètent le cantique national et nous, les écrivains, nous crions de toute la force de notre tirage :

A tel jour, le peuple brisa ses fers pour la première fois !

Dans ce puissant sursaut des âmes nous trouvons un enseignement que nous ne voulons pas négliger.

Le 14 juillet 1789 fut le premier jour de lutte active pour des principes dont nous sommes encore à demander l'application ; ce fut la première victoire de la liberté, cette liberté qui depuis a été si souvent enfouie sous des ruines, sous des crimes d'où le peuple l'a toujours retirée. Durant ces jours d'efforts suprêmes, la jeunesse fut sans cesse au premier rang, fidèle à cette liberté dont l'amour lui a valu de si terribles châtiments.

La liberté !

Après avoir triomphé définitivement, semblait-il, avec la Convention la Superbe, elle tomba de dictature en dictature, jusque sous le talon de botte d'un officier corse, un boucher de génie, qui envoya toute la jeune génération née durant les brillantes journées révolutionnaires, mourir sur tous les champs de bataille. Bonaparte brisa la jeunesse comme il brisa son épée ; de l'une et de l'autre il ne lui resta plus qu'un tronçon impuissant à arrêter plus tard les Bourbons hissés sur les fourgons cosaques, qui déposèrent à Paris un gouvernement de capucins, lequel, avec le fils de Philippe-Égalité, fut remplacé par un gouvernement d'agioteurs.

Depuis 1815, si on cherche les organisateurs de l'opposition, on les trouve surtout parmi les jeunes, qui deviennent d'année en année plus ardents, naturellement plus nombreux, agitent l'opinion publique, bravent les colères des tribunaux et de toutes les magistratures soumises qui se sont succédé, organisent la résistance et produisent ce bouillonnement de 1848 d'où la liberté sortit enfin vivace, paraissait-il.

Triomphe passager !

La jeunesse, qui avait tant fait pour la révolution de

février, commençait à escompter l'avenir, quand les arriérés endurcis allèrent ramasser dans les bouges de Londres un souteneur de filles, un Verhuel-Bonaparte, dont ils firent un président qui, deux ans plus tard, dans la boue rouge de Décembre, trouva une couronne impériale dont il s'empara au bruit de la mitraille qui massacrait le peuple. Le souteneur se fit escroc, l'escroc parjure, le parjure assassin, et l'assassin se fit empereur aux hurlements du *Te Deum* que le clergé, à Notre-Dame, « crachait à la face de Dieu ».

Pendant vingt ans encore, la jeunesse est sacrifiée !

Napoléon III, dit le Honteux, l'affole, la tue, la déporte, la terrifie, l'achète, la saoûle, la corrompt, en jette une partie à Charenton, l'autre au Père-Lachaise, à Cayenne et à Lambessa. Le cabanon et le bagne commencent l'œuvre ; la Schneider, Offenbach, Thérésa et les jésuites feront le reste.

Elle se réveille pourtant, cette jeunesse, au cri d'indignation poussé par un jeune tribun, Gambetta, alors superbe, sur la tombe de Baudin.

En 1870, une partie de cette nouvelle génération tombe sous les balles prussiennes.

Dernières victimes de l'Empire.

D'autres, les survivants, sont venus lutter contre tous les autoritaires.

Aujourd'hui, jeunes gens, c'est notre tour de combat !

Nous arrivons armés de courage, de force, d'honnêteté, d'énergie.

Oublions les mesquines querelles, les rivalités indignes de nos devanciers, qui, après avoir accompli des œuvres gigantesques, se sont détournés de leur travail glorieux pour s'abaisser à des querelles indignes, à des besognes impures.

Ne nous agenouillons dans aucune chapelle, ne courbons le front devant aucune idole, allons la poitrine libre, la tête haute et prenons en main, une fois pour toutes, *les Droits de l'homme de 1789*, et ce programme de Belleville de 1869, qu'il faut faire triompher à tout prix envers et contre tous.

Le temps des sentimentalités fades est passé, l'heure des revendications altières a sonné ; notre tour est venu d'entrer dans la carrière. Soyons impitoyables pour les pusillanimes, les corrupteurs et les corrompus. On essaye de nous disputer cette République, que l'on voudrait farcir de mœurs monarchiques, sachons la vouloir telle qu'elle doit être : démocratique et sociale.

Profitons des exemples du passé, assurons l'avenir.

Donc, jeunesse de France, haut les fronts et haut les cœurs. Tirons notre épée à la vieille manière française, en jetant bien loin derrière nous le fourreau, pour montrer à tous que nous n'abandonnerons le champ de bataille que morts ou triomphants.

Comme Camille Desmoulins, le 14 juillet 1789, au Palais-Royal, poussant nos aïeux à la Bastille, camarades de vingt à trente ans, qui avons l'âge du jeune révolutionnaire, nous aussi, enflons nos poumons et faisons entendre au pays notre cri de ralliement :

En avant !...

Du 10 au 17 juillet 1789.

XVI

LA VEILLE, LE JOUR
ET LE LENDEMAIN DU 14 JUILLET

Les historiens de hasard. — Premier sang versé. — Camille Desmoulins au Palais-Royal. — Dernière démarche auprès de Louis XVI. — Mot féroce de Marie-Antoinette. — Vote de l'Assemblée. — Séance de 72 heures. — Histoire de la Bastille. — Bénéfice du directeur. — Cupidité de de Launay. — La Bastille mise en état de défense. — Les assaillants. — Thuriot sur les tours. — Les gardes françaises. — Les morts. — La Bastille est prise. — On délivre les prisonniers. — La nuit. — La cour apprend la nouvelle. — Mort du duc de Liancourt.

Il faut sans cesse refaire par le détail l'histoire de la fameuse journée du 14 juillet, quoiqu'elle ait été racontée, et précisément parce qu'elle a été racontée, par tous les écrivains grands et petits, savants et ignares qui ont ressassé le sujet, en le criant sur tous les toits. Pour connaître l'histoire vraie de cette journée fameuse, il faut prendre, — à peu de chose près, — les articles sans nombre qui ont été écrits depuis cinquante ans, en déchirer la plupart et recommencer la besogne gâchée par les enfileurs de mots qui ont commis autant d'erreurs qu'ils ont fait imprimer de lignes sur cet événement grandiose, qu'on a essayé de réédifier en empilant tous les vieux clichés, les lieux communs usés, les opinions toutes faites et les anecdotes sonnant creux, ramassés dans les encyclopédies.

L'histoire de la prise de la Bastille a été racontée de façon à la rendre méconnaissable par plusieurs faiseurs de copies qui s'en tiennent aux racontars des livres mal faits et s'imaginent retracer un événement en battant le rythme de leur enthousiasme de commande avec la plume même dont ils redressent la bévue du ministre ou dont ils piquent un fait divers ; pauvres gens se figurant que l'histoire des journées révolutionnaires s'écrit en allongeant des phrases banales, en enflant des déclamations à gros effet !

Que diriez-vous de barbouilleurs au mètre carré qui émettraient la prétention étrange de reproduire les chefs-d'œuvre de nos galeries nationales en traînant leurs pinceaux de badigeonneurs sur de la toile d'emballage ? Vous les chasseriez sûrement du Louvre en leur cassant des triques sur le dos ! — Eh bien, ce que vous ne souffririez pas pour la peinture, vous le supportez pour l'histoire ; vous écoutez avec une complaisance coupable les barbouilleurs qui badigeonnent de faux toutes les plus belles pages de l'épopée révolutionnaire ; vous ne brisez pas la plume de tous ces fantaisistes, qui, à époque fixe, vous ont défiguré notre superbe 14 juillet, qui, sans tenir compte des découvertes nouvelles, des documents récents, vous ont inventé une «prise de la Bastille» de fantaisie, à démentir d'un bout à l'autre.

Nous savons que le peuple ne se leva pas un jour comme par magie, sans savoir ni pourquoi ni comment; nous savons aussi qu'il ne se dirigea pas vers la Bastille mû par une impulsion mystérieuse autant qu'inexplicable ; nous avons vu, dans nos précédents chapitres, que le peuple de Paris avait été alarmé par la présence des nombreux régiments étrangers massés aux environs de la capitale ; que la Bastille s'était trouvée indiquée comme lieu de concentration par les canons placés sur ses tours. En supprimant la Bastille, le peuple comprenait qu'il supprimait une prison notée d'infamie, en même temps qu'il jetait à terre les lourdes tours prêtes à cracher la mort sur le faubourg Saint-Antoine.

Du reste, le peuple avait été poussé à bout par les soldats du prince de Lambesc, qui les premiers, — ne l'oublions pas, — avaient répandu le sang en chargeant, sans motif, la foule au Pont-Tournant et aux Tuileries. Le dimanche 12 juillet, on avait vu manœuvrer les bourgeois armés et qui devaient former plus tard la garde nationale. Les gardes françaises et les milices du guet viennent s'enrôler à côté des bourgeois que chaque district arme pour sauvegarder la capitale, mise en émoi par la nouvelle du renvoi de Necker, à laquelle personne ne veut croire. Ce même dimanche, Camille Desmoulins monte sur une table au Palais-Royal. Il tire le fameux coup de pistolet en criant : « Aux armes ! » Les bals se ferment, les théâtres ne jouent pas, des groupes nombreux se forment, promenant le long des boulevards les bustes de Necker et du prince d'Orléans.

Voici comment Camille raconte lui-même la part prise par lui à cet événement (1) : « On ne me ravira pas du moins cet honneur, que c'est moi qui au Palais-Royal, le dimanche 12 juillet, monté sur une table entourée de dix mille citoyens, et montrant un pistolet à ceux qui ne pouvaient pas m'entendre, appelant tout le monde aux armes, c'est moi qui proposais aux patriotes de prendre sur le champ des cocardes pour pouvoir se reconnaître, éviter la Saint-Barthélemy dont ils étaient menacés cette nuit même, et se défendre contre les ennemis enrégimentés. Le peuple m'ayant dit de choisir les couleurs, je criai : ou le vert couleur de l'espérance ou le ruban cincinnatus, couleur de la République ; et comme on se fut décidé pour le vert, j'attachai à mon chapeau un ruban vert. »

Le lundi matin, les cloches des différentes paroisses sonnent le tocsin pendant que la foule se procure des armes, s'organise par district.

Cependant une dernière démarche est tentée auprès du roi par des délégués de l'Hôtel de Ville de Paris, qui vont demander à Louis XVI de renvoyer les troupes étrangères, celui-ci répond toujours qu'il ne peut rien changer à ce qui a été ordonné.

Un courrier arrive à Versailles, annonce au château que les Parisiens se réunissent en groupes nombreux sur les places publiques. Un courtisan fait remarquer que cela pourrait devenir inquiétant.

1. *Révolutions de France et de Brabant.*

— Laissez donc, répond quelqu'un, ils se réunissent ! Tant mieux ! Les balles de nos braves Allemands et Suisses frapperont plus sûrement dans le tas, et nous serons débarrassés de ces malcontents !

L'Assemblée plus tôt alarmée se déclara en séance permanente sous la présidence de Lafayette, remplaçant momentanément Bailly ; la séance dure soixante-douze heures de suite, on vote une motion blâmant Louis XVI pour avoir renvoyé Necker, et flétrissant à mots couverts la reine, qu'on rend responsable de tout ce qui allait arriver.

Dans la nuit du 13 au 14, des patrouilles de la milice bourgeoise, peu habituées aux rondes, tirent réciproquement les unes sur les autres, ce qui augmente encore la stupeur dans laquelle la grande ville est plongée.

Le lendemain 14 juillet, il pleuvait par intervalles, le temps était nuageux et couvert, il soufflait un vent piquant, très violent ; vers le soir, de nombreux coups de tonnerre retentirent ; ce fut ce jour-là que la Bastille tomba ; le peuple s'empara de la forteresse avec les armes qu'il avait prises pour résister aux troupes du roi en cas d'attaque et dont il se servit pour détruire la royauté elle-même.

Ces armes, il les avait voulues pour ne pas être massacré, il en usa pour se rendre libre.

Retraçons, en quelques lignes, l'histoire de cette terrible citadelle qui croule au milieu d'une immense acclamation populaire.

Après le désastre de Poitiers, la capitulation du roi Jean, l'envahissement de plusieurs provinces par les Anglais, on fut obligé de fortifier Paris pour mettre la capitale à l'abri d'un coup de main des armées étrangères. Aubriot, prévôt des marchands, posa la première pierre d'une des forteresse affectant la forme d'une tour, le 22 avril 1369 ; on bâtit cinq autres tours qu'on relia entre elles par d'épaisses murailles, et cet édifice fut appelé le château de la Bastille, qui ne tarda pas à devenir une prison redoutable.

Aubriot en fut un des premiers prisonniers.

Le prévôt des marchands était un homme juste et indépendant, ayant des idées libérales bien au-dessus de celles de ses contemporains. Ainsi, tandis que tout le monde s'acharnait alors contre les Juifs, il les protégea ouvertement et leur fit rendre leurs enfants, dont des prêtres s'étaient emparés pour les baptiser. Le clergé ne devait pas lui pardonner cet acte de justice et d'humanité ; poussée par les prêtres, l'Université, alors toute-puissante, le dénonça au tribunal de l'Évêché sous la triple accusation d'hérésie, d'impiété et de débauche. Les principaux griefs qu'on articulait contre lui étaient, comme le rapporte Juvénal des Ursins, « d'avoir compaignée charnelle à juives, de ne croire point à la sainteté du sacrement eucharistique réellement présent à l'autel et ne se confesser point ».

Le tribunal de l'Évêché le condamna comme hérétique à être brûlé vif. Mais le roi intervint et il put obtenir que cette peine fût commuée en celle de la prison perpétuelle et au pain et à l'eau C'est à la Bastille, dont il avait jeté les fondements, qu'il fut d'abord enfermé.

Ce fut à la Bastille que Henri IV fit mettre le fameux maréchal de Biron, exécuté dans les cours de la prison après sa condamnation par le Parlement pour avoir conspiré avec l'Espagne.

Mais ce fut surtout Richelieu qui, dans sa lutte contre les nobles, se servit de la Bastille. Mazarin, ayant substitué les ruses aux violences, fit enfermer peu de prisonniers : Louis XIV, au contraire, encombra les cachots, et il en fut de même sous Louis XV qui remplit la forteresse de malheureux dont beaucoup ne surent jamais eux-mêmes les motifs de leur emprisonnement.

La place de gouverneur de la Bastille était très recherchée à cause des bénéfices considérables qu'elle rapportait. Il y avait un tarif suivant lequel l'Etat payait au gouverneur des redevances variant d'après la qualité des prisonniers. Ainsi, pour un prince, on payait cinquante livres, trente-six pour un maréchal, seize pour un lieutenant général, quinze pour un conseiller au Parlement, dix pour un juge, un financier ou un prêtre, cinq pour un procureur ou un avocat, et enfin trois livres pour un homme de condition inférieure. Le gouverneur avait le droit de faire entrer tous les ans à la Bastille deux cents barriques de vin en franchises, exemptes des droits ordinaires ; mais comme il ne donnait presque pas de vin aux prisonniers, il avait pu vendre ce privilège à un négociant qui lui payait une forte rente. Le gouverneur de Launay poussait même la cupidité jusqu'à mener, la nuit, dans son propre carrosse, les prisonniers riches chez des filles publiques, pourvu qu'ils pussent chèrement payer ces complaisances, que le peuple qualifiait d'un mot énergique.

Le gouverneur avait ses appartements en dehors de la forteresse et en dehors du fossé principal ; mais pour arriver jusque chez lui il n'en fallait pas moins traverser deux lignes de sentinelles, passer devant deux corps de garde et franchir un large fossé à l'aide d'un pont-levis. Après les cours du gouverneur, on arrivait à un deuxieme fossé, derrière lequel veillait une seconde ligne de sentinelles, et après avoir dépassé encore une barrière de grosses poutres se terminant en pointes de fer, on arrivait à la cour intérieure, que les terribles tours couvraient toujours de leur ombre.

En 89, pour obéir aux ordres de la cour, non seulement des canons avaient été placés sur les tours, mais encore toute la forteresse fut mise en état de défense, chose facile avec une poignée d'hommes, à cause de la position exceptionnelle jugée par tous imprenable. On avait accumulé sur les tours des milliers de pavés, de boulets et de vieilles ferrailles pour écraser les assaillants. Les meurtrières étaient toutes garnies de mitraille; des mines occupaient la cour intérieure, des invalides étaient disséminés un peu partout. Le gouverneur devait, suivant un ordre formel, balayer à coups de canon la rue et le faubourg Saint-Antoine.

Quelle nuit du lundi au mardi! Des patrouilles qui se succédaient de quinze en quinze pas (1)! On heurtait aux portes sans objet déterminé, on frappait aussi aux devantures des boutiques. Les cloches de la capitale lançaient leurs plaintes à toutes volées et le tocsin remplissait Paris.

Dans la matinée du lundi 13, plusieurs électeurs se rendirent dès huit heures du matin, à l'Hôtel de Ville que la foule demandant des armes entourait déjà. Ces électeurs appartenant tous à la bourgeoisie, se sentaient mal à l'aise en présence de cette multitude de citoyens poussant le même cri: aux armes! aux armes! Les électeurs décident alors de former une garde bourgeoise composée de citoyens actifs et sur laquelle ils auront

1. Mercier, *Tableau de Paris*, ch. XII.

toute influence. Pour essayer de calmer la foule, on lui annonce même que la garde municipale est formée, ce qui n'était pas vrai. Mais la foule continue à réclamer des armes ; les électeurs de plus en plus embarrassés envoient chercher le préfet des marchands, de Flesselles, qui venait en même temps de recevoir l'ordre de Louis XVI de se rendre à Versailles ; le prévôt courut au plus pressé, il se rendit à l'Hôtel de Ville : en passant sur la place de Grève, il dit paternellement :

— Vous serez contents, mes amis, je suis votre père.

Le peuple l'applaudit.

Quand il eut rejoint les électeurs, on décida de former une milice municipale. On vote que chacun des soixante districts de Paris élira deux cents hommes pour être armés, ces douze mille soldats formeront la garde nationale et seuls ils auront des fusils. Les autres citoyens seront désarmés. Le commandement de cette nouvelle garde est offert au duc d'Aumont qui demande vingt-quatre heures pour réfléchir, puis refuse : Lafayette est donc nommé à sa place. Enfin, les électeurs nomment un *comité permanent* qui s'empare de l'autorité, ordonne que seul il veillera à la tranquillité publique ; que tout citoyen possesseur d'un sabre, d'un fusil, ou d'une arme quelconque, devra l'apporter au district et que les attroupements doivent cesser.

La bourgeoisie, usurpant tout pouvoir, essayait de désarmer le peuple, et après s'être donné une garde de douze mille hommes à sa dévotion, elle ordonnait aux citoyens de Paris de rentrer chez eux.

Le peuple ignorant ces ordres, n'en tient nul compte, il continue à chercher des armes ; toutes les boutiques sont fermées, excepté celles des forgerons qui retentissent du bruit des marteaux dansant sur les enclumes avec des jaillissements d'étincelles et forgeant des piques. Les femmes cousent des cocardes ; la couleur verte, qui est celle du comte d'Artois, a été abandonnée et on a adopté le rouge et le bleu qui sont les couleurs de la ville de Paris ; plus tard, ces deux cocardes seront placées sur le blanc constitutionnel et nous aurons le célèbre tricolore qui fera le tour du monde.

On se rend au garde-meuble, mais on y trouve peu de chose ; on prend deux canons montés en argent, que le roi de Siam envoya autrefois à Louis XIV, et ces présents d'un monarque asiatique roulent sur le pavé de Paris servant à la conquête de nos libertés. L'épée dorée d'Henri IV est aussi réquisitionnée ; des lances, des baudriers, des épées datant de la chevalerie sont emportés faute de mieux. Mais, admirable conduite d'un peuple qui meurt de faim, on enlève les armes et on ne vole pas un seul bijou. Un ouvrier qui a volé une poule est pendu.

En passant, la foule enfonce les portes de La Force, cette prison pour dettes, et on délivre les prisonniers. On délivrait les prisonniers coupables de pauvreté, mais on prêtait main forte à l'autorité pour retenir les fripons. Les prisonniers du Châtelet, criminels de droit commun, ayant appris qu'on avait ouvert la prison de La Force, veulent s'évader, ils se mettent en mesure de briser les portes de leur prison ; le concierge appelle à son aide des patrouilles improvisées qui passaient ; ces bandes entrèrent au Châtelet firent feu sur les mutins, les obligeant à rentrer dans les cellules.

On apprit que le couvent des Lazaristes renfermait des quantités de farines ; la foule s'y porte et découvre des centaines de sacs qui sont chargés sur dix-sept charrettes conduites fidèlement aux halles par des misérables manquant de pain. Des excès furent commis, mais aucun acte contre la probité ; les assaillants refusèrent de l'argent que les religieux leur offraient ; (1) on but du vin dans les caves, on brisa des meubles, mais un voleur ayant été surpris fut aussitôt pendu.

Dans les rues, on continue à demander des armes ; on annonce, à l'Hôtel de Ville, que l'on vient de découvrir au fort Saint-Nicolas un bateau de poudre, cinq mille livres, que la direction de l'Arsenal allait faire partir pour Rouen ; on les fait apporter dans la cour de l'Hôtel de Ville, où un électeur, l'abbé Lefebvre d'Ormesson, se mit en devoir de les distribuer avec un courage admirable et, par son sang-froid, et par son dévouement, sauva peut-être l'Hotel de Ville ; une étincelle d'un fumeur imprudent aurait pu mettre le feu aux poudres, et le bâtiment sautait. A un moment donné, un homme, resté inconnu, tira sur l'abbé un coup de pistolet qui ne l'atteignit pas. A la nuit, l'abbé d'Ormesson n'avait pas achevé sa besogne ; il coucha sur les barils pour les garder.

On avait de la poudre, maintenant il manquait des fusils.

La nuit était venue ; le comité permanent resta en grande partie à l'Hôtel de Ville où de Flesselles se fit dresser un lit (2) et c'est là qu'il dormit son dernier sommeil.

Dans Paris, toutes les maisons étaient illuminées ; la capitale, craignant une suprise des troupes de la cour, veillait ; chez les forgerons, on continuait à

1. Récits du cousin Jacques, p. 34.
2. Dusault. — *Œuvres de sept jours*, t. 1, p. 287.

fabriquer des piques, et le bruit des marteaux ne cessa pas de toute la nuit ; cinquante mille piques furent livrées en trente-six heures.

Vers minuit, on entend du côté de la Bastille sept coups de feu ; c'est une patrouille (1) qui a dû voir des sentinelles entre deux créneaux et qui tire, mais inutilement. Le monstre de pierres immobile semble sommeiller seul au milieu de la capitale fiévreuse.

Le 14, dès une heure du matin, on commença à tirer des coups de fusil sur les sentinelles ; mais ces coups mal dirigés dans l'obscurité se perdirent.

Le 14 au matin, Besenval, chargé du commandement des troupes de Sèvres, fit arrêter au passage et rétrograder des voitures chargées de farine qui se rendaient à Paris (2).

— De la farine pour les Parisiens ! à quoi bon ? s'écria le général, le foyer de révolte n'a plus besoin de pain.

De Launay effrayé n'avait pas osé mettre son grand uniforme, il portait un frac gris, garni de rubans ponceau.

A partir de deux heures du matin, de Launay donne l'ordre à la garnison de se mettre sous les armes.

Paris retentit dans toutes ses rues, sur toutes ses places d'un seul cri : « La Bastille ! ... » Des groupes se forment et se dirigent du côté de la prison ; d'autres se réunissent devant les Invalides, et cette foule se trouve bientôt au nombre de trente mille. Parmi ce peuple qui attendait des armes, on voyait des gardes françaises, échappés de leurs casernes consignées, et

---

1. Les deux amis de la liberté, t. I, p. 312.
2. *Analyse de la Révolution Française*, par Dubois-Crancé.

qui, au nombre de trois mille, ont refusé de se rendre à Saint-Denis où on voulait les envoyer et sont revenus rejoindre le peuple qu'il ont déjà défendu le dimanche contre les dragons allemands commandés par le prince de Lambesc. Dans cette foule, on voyait aussi des étudiants, et même des prêtres, notamment le curé de Saint-Étienne-du-Mont, qui avait quitté son église à la tête de toute sa paroisse qu'il conduisait à la lutte.

A ce peuple, il faut des armes ; la veille déjà, de Flesselles a promis de livrer 12,000 fusils ; à cinq heures sont arrivées dans la cour de l'Hôtel de Ville des caisses qui viennent, dit-on, de Charleville, et sur lesquelles on a écrit en grosses lettres noires : *Artillerie ;* quand on les ouvrit, elles ne contenaient que des vieux linges. La colère contre le prévôt fut vive ; il s'excusa en disant qu'on l'avait trompé. Pour gagner du temps, il dirige le peuple vers le couvent des Chartreux qui renferme, dit-il, des armes ; il délivre un ordre de perquisition, et la foule se rend au couvent. Mais les religieux prouvent que leur maison ne renferme pas le moindre fusil, le peuple revient à l'Hôtel de Ville, commençant à accuser Flesselles de trahison.

Le matin du 14 juillet, Paris manquait donc d'armes à feu ; des piques, des armes hors d'usage du garde-meuble et le petit nombre de fusils ou de sabres fournis par les armuriers étaient insuffisants. On retourne à l'Hôtel de Ville ; le comité permanent ne possède pas le moindre fusil et ne peut rien fournir. On apprend alors qu'un dépôt de fusils existe aux Invalides ; on y court. M. de Sombreuil, le gouverneur, vieux et rusé militaire, se présente à la grille ; il parlemente, alléguant qu'il représente la fidélité à la consigne.

— Un courrier est parti pour Versailles, dit-il, attendez son retour.

Les assaillants vont y consentir, quand une voix s'écrie :

— On nous demande du temps pour nous faire perdre le nôtre.

Ce cri brise toutes les hésitations ; on s'élance dans les fossés, et malgré les habiletés du gouverneur des Invalides, on envahit l'hôtel ; le peuple s'empare de vingt canons et de vingt-cinq mille fusils. Il était neuf heures du matin quand cette foule armée se dirigea à son tour vers la Bastille.

Bientôt la prison fut investie de toutes parts ; trois parlementaires furent admis dans la première cour et ne purent rien obtenir. Un envoyé du comité de l'Hôtel de Ville arrive à son tour, c'est un avocat au Parlement de Paris, Thuriot, celui-là même qui sera plus tard président de la Convention nationale et qui, en refusant la parole à Robespierre, sera le complice de sa perte ; Thuriot (1) donc, pénétra dans la cour intérieure et s'adressant au Gouverneur :

— Monsieur, lui dit-il, je vous somme au nom du

---

1. Thuriot de la Boizière fut plus tard nommé député de la Marne à l'Assemblée législative et à la Convention. Il demanda la mort de Louis XVI et déclara que si la Convention montrait de l'indulgence envers le tyran, il irait lui-même lui brûler la cervelle. Bonaparte le nomma juge près le tribunal criminel de la Seine ; il fut chargé en cette qualité d'interroger Moreau et Pichegru ; ce fut Thuriot qui fut le rapporteur de ce fameux procès. En 1805, il fut nommé substitut du procureur général près la cour de cassation, et Louis XVIII le nomma avocat général près la même cour ; il occupa cette fonction jusqu'à sa mort.

peuple, au nom de l'honneur et de la patrie, de retirer vos canons et de rendre la Bastille.

De Launay embarrassé, déjà plein de crainte, essaye de se sortir d'affaire en faisant jurer à ses soldats qu'ils ne tireront sur le peuple que s'ils sont attaqués. Cela ne suffit pas à Thuriot qui veut monter sur les tours pour se rendre compte par lui-même que les canons sont retirés comme de Launay l'a affirmé : ce dernier refuse d'abord, puis finit par y consentir.

Les deux hommes montent sans prononcer une parole, seuls, le sombre escalier conduisant sur la plate-forme de l'une des tours.

Le gouverneur avait menti, les canons n'étaient pas retirés, on les avait seulement reculés pour empêcher le peuple d'en apercevoir la gueule. Ces deux hommes se trouvaient à cinquante mètres environ au-dessus du sol et leur regard dominait la ville de Paris ; en bas on voyait la foule qui se pressait aux abords du château-fort ; de Launay, en causant, fut menaçant et injurieux pour ce peuple dont la rumeur arrivait jusqu'à eux.

— Assez, fit Thuriot en colère, si vous dites encore un mot, je vous jure que je vous jette dans le fossé.

En bas, la foule ne voyant pas Thuriot, s'irrite ; il est obligé de se montrer, et aussitôt une immense exclamation s'échappe de ces milliers de poitrines.

En autorisant avec tant de facilité les parlementaires à pénétrer dans la forteresse, de Launay avait un but : celui de permettre aux troupes royales qu'il espérait toujours voir arriver, de se faire jour à travers la multitude et de lui apporter du secours (1).

1. *Histoire de la Révolution de France*, par le vicomte F. de Conny, page 224. — Édit. de 1834.

A la sortie, Thuriot se rend à l'Hôtel de Ville pour faire son rapport ; le plan de l'Hôtel de Ville était non de détruire la Bastille, mais de s'en emparer et d'y mettre une garde prise dans la milice nationale ; le peuple, lui, voulait renverser la terrible forteresse. Aussi, pendant que Thuriot se retire, les assaillants s'impatientent : un charron s'élance, une hache à la main, et grimpe jusque sur les bras du pont-levis qu'il fait tomber en coupant les chaînes, le choc est si violent qu'un homme est écrasé ; la foule peut passer maintenant, elle se précipite dans la première cour du gouverneur, où elle est reçue par une décharge fournie qui blesse et tue plusieurs personnes ; mais le flot, toujours pressant, ne permet plus de reculer.

Le peuple court alors vers le second pont-levis pour arriver à la cour intérieure, il est accueilli par une nouvelle fusillade ; on croit que le gouverneur n'a laissé arriver la foule jusque-là que pour mieux la massacrer. Plusieurs historiens ont voulu laver de Launay de cette atrocité ; toujours est-il que c'est lui qui commanda le feu.

Il y avait déjà vingt blessés déposés dans des maisons du faubourg Saint-Antoine ; on en prit un, un soldat aux gardes qui ne laissait plus d'espoir, on le plaça sur un brancard et on le promena jusque sur la place de Grève ; cette vue ranime les colères, décide les derniers hésitants. Un des officiers des gardes, à cheval, excite les assaillants :

— Venez, mes amis, dit-il, venez ; nous allons sauver Paris.

Une poussée formidable se fait sentir de nouveau et on remarque des grenadiers et des fusiliers de la compagnie de Rubersac conduits par leurs sergents.

Les gardes françaises avaient formé une colonne sous le commandement d'un soldat du régiment de la reine nommé Élie ; cette colonne entra dans la cour du gouverneur au moment où Santerre faisait mettre le feu à trois charrettes de paille placées sous le second pont-levis ; il fallut donc attendre, car cet inutile moyen d'attaque gênait les assaillants, qui ne pouvaient diriger leurs attaques au milieu de la fumée épaisse se dégageant de cette paille qui avait été mouillée par la pluie.

Pendant ce temps, les Suisses, bien à l'abri derrière des meurtrières, sûrs de ne pouvoir être atteints, tiraient sur les assaillants, se désignant entre eux ceux qu'ils voulaient viser et qui tombaient aux ricanements de ces soldats étrangers ; quatre-vingt-trois hommes périrent de cette façon et vingt-huit furent blessés : les assiégés, au contraire, n'avaient perdu qu'un des leurs.

Un groupe d'individus était allé chercher des pompes et essayait d'inonder les tours afin, disait-on, de mouiller les amorces des canons, mais le jet des pompes n'était pas assez fort, et c'est à peine si quelques gouttes légères atteignaient le sommet des tours.

Plusieurs coups de canons furent tirés de la place sur les assaillants (1). Les Parisiens augmentaient de minute en minute ; on remarquait des hommes appartenant à tous les rangs de la société, des ouvriers, des commerçants, des soldats, quelques prêtres et même des femmes. Une jeune fille fut blessée et raconta que n'ayant pu dissuader son amant, elle était venue combattre avec lui (2).

1. Récit d'un officier suisse. *Revue rétrospective*, t. IV, p. 250
2. Michel Cubières. *Voyage à la Bastille*, p. 34.

De nouvelles décharges de mousqueterie partent de la cour intérieure occupée par les Suisses et une vingtaine de Parisiens tombent frappés mortellement.

— Marchons toujours, entend-on de tous les côtés, et s'il le faut, nos cadavres combleront les fossés (1).

Un groupe se fait remarquer par une agitation extraordinaire ; au milieu des forcenés on aperçoit une jeune fille d'une rare beauté, c'est la fille d'un officier qui commande la garnison de la Bastille.

— Si le père ne se rend pas, il faut la brûler vive, dit-on.

La jeune fille s'évanouit, on la couche sur un tas de paille qu'on se dispose à allumer. Un homme de cœur, Bonnemet, se détache des assaillants, délivre l'infortunée, l'emporte, va la mettre en sûreté et revient combattre avec ses camarades (2).

De Launay, effrayé à la fin, essaya de faire sauter la Bastille, et il se préparait à allumer les poudres, quand il en fut empêché par des officiers suisses qui lui arrachèrent des mains la mèche avec laquelle il allait mettre le feu à un baril (3).

Il finit par donner l'ordre de baisser les ponts levis, et la foule se précipita après que les gardes françaises eurent promis de ne faire aucun mal à la garnison.

Le gouverneur de Launay voulut d'abord se frapper d'un poignard, mais il en fut empêché. A partir de ce moment, il fut gardé à vue, puis conduit à l'Hôtel de

---

1. Procès-verbal de l'Assemblée des électeurs, t. I. p. 340.
2. Beaulieu. *Essais historiques*, t. I, p. 130. Cette jeune fille se nommait Mademoiselle de Monsigny ; dans une cérémonie civique, elle couronna elle-même son libérateur, à l'Hôtel de Ville, le 3 février 1790, en présence de Bailly. (Louis Blanc, t. II, p. 387.)
3. *La Bastille dévoilée*, t. I, p. 104.

Ville au milieu des imprécations de la foule, qui ne se crut pas obligée de respecter celui qui avait été le geôlier cruel et le bourreau de tant d'innocentes victimes. Le cortège qui conduisait de Launay était formé d'Élie (1) montrant au-dessus des têtes de la foule la capitulation de la Bastille piquée à la pointe de son épée ; quelques patriotes serraient le gouverneur de près ; Legris et Maillard fermaient la marche. Sur le parcours, on ne ménage pas les outrages au gouverneur qui était détesté ; on lui arrache les cheveux et on lui porte l'épée au visage (2). Sur la place de Grève, le cortège est assailli par ce peuple, qui, furieux de la résistance de la Bastille et de la perte de quatre-vingt-trois des siens, s'empare de celui qui a causé la mort de ces braves gens ; une lutte s'engage, et finalement la tête du malheureux gouverneur, plantée au bout d'une pique, est promenée dans Paris.

De Launay mourut courageusement et suivant un témoin oculaire, l'abbé Lefebvre, « il se défendit comme un lion » ; son corps ne fut pas retrouvé.

M. Jules Claretie a découvert dans les documents des archives le nom du principal meutrier, car bien des bras frappèrent en même temps ; ce fut un nommé Denot, cuisinier de son état et venu là par hasard. « Voyant, dit Denot, passer un homme qu'on entraînait sur les marches de l'Hôtel de Ville et qu'on lardait de coups de sabres et de baïonnettes, je le frappai dans le dos et lui coupai la tête avec mon couteau (3). »

1. Élie devint général de division et, en 1797, fut nommé commandant de Lyon ; il prit sa retraite cette même année et mourut dans l'obscurité.
2. Deux amis de la Liberté, t. II, p. 35.
3. Ce Denot sera encore à Versailles durant les journées des 5 et 6 octobre ; il fera partie de ceux qui envahirent la chambre de la reine.

Ce passage de l'interrogatoire de Denot est d'une lugubre naïveté. « A lui demandé si c'était avec ce couteau qu'il avait travaillé la tête du sieur de Launay, il a répondu que c'était avec un couteau noir plus petit ; que lui ayant observé qu'il était impossible de couper des têtes avec un si petit et si faible instrument, il répondit qu'en sa qualité de cuisinier il savait travailler les viandes. » Plus loin. — « Que s'il a agi ainsi, il a cru faire un acte patriotique et mériter une médaille en détruisant un monstre. »

Pendant ce temps, les assaillants se répandent dans l'intérieur de la Bastille : ils parcourent les caveaux, les corridors, s'enfoncent sous les voûtes qui retentissent de ces mots :

— Où sont les victimes, voici la liberté !

Un soldat qui descendait de la plateforme où il était de garde, rencontre un combattant, Louis Morin, il lui demande grâce :

— Ah ! frères, ayez pitié de quelques pauvres soldats qui ont été forcés d'obéir ; jurez de demander grâce pour eux.

— Je le jure, répond Morin, et il tient parole.

Dans ce moment d'héroïque énervement, il y eut de fatales erreurs commises.

L'officier Bequard, celui-là même qui avait arraché des mains de de Launay la mèche avec laquelle celui-ci voulait mettre le feu aux poudres pour faire sauter la forteresse, est pris pour un geôlier et on lui abat le poignet droit d'un coup de sabre : puis on va promener ce poignet à travers Paris ; on s'acharne après ce malheureux officier et on le massacre.

Les portes des cachots sont ouvertes, on retrouve sept prisonniers, mais tous ne peuvent profiter de la liberté, deux sont fous et l'un d'eux répond à toutes les questions qu'il est « le major de l'immensité. » A la suite de l'entrée du peuple dans la Bastille, quelques désordres inévitables se produisirent ; quelques-uns se mirent à détruire ce qui leur tombait sous la main ; les archives notamment sont déchirées et détruites. Mais on arrive assez à temps pour sauver plusieurs papiers importants, notamment une lettre de Latude à Madame de Pompadour, lettre datée de 1760 et dans laquelle on lit : « Le 25 de ce mois de septembre, à quatre heures du soir, il y aura cent mille heures que je souffre (1). » Quand il écrivait ces mots, le malheureux devait souffrir encore deux cent mille heures (2).

Comme elle est touchante cette autre lettre d'un autre prisonnier, datée du 7 octobre 1752. « Si pour ma consolation, monseigneur voulait m'accorder, pour l'amour de Dieu et de la très sainte Trinité, que je puisse avoir des nouvelles de ma très chère femme, ne fût-ce que son nom sur une carte, pour montrer qu'elle vit ! ce serait la plus grande consolation que je puisse recevoir et je bénirais à tout jamais la grandeur de Monseigneur. -- *Queret-Demery.* » Le malheureux n'obtint pas cette grâce suprême et il mourut attendant des vengeurs.

Trois militaires, portant l'uniforme détesté des gardes de la Bastille, furent massacrés par la foule dans l'effervescence de la lutte ; Flesselles, prévôt des marchands, qu'on accusait, d'après de terribles apparences, d'être de connivence avec de Launay, fut tué d'un

---

1. *Vie politique et privée de Santerre*, p. 46.
2. Louis Blanc, t. II, p. 392.

coup de pistolet tiré par un inconnu sur la place de Grève au moment où on le conduisait au Palais-Royal.

On répétait dans les groupes qu'on avait trouvé sur le prévôt des marchands un billet adressé au gouverneur de la Bastille et dans lequel il lui disait : « Tenez bon ! j'amuse les Parisiens avec des promesses et des cocardes ! » Ce billet n'a jamais été retrouvé ; mais ce qu'il y a de bien certain, c'est que, vrai ou faux, il résume bien la conduite tenue par Flesselles durant la journée ; au lieu de donner au peuple les armes qu'il demandait, il essaya de lui résister d'abord, de détourner son attention ensuite, espérant que les troupes de Versailles viendraient, et prenant les assaillants par derrière, délivreraient de Launay.

Un autre invalide, Asselin, pris pour un porte-clef, fut pendu à un réverbère ; le major Sorblay de Losme fut tué sur la place de Grève ; un aide-major, M. de Miray, fut également tué rue des Tournelles ; un lieutenant appelé Person, fut massacré ; un autre invalide périt aussi dans la journée.

« De Launay, Flesselles, Foulon, Berthier ont été punis plus exemplairement. Quelle leçon pour leurs pareils, que l'intendant de Paris, rencontrant au haut d'un manche à balai la tête de son beau-père, et une heure après sa tête à lui-même, ou plutôt les lambeaux de sa tête au haut d'une pique ; ensuite son cœur et ses entrailles arrachés et portés en triomphe ; enfin le corps décapité et traîné aux flambeaux dans les rues, couvert de sang et de boue, et devant, un citoyen qui criait : « Laissez passer la justice du peuple ! » Justice épouvantable ! Mais l'horreur de leur crime passe encore l'horreur de leur supplice. « Les voilà donc enfin disparus ces traîtres qui voulaient nous égorger sans forme de procès. Ils ont subi la peine du talion. Les uns sont morts, la fuite a sauvé le reste (1). »

Ce soir-là, Paris ne dormit pas.

— Ne vous couchez pas, criait-on, illuminez vos fenêtres. Nous avons besoin de voir clair cette nuit.

Les rues furent barricadées, coupées de larges fossés, et on s'occupa de transporter des pavés aux derniers étages des maisons afin d'écraser les assaillants en cas d'attaque.

Le bruit s'était répandu que la cour allait faire bombarder la capitale ; les fenêtres restèrent illuminées toute la nuit à l'aide de lampions et de lanternes, et les rues furent gardées par les habitants montant la garde devant leurs maisons, se tenant prêts pour résister à un coup de main qui avait effectivement été projeté ; mais il fut trop tard quand la cour voulut le tenter.

A Versailles, toutes les informations venant de Paris étaient regardées comme des impostures (2). On ne voulait pas croire à la gravité des événements.

Lorsque la nouvelle de la prise de la Bastille arriva à Versailles, Foulon, beau frère de Berthier, le ministre de la guerre, achevait de préparer les plans contre Paris, qui devait être attaqué de sept côtés à la fois.

1. *Tableau historique de la Révolution* (1804), p. 66.

2. Note de C. Desmoulins dans le n° 41 de *la France libre* ; composée dans les derniers jours de mai 1789, imprimée dans le courant de juin, cette brochure ne parut que le 18 juillet, quatre jours après la prise de la Bastille. Ces retards étaient dus à l'imprimeur Momoro qui, bien que s'étant donné le titre de « premier imprimeur de la *Liberté nationale* » attendit pour lancer le brûlant opuscule que la Bastille fût prise. Le Parlement de Toulouse, le même qui avait injustement condamné Calas à mort quelques années auparavant, ordonna par arrêt, de brûler *la France libre*. C. Desmoulins remercia les conseillers en leur dédiant *la Lanterne aux Parisiens*.

Marie-Antoinette n'était pas au château quand la nouvelle y fut connue ; elle se trouvait avec Madame de Polignac dans les bivouacs des soldats, qu'elles excitaient pas des sourires engageants et des distributions de vin.

Le peuple avait été victorieux à temps ; quelques heures plus tard, et il était impitoyablement livré aux soudards étrangers.

La reine, en apprenant la mort de M. de Launay par la bouche de M. Wimpfen, entra dans une colère brutale.

— Les misérables ! s'écria-t-elle en montrant le poing à Paris, et le roi, où est-il ?

Avant de se mettre au lit, le 13, à neuf heures, Louis XVI avait reçu Berthier, intendant de Paris.

— Eh bien, monsieur Berthier, avait-il demandé, quelles nouvelles ? Que fait-on à Paris ? Où en sont les troubles ?

— Tout va bien, sire, avait répondu Berthier. Il s'est produit quelques mouvements qu'on est parvenu à réprimer sans difficultés.

Le roi s'était couché bien tranquillement, après avoir donné l'ordre d'égorger « la moitié des Parisiens » s'il le fallait ; il dormait comme si rien n'avait été et, sur le carnet où il inscrivait tous les jours ses impressions, il avait écrit d'une grosse plume bien paisible ce mot qui étonne : « Rien. »

Marie-Antoinette prie le duc de Liancourt d'aller réveiller le roi, qui gronde d'abord, finit par demander, en se frottant les yeux brouillés de sommeil :

— Qu'y a-t-il donc ? pourquoi vient-on me déranger ?

— Sire, dit le duc de Liancourt, le peuple a pris la Bastille.

— Ce n'est pas possible.
— De Launay a été tué.
— Par le peuple ?
— Oui, sire. Paris tout entier est en armes !
— Mais c'est donc une révolte ?
— C'est une révolution!

Le roi se lève de mauvaise humeur, réunit ses intimes ; la reine a perdu contenance ; elle grince des dents, déchire, furieuse, ses dentelles, en frappant du pied ; le comte d'Artois, tout tremblant, court à l'Assemblée, à minuit ; il supplie Bailly de faire lui-même un discours que le roi devait prononcer le lendemain (1).

Le lendemain, en effet, pendant qu'à Notre-Dame l'archevêque de Paris chante un *Te Deum* pour remercier Dieu de la prise de la Bastille, le roi se rend dans le sein de l'Assemblée nationale, venant demander un appui moral auprès de ces députés qu'il avait essayé de faire massacrer la veille.

Il promet tout ce qu'on lui demande, il fait même éloigner les troupes, mais il les laisse encore à une distance assez rapprochée pour pouvoir les rappeler si l'occasion se présente favorable.

L'occasion ne se représentera pas.

Le 20 juin, les députés, au jeu de Paume, ont prêté le serment de sauver la France.

Le 14 juillet, le peuple se lève et il va maintenant tenir ce serment en renversant la royauté.

Le trône, ayant perdu un de ses étais, va chanceler pendant plusieurs mois ; il finira par crouler sous le souffle populaire.

(1). Mémoires de Bailly, t. II p. 5.

Dès le 25 juillet, les électeurs de Paris ordonnèrent la démolition de la Bastille ; Palloy qui prit le titre de « Patriote Palloy, » se porta adjudicataire de la démolition ; il employa mille travailleurs, à qui il délivra des cartes d'ouvriers imprimées sur le revers de cartes à jouer. — Le 1er décembre suivant, on procéda à la vente des matériaux et des démolitions, plomb, fer, etc., provenant de ce que les Parisiens des faubourgs avaient surnommé « la boîte à cailloux ». — Le Patriote Palloy est un des comparses de la Révolution qui tiennent le plus de place ; figure encombrante et caractère peu estimable en somme. Il entreprit une exploitation de la Bastille ; avec les fers et les chaînes il frappe des médailles ; avec les pierres il fabrique des pendants, des breloques, des presse-papier politiques, des encriers ; il met aussi en vente des réductions de la Bastille en pierre de la forteresse ; enfin il fait fabriquer des modèles de petites bastilles en plâtre ou en pierre, suivant le prix, qu'il envoie plus tard aux quatre-vingt-trois départements. Ces réductions existent encore dans plusieurs musées ; Palloy les envoyait par les employés de ses chantiers qui faisaient à pied le voyage. Dans certaines villes, à Dijon notamment, les modèles de la Bastille étaient reçus en grande cérémonie, on promenait le modèle processionnellement autour de la ville et on prononçait des discours (Procès-verbal de ce qui s'est passé à la séance du 13 novembre 1790 ; de l'assemblée administrative du département de la Côte-d'Or). Les gros matériaux provenant de la démolition de la Bastille furent employés à divers travaux d'utilité et notamment à la construction du pont de La Concorde.

Palloy était à peu près illettré, il n'en voulut pas moins avoir la réputation d'hommes de lettres et il signa des poésies et des opuscules où il chanta tour à tour Robespierre, Bonaparte, Napoléon Ier et Louis XVIII avec le même style ampoulé et la même conviction. Il alla jusqu'à mettre en vente son portrait, entouré de deux branches de laurier, portant au bas les deux quatrains suivants qui donnent une idée de la modestie de Palloy :

> Sur l'autel de la Liberté,
> Il mit son cœur et son génie ;
> L'un appartient à la patrie
> Et l'autre à l'immortalité.

Il servit sa patrie et respecta la loi ;
Du nom de patriote un décret le décore ;
Il mérita ce titre et, dans mille ans encore,
Nos neveux confondront Patriote et Palloy.

Quoique la démolition de la Bastille lui eût rapporté beaucoup d'argent, il ne sut pas le conserver et il fut réduit à la misère ; mais son goût pour la réclame ne l'abandonna pas ; il fit imprimer dans les journaux et sur des prospectus l'avis suivant : M. et Madame Palloy, autrefois propriétaires d'une belle fortune, aujourd'hui privés de toutes leurs ressources, sont obligés d'en chercher une autre dans leur travail. Ils offrent, en conséquence, leurs services, M. Palloy pour le conseil dans les objets dépendants de son art, et Madame Palloy pour la réparation et le raccommodage du linge et tous les travaux de couture dans la plus grande perfection. — S'adresser à Paris, place Saint-Michel, n° 10 ; et à Sceaux-Penthièvre, chez M. Palloy, ancien architecte, rue des Trois-Bergères, n° 8. »

Du 17 au 24 juillet 1789.

XVII

LE ROI
PREND LA COCARDE TRICOLORE

Abattement de la cour. — Bailly maire de Paris. — La reine conseille la guerre civile. — Effet de la peur sur les princes. — Necker rappelé. — Louis XVI a l'Hotel de Ville. — La voute d'acier. — Les Polignac émigrent. — La duchesse nue et le capucin mendiant. — Retour du roi a Versailles.

Aussitôt que la nouvelle de la prise de la Bastille fut connue dans ses détails à Versailles, la cour passa subitement de l'orgueil à l'abattement ; ces mêmes hommes qui la veille menaçaient Paris, se sentirent pris d'une peur étrange ; la reine elle-même, dont l'arrogance était si grande, dont la cruauté allait jusqu'à vouloir faire massacrer la moitié de Paris, était maintenant tombée dans une prostration véritable.

Le roi, comme toujours, se laissait aller au courant de ceux qui l'entouraient.

A Paris, le peuple, réuni à l'Hôtel de Ville, nommait Lafayette commandant de la garde nationale, et, à la place de la charge de prévôt des marchands, substituait celle de maire de Paris, dont il instituait Bailly le premier titulaire. Tous ces actes, d'une portée si grande, étaient accomplis, ces nominations, d'une importance considérable, étaient faites sans l'avis ni le consentement du roi.

Cependant, à la cour, on tentait encore un dernier essai de résistance ; un conseil des ministres auquel assistait la famille royale, était tenu et on examinait la conduite à suivre ; fallait-il se soumettre et n'y avait-il pas encore un moyen de vaincre par la violence ? Telle était la question discutée.

La reine se déclarait pour la résistance à outrance, elle avait un plan à elle, qu'elle soutenait avec passion.

— Il faut fuir Versailles, disait-elle, battre en retraite avec les troupes dont nous disposons ; en quelques jours nous pouvons facilement réunir une armée de cent mille hommes ; vous êtes le roi, vous en prendrez le commandement ; vous marcherez contre les rebelles, vous imiterez vos ancêtres, vous ferez le siège de votre capitale, s'il est besoin ; et s'il faut que vous forciez Paris rue par rue, maison par maison, à la grâce de Dieu !

La reine conseillait la guerre civile.

Les frères du roi, que la peur étreignait, se prononcèrent pour un avis absolument opposé. Le comte d'Artois se trouvait dans un état tel, qu'il dut plusieurs fois quitter la séance pour aller payer à la nature le tribut de sa pusillanimité.

— On n'est pas bien sûr des troupes, disait-il ; n'est-il pas préférable d'attendre, de patienter et de tromper les Parisiens par des promesses qu'on ne tiendra pas au besoin, mais qui amuseront cette populace en fureur.

Ce dernier avis l'emporta.

La cour n'ayant pas le moyen de mitrailler le peuple, se résigna à composer avec lui.

Pour se mettre en sûreté, le comte d'Artois émigra et se retira à Turin auprès du roi de Sardaigne son beau-père. Au moment de son départ, les dettes de ce prince s'élevaient à vingt-huit millions quatre cent huit mille livres. Ce fut la nation qui paya ces dettes, ce qui faisait dire à un journaliste : « Et pour qui creuse-t-on plus avant l'abîme de notre déficit ? Pour un citoyen qui possédant seul, à titre d'apanage, la fortune de six cent mille pères de famille, a déduit la substance de cent mille autres ».

Sitôt après son départ, on afficha que les chevaux de Son Altesse seraient amenés à Paris, hôtel de Richelieu et vendus à l'enchère : on remarqua au bas de l'affiche cette phrase conditionnelle :

On ne vendra qu'au comptant.

Un plaisant ajouta ces mots à la suite :

Et pour cause (1)

On demandait le rappel de Necker et le renvoi du ministère qui avait préparé les plans de la bataille contre Paris ; le roi rappela Necker chassé quelques jours auparavant, et donna congé au ministère Broglie.

Bailly fit dire au roi que le peuple désirait le voir à l'Hôtel de Ville ; Louis XVI promit d'aller à Paris, afin

1. *Anecdotes du règne de Louis XVI*, t. II, p. 72.

d'empêcher, ce qu'il craignait par dessus tout, que le peuple ne vînt à Versailles.

En effet, il se prépara à cette visite, comme un condamné se prépare au supplice. Il fit appeler son confesseur, reçut l'absolution, communia, écrivit son testament, et nomma son frère aîné lieutenant du royaume en cas de décès, puis partit pour Paris accompagné de deux cents députés qui entouraient la voiture, placés sur deux rangs, défilant au milieu d'une foule innombrable.

Arrivé à la barrière de la Conférence, — aujourd'hui Passy, — le cortège fut reçu par le nouveau maire de Paris, Bailly, et par le nouveau commandant de la nouvelle garde nationale, Lafayette. La foule devenait de plus en plus compacte, il y avait du monde jusque sur le faîte des maisons. Robespierre qui se trouvait dans le cortège des députés, remarque, dans une lettre particulière, que les prêtres se signalèrent par leur zèle ; les moines de tous ordres étaient sortis de leurs couvents, et chaque communauté s'était jointe au cortège, les religieux ayant eu soin de mettre des ceintures bicolores, rouges et bleues, couleurs de la ville de Paris, par-dessus leurs soutanes et leurs frocs. Sur les portes des églises, le clergé de chaque paroisse s'était rangé en grand costume de cérémonie, avec des cocardes par-dessus les ornements.

Ce fut Bailly qui harangua le roi à la barrière de la Conférence ; en lui remettant les clefs de Paris, il commença par ces paroles qui sont restées fameuses :

— Ce sont les mêmes qui ont été présentées à Henri IV. Il avait alors reconquis son peuple ; aujourd'hui c'est le peuple qui a reconquis son roi (1).

1. Mémoires de Bailly, t. II, p. 60.

Devant le cortège roulaient les canons pris à la Bastille et aux Invalides (1), traînés par les gardes françaises.

Arrivé à la porte de l'Hôtel de Ville, Louis XVI écouta encore un discours de Bailly, lui offrant une cocarde bicolore ; le roi la fixa à son chapeau à l'aide d'une épingle à tête de verre noir qu'une femme du peuple détacha de son fichu et lui passa par l'entremise du duc de Villequier, qui accompagnait Louis XVI. Comme le roi tremblait, parvenant difficilement à attacher la cocarde, le duc de Villequier l'aida dans cette opération, et le monarque lui murmura à l'oreille :

— Je crois qu'ils ne me feront pas de mal.

Il se couvrit de son chapeau et la foule poussa un long cri répété de : « Vive la liberté ! »

Louis XVI ayant attaché la cocarde bleue et rouge par dessus la cocarde blanche qu'il portait déjà à son chapeau, les trois couleurs rouge, blanc et bleu se marièrent ainsi et formèrent les couleurs nationales, et la cocarde tricolore devint le signe du patriotisme (2).

Le roi se disposait à monter le grand escalier de l'Hôtel de Ville. A ce moment, les principaux acteurs de ces journées pleines de vaillance, et qui étaient francs-maçons pour la plupart, chuchotèrent un mot qui fit le tour de l'assemblée. Immédiatement on les vit s'emparer d'épées dont les lames brillèrent comme autant d'éclairs.

Louis XVI mettait le pied sur le premier degré de l'escalier ; à la vue de ces épées nues, le roi eut un

---

1. *Mémoires de Weber*, t. 1, p. 398.
2. *Mémoires sur les trois couleurs nationales*, par M. Jal. Paris, 1845.

moment de terreur, il pâlit horriblement, fit un mouvement en arrière ; le marquis de Nesle, très populaire, qui l'avait suivi depuis Versailles, et qui était membre d'une loge maçonnique, s'approcha de lui :

— N'ayez pas peur, dit-il, et allez de l'avant sans crainte.

Louis XVI hésitait ; les épées se levèrent, une voûte se forma et le roi passa sous ces lames croisées au-dessus de sa tête.

Les francs-maçons avaient eu l'idée spontanée de former la *voûte d'acier* (1), honneur que nous réservons dans nos temples aux grands dignitaires ou à nos vénérables, lorsqu'ils font leur entrée pour prendre possession du grand cordon à la première tenue qui suit leur élection. La foule, ne comprenant pas très bien le sens emblématique de cette cérémonie touchante, n'en fut pas moins profondément émue ; elle éclata en applaudissements, et Louis XVI, la cocarde tricolore au chapeau, monta dans la grande salle de l'Hôtel de Ville.

Pendant ce temps, l'amie trop intime de la reine, Madame de Polignac, déguisée en femme de chambre, à la nuit, prenait la fuite avec toute sa maison. Les Polignac gagnèrent la Suisse sans être reconnus ; mais sur leur route ils entendirent le cri d'indignation du peuple (2).

Dans un village de la frontière, les fuyards s'arrêtent dans une humble auberge pour se reposer, le vent, qui soufflait avec violence, ayant doublé la fatigue du voyage.

---

1. Louis Blanc raconte le fait, t. II, p. 419, et l'emprunte à une lettre de Robespierre qu'il a eue entre les mains.
2. *Mémoires de Madame de Campan*, t. II, ch. XIV.

Madame de Polignac se retire dans une chambre et se met à faire sa toilette avec le peu de ressources que peut fournir la pauvre auberge. La duchesse se croit en sûreté et procède aux détails les plus intimes, n'ayant même pas

> Le simple appareil
> D'une beauté qu'on vient d'arracher au sommeil.

Un père capucin qui mendiait dans ces parages, hardi comme ceux de son ordre, entre dans la chambre ; Madame de Polignac entend bien le bruit de la porte, mais croyant, — du moins a-t-elle dit plus tard, — que c'était le grand vent qui agitait les contrevents mal retenus, elle continua de s'occuper aux petits soins de sa personne.

Tout à coup elle se retourne et voit le fils de saint François, droit comme un cierge au fond de la chambre, les yeux en feu, tenant la corde de sa ceinture d'une main, et de l'autre présentant humblement la sébile à la duchesse (1).

On ne dit pas si madame de Polignac le fit chasser.

Dans ce même village, un maître de poste demanda des nouvelles de Paris aux voyageurs.

— Que dit l'Autrichienne ? ajouta-t-il. Et cette g.... de Madame de Polignac, elle doit être b......... vexée !

L'abbé de Bavière, qui accompagnait les Polignac, sauva la situation en accablant la reine et son amie des plus grossières injures, en présence même de la duchesse, qui mourait de peur. Grâce à ce subterfuge, les fuyards purent arriver à la frontière, donnant ainsi, les premiers, l'exemple de l'émigration ; exemple qui

---

1. *Anecdotes curieuses relatives à la Révolution de France.* — (Paris, 1791), p. 7-78.

devait être suivi, le lendemain même, par le propre frère du roi, le comte d'Artois, par les ministres sanguinaires qui avaient vu avorter le coup d'Etat qu'ils avaient rêvé sanglant (1) : parmi les grands seigneurs qui, dès ce jour-là, abandonnèrent le roi, il faut citer encore les maréchaux de Broglie et de Castries, les ducs de Bourbon, d'Enghien et le prince de Conti.

Pendant que Louis XVI était à Paris, Marie-Antoinette, prise d'une terreur folle, s'imaginant que le roi serait prisonnier, peut-être massacré, se mit à composer un discours déclamatoire, qu'elle avait l'intention d'aller prononcer dans le sein de l'Assemblée, s'il venait à arriver malheur à son mari. Elle s'était mise devant une glace, et là, elle s'essayait à réciter son discours, étudiant ses intonations et ses gestes, comme elle faisait autrefois au petit Trianon, quand elle répétait les rôles des comédies qu'elle jouait en petit comité.

Quand elle apprit le retour du roi revenant sain et sauf, elle laissa échapper un grand soupir de soulagement, elle alla au devant de Louis XVI, et, au mépris de l'étiquette oubliée à cette heure, elle se jeta dans les bras de son époux devant plusieurs nobles libéraux, qui n'avaient pas voulu, eux, quitter leur maître ; en l'embrassant, elle aperçut la cocarde que Louis avait laissée à son chapeau ; l'arrogante Autrichienne eut alors un mouvement de répulsion et dit au roi avec un air de mépris :

— Je ne croyais pas avoir épousé un roturier (2) !

1. Madame de Polignac se rendit à Vienne avec son mari qui devint alors l'agent des princes ; elle y mourut vers la fin de 1793, âgée de quarante-quatre ans. Son mari alla se fixer dans l'Ukraine, où Catherine II lui donna une terre magnifique.

2. Mercier, *Nouveau Paris*, t. II, ch. LXVIII.

Mot qui peint bien cette nature répondant par une parole de haine aux acclamations de ce peuple magnanime qui voulait oublier les fautes de son roi.

Du 24 au 31 juillet 1789.

XVIII

COMPLOTS ET AGITATIONS

Le roi abandonné par les nobles. — Le valet indiscret. — Désirs criminels de la noblesse. — Coliques du roi. — Bruits d'empoisonnement. — Tentative d'assassinat. — Soupçons. — Le conseiller Kersalaun de Quimper. — Crime d'un seigneur. — Haine populaire contre les chateaux.

La cour et la noblesse, voyant la victoire extraordinaire et merveilleuse du peuple, se sentirent prises d'une peur qu'elles ne parvenaient pas à maîtriser. Nous avons déjà vu les seigneurs portant les plus grands noms de France s'exiler, donnant le signal de l'émigration. Parmi ceux-là nous avons mentionné les Polignac, les Montmorency, dont le propre frère du roi avait imité le peu courageux exemple et qui abandonnaient le trône au moment où il aurait eu le plus besoin d'être soutenu : ils partaient, ceux qui par leur rang, leur situation et leur énergie, auraient eu peut-être la force nécessaire, la vigueur indispensable pour opposer aux audacieuses entreprises du peuple une barrière puissante. Au surplus, la plupart de ceux qui demeuraient n'avaient pas une grande confiance dans le roi pour relever l'autorité démantelée. Ils trouvaient Louis XVI faible et sans énergie. Beaucoup se taisaient encore, mais d'autres se plaignaient amèrement, allant récriminer à haute voix dans les antichambres de Versailles.

Le dialogue suivant fut entendu dans un des couloirs du palais, le surlendemain de la visite de Louis XVI à l'Hôtel de Ville.

Le roi s'était couché de bonne heure, et deux seigneurs s'entretenaient ensemble :

— Vous n'êtes pas parti, duc ?
— Non.
— Vous n'avez donc pas peur ?
— Peur de quoi ?
— Des anthropophages de l'Hôtel de Ville, parbleu.
— Ce n'est pas eux que je crains.
— Ah !
— Non, le danger n'est pas là.
— Mais où, alors ?
— Il est ici.
— Que voulez-vous dire ?
— Que l'ennemi, le seul redoutable pour nous, c'est...
— Qui donc ?
— Le roi !
— Que dites-vous ?
— Oui, le roi qui ne sait prendre aucune détermination, ni s'attacher à aucune idée sérieuse et qui, par ses hésitations, par ses doutes, sacrifie nos positions, nos intérêts les plus chers. Ce qu'il pourrait nous arriver de plus heureux, voyez-vous, ce serait d'avoir le malheur de perdre Sa Majesté.

— Y pensez-vous ?

— Moi, non pas ! mais d'autres y ont pensé pour moi ; dans ce cas, nous formerions une ligue puissante dont la reine serait la tête et dont nous serions les bras.

A quoi faisaient allusion ces deux gentilshommes causant ainsi à voix basse dans le silence du palais ? Les documents manquent absolument sur ce point. Toujours est-il que quelques jours plus tard le roi éprouva de fortes douleurs d'entrailles ; ses médecins lui ordonnèrent des remèdes spéciaux, et les bruits d'empoisonnement coururent avec persistance.

Ce n'était pas tout.

Le comte d'Estaing (1) reçut un billet anonyme ainsi conçu :

« Demain le roi sera assassiné dans son lit. »

Le comte d'Estaing se rendit immédiatement auprès de Louis XVI. Celui ci, tout d'abord, ne voulait pas croire à la vérité de la menace ; néanmoins, le comte insistant, obtint l'autorisation de passer la nuit sur un divan dans la chambre de son souverain. Louis XVI se coucha comme à l'ordinaire. Ses serviteurs remarquèrent seulement qu'il priait plus longtemps que de coutume. Les lumières furent éteintes, mais dans l'après-midi le comte d'Estaing avait donné l'orde de

---

1. Le comte d'Estaing descendait d'une des plus anciennes familles d'Auvergne ; un de ses ancêtres avait sauvé la vie de Philippe-Auguste à la bataille de Bouvines et le roi accorda à la maison d'Estaing le droit de porter les armes de France. Le comte d'Estaing servit dans l'Inde, puis en Amérique en qualité de vice-amiral. Il fit partie de l'Assemblée des notables ; en 1789, il embrassa les idées révolutionnaires et fut nommé commandant de la garde nationale de Versailles, mais ce poste perdit toute son importance quand le roi eut été ramené à Paris après les journées d'octobre. En 1792, le comte d'Estaing obtint le titre d'amiral ; condamné à mort en 1794, il mourut sur l'échafaud, âgé de soixante-cinq ans.

doubler les sentinelles qui gardaient le château et ses avenues.

Le roi s'endormit. Il y avait déjà plus de deux heures qu'il sommeillait avec un de ces ronflements sonores qui déplaisaient tant à la reine, quand un bruit de pas étouffé se fit entendre dans l'antichambre.

— Sire, les voilà ! s'écrie le comte d'Estaing.

En même temps, il se lève en se saisissant de son épée.

Louis XVI saute à bas de sa couche. L'alarme fut donnée dans le château, et on raconte qu'un inconnu, dont on n'a jamais pu savoir le nom, fut trouvé caché dans une encoignure, porteur d'un poignard (1). Le comte d'Estaing fit retirer tout le monde, pria le roi d'entrer dans sa chambre, en disant :

— Sire, il ne faut pas que ceci soit révélé.

Resté seul avec l'assassin, le comte lui fit avouer son crime ; apprenant son nom, il lui passa son épée au travers du corps et fit disparaître son cadavre.

Rentré dans la chambre royale, le comte s'entretint longuement avec Louis XVI. Enfin, le roi s'écria :

— Comment, lui ? le malheureux !

Voilà les seuls détails qu'on ait pu recueillir sur cette mystérieuse affaire, dont on n'a jamais connu et dont on ne saura probablement jamais le dernier mot.

Le nom du comte de Provence fut prononcé, on fit ouvertement allusion à ce prince dans une brochure

---

1 Louis Blanc, vol. II p. 427, raconte le fait ; il cite à l'appui une brochure « de huit pages publiée en 1789 » ; il cite en outre le manuscrit de Sauquaire-Souligné qui tenait ces détails d'un ami du comte d'Estaing avec lequel il s'était trouvé prisonnier à la Conciergerie. Enfin le même incident est raconté dans de nombreux récits royalistes : les détails changent, mais le fond reste le même.

publiée à cette époque, sous le titre de : *le Sacrilège fratricide*... Quelques-uns accusaient le duc d'Orléans ; d'autres, enfin, firent intervenir la maçonnerie, que les coupables du pouvoir accusent si souvent, s'en servant comme d'un paravent quand ils ont besoin de cacher un de leurs crimes.

Inutile d'ajouter que la maçonnerie n'y était pour rien, d'autant qu'à cette époque surtout, elle comptait sur Louis XVI pour appliquer les réformes qu'elle avait préparées. Quant au duc d'Orléans, il n'avait aucun intérêt à se défaire du roi à ce moment-là. Les accusations contre le comte de Provence seraient plus vraisemblables si l'on avait pu matérialiser les soupçons contre ce prince ; mais sur ce point, on n'a jamais pu rien prouver de très précis.

Quoi qu'il en soit, ce qu'il y a de bien certain, c'est que l'on essaya d'assassiner le roi, que les auteurs de ce complot sont demeurés inconnus, que le parti populaire ne saurait être accusé, puisque la veille, à l'Hôtel de Ville, il avait acclamé Louis XVI, en qui il avait confiance, que la faction des d'Orléans n'était pas encore assez forte pour bénéficier d'un pareil attentat ; qu'enfin, seuls, les nobles exaltés voyaient le roi d'un mauvais œil, parce qu'il leur semblait manquer d'énergie en face de l'émeute populaire.

Ce n'était pas, nous l'avons dit, contre le roi que le peuple tournait ses fureurs, mais bien contre les accapareurs dont les greniers regorgeaient de blé pendant qu'il manquait de pain, contre ces seigneurs vivant dans l'abondance au milieu des fêtes, tandis qu'il mourait de faim. Aussi, quand ce peuple vit les grands émigrer, aller à l'étranger continuer une vie de luxe et de fastes, sa colère devint terrible, excitée qu'elle était par l'insolence, les provocations, les vexations, les tyrannies des nobles restés en France.

D'abord, il se contenta de leur cracher ses invectives à la face, comme il le fit à Quimper, contre un Kersalaun, membre du Parlement de Bretagne, qui se promenait dédaigneusement au milieu de la foule répondant aux huées par ces paroles imprudentes :

— Bientôt j'espère laver mes mains dans votre sang, comme on le fait pour les porcs égorgés.

Dans la Franche-Comté, on passait des menaces aux actes, et Mesmay de Quincey voulut se procurer le plaisir dangereux de se venger des serfs qui échappaient à sa domination. Il fit publier à Vesoul et dans les environs que, pour fêter les idées nouvelles, il tiendrait table ouverte dans son château le dimanche suivant. Les bourgeois, paysans et soldats, se rendent en foule au manoir, s'attablent gaiement ; au milieu de la fête, une mine éclate, le sol est soulevé, et plusieurs malheureux périssent dans ce guet-apens (1).

La coupe est pleine. La fureur du peuple contre les châteaux est à son comble. Il va suffire d'une étincelle pour embraser les demeures féodales, où se cachent les ennemis de la Révolution.

1. Quelques écrivains, — et notre maître Louis Blanc est de ceux-là, — croient à l'innocence de Mesmay, se basant sur un rapport fait à l'Assemblée le 5 juin 1791 ; une partie seulement de la vérité fut dite dans cette séance, et il nous est impossible d'admettre l'opinion qui prévalut ce jour-là.

Du 1ᵉʳ au 7 août 1789.

XIX

DESTRUCTION DE LA FÉODALITÉ

Colère populaire contre les chateaux. — La duchesse de Clermont-Tonnerre et le marquis d'Ormenan attaqués. — Raisons de ces violences. — Destruction des droits féodaux. — Séance du 4 août. — Le droit de cuissage. — Les droits du seigneur. — La chasse. — La noblesse battue.

La vengeance amassée par le peuple depuis des siècles contre les riches seigneurs éclatait enfin : ce fut surtout dans les campagnes que se produisit le mouvement violent contre les châteaux. Les paysans qui cultivaient la terre, voyant disparaître depuis des années les grains qu'ils avaient semés et récoltés, réduits à la famine tandis que des spéculateurs éhontés entassaient les blés dans les greniers, se lancèrent à la recherche des accapareurs et se ruèrent contre les châteaux, dont les habitants étaient la cause première de tant de souffrances, de ce long martyre, qui durait, pour la plèbe, depuis des siècles. La colère fut souvent injuste, les représailles furent quelquefois sans pitié ; mais quel est donc celui qui aurait le courage de s'apitoyer sur le sort de quelques nobles, quand, à côté, on voit vingt cinq millions d'individus sacrifiés à la rapacité d'une poignée de gentilshommes, qui, par leurs abus, avaient rendu inévitable ce débordement de cruauté et de fureur.

La noblesse trembla véritablement quand elle vit une duchesse de Clermont-Tonnerre attaquée dans son propre château, obligée de chercher un refuge dans une meule de foin, où des soldats vinrent la délivrer (1); les seigneurs furent pris de terreur quand ils apprirent qu'un marquis d'Ormenan, vieux et paralytique, avait été forcé de quitter sa demeure seigneuriale livrée aux flammes, et que les filles du marquis avaient dû, en pleine nuit, le porter à bras le corps à travers les champs.

Partout ces exemples sinistres se multiplient.

Ici, c'est un noble qu'on précipite dans une citerne ; là, un marquis qu'on éventre pour savoir s'il a un cœur. Ailleurs le marquis de Barras qui est massacré sous les yeux de sa femme enceinte (2). Devant ces actes regrettables on ne doit pas oublier que les paysans n'en étaient arrivés là qu'à la suite de plusieurs centaines d'années d'exactions, de répressions, de cruautés, de tyrannies, de barbaries de toutes sortes dont ils avaient été victimes. Oui, le peuple n'alluma la torche qui devait incendier les châteaux que lorsque les châtelains lui eurent arraché de la huche la dernière bouchée de pain pour laquelle il avait peiné durant une année, quatorze heures par jour.

Partout, sur tous les points du territoire français, le même cri se fit entendre : « Sus aux droits féodaux ! »

1. *L'ami du roi.* 5ᵉ cahier.
2. *Histoire du règne de Louis XVI*, par Droz, t. II, p. 378.

Droits qui permettaient au seigneur de tout faire, livrant le pays à son caprice et à sa merci.

Les nobles avaient frémi, ils avaient eu peur, ils essayèrent de conjurer le mal, de sauver encore les quelques manoirs que la flamme n'avait pas atteints ; ils s'émurent dans l'Assemblée, et voyant que le peuple était disposé à tout leur enlever par la force, ils prirent le parti de ne rien lui refuser. La noblesse se démit alors de tous ses droits et privilèges, qui attiraient contre leur race de si cruelles représailles.

Quelques écrivains poussés par une sensibilité fade, trouvent dans ce désistement, dans ce renoncement, un exemple de grandeur d'âme et de magnanimité, lorsqu'il n'y eut, en réalité, qu'une conséquence inévitable de la peur qui s'était emparée de toute la noblesse.

Cela est si vrai que le premier acte de cette noblesse, sa première pensée dans la fameuse séance du 4 août, est de proposer qu'on cherche les moyens d'arrêter l'incendie menaçant de consumer jusqu'à la dernière demeure des grands seigneurs. Ce que l'on veut, ce que l'on demande, c'est mettre un terme à la révolte, c'est sauver les personnes nobles demeurées en province, c'est enfin sauvegarder les propriétés menacées par la torche des paysans.

Naturellement, en présence de tant de troubles, on fut obligé de se demander quelles étaient les sources de cette effervescence, et on tomba d'accord pour reconnaître que tous ces désordres avaient pour cause l'injustice des droits féodaux abhorrés.

Ces droits féodaux, qui avaient été maintenus dans toute leur étendue, depuis la servitude personnelle jusqu'à ce fameux droit de cuissage dont on a voulu nier l'existence et qui n'avait pas été aboli partout, qui existait bien en fait, dont les seigneurs usaient souvent, sinon en se conformant aux règles strictes qui l'avaient constitué pour le jour des noces, du moins en devançant le temps de la contribution, qu'ils prélevaient sitôt que les jeunes filles leur paraissaient dignes de l'honneur d'être déflorées par eux. Ces prérogatives que s'étaient attribuées non seulement les seigneurs, mais encore les abbés et les prélats, avaient été abandonnées comme droit, c'est vrai, mais elles s'étaient conservées comme coutume. En 1789, la jeune épousée n'était plus obligée d'aller passer sa première nuit de noces au château, mais le seigneur avait pris l'habitude de ne pas attendre cette première nuit. Dans plusieurs endroits, les vassaux avaient racheté cet impôt à prix d'argent et, au moment de la Révolution, plusieurs seigneurs et prélats prélevaient encore la redevance pécuniaire qu'ils touchaient en espèces pour s'être désistés autrefois de ce droit honteux. Voltaire fait remarquer, à ce sujet, avec son esprit si caustique, que les seigneurs, les abbés et les prélats avaient autant de droit à ces redevances en argent « qu'aux pucelages des filles ».

La première pensée de la noblesse fut-elle, comme on l'a trop souvent prétendu à tort, de renoncer à tous les privilèges ?

Non.

Elle essaya de les faire racheter et de faire payer par l'État en bloc ce que les bailliages payaient à chacun d'eux en particulier.

Un des députés qui soutenaient ce marchandage fit une longue dissertation sur l'origine, sur la légalité de ces droits, pouvant à l'aide de textes, de chartes, d'ordonnances royales et de constitutions que l'État ne pouvait s'empêcher de payer les indemnités équivalant à ces droits, que les nobles consentaient à troquer contre des pensions garanties par le Trésor.

En présence de ces discussions, un député au visage hâlé le par grand soleil, portant le costume des paysans bretons, nommé Le Guen de Kerengal, monta à la tribune et, d'une voix tremblante, mais où vibrait l'indignation et la colère, lut un petit discours qu'il venait d'écrire pendant que les orateurs des nobles essayaient de vendre le plus cher possible ce qu'ils disaient ne pouvoir abandonner gratuitement.

« Eh quoi ! s'écria t-il, vous parlez de droits, et vous voulez les établir sur des titres, sur des parchemins ?

« Qu'on nous apporte ces titres qui outragent la pudeur, qui insultent l'humanité, qui forcent les hommes à s'atteler à une charrette comme les animaux au labourage.

« Qu'on nous apporte ces parchemins en vertu desquels des hommes passent des nuits à battre les étangs pour empêcher les grenouilles de troubler le sommeil d'un voluptueux seigneur (1) ! »

Les nobles pâlirent, mais ne se rendirent pas encore ; la discussion continua.

Il était onze heures du soir.

Voyant que la noblesse ne voulait pas capituler, d'autres députés vinrent lui reprocher à la tribune ses cruautés et ses abus.

Celui-ci rappela l'exemple de ce duc d'Uzès, qui, il y avait peu de temps, rentrant de la chasse sans avoir pu tirer du gibier et apercevant un couvreur sur le toit

---

1 *Le Point du jour*, n° 42.

de son château, paria de le descendre du premier coup ; le pari fut tenu par les joyeux invités du duc, qui visa le pauvre diable et le tua raide sans avoir à craindre d'être inquiété, puisqu'un droit féodal permettait au seigneur, au retour de la chasse, d'éventrer deux de ses vassaux et de réchauffer ses pieds dans leurs corps sanglants. Le duc s'était contenté d'abattre un couvreur, il n'y avait rien à dire, il était encore moins barbare que son droit.

L'évêque de Chartres, à son tour, dépeignit les malheurs des populations des campagnes, malheurs auxquels il avait assisté ! Il fit le récit de ce paysan qui, après des peines sans nombre et de longs labeurs, voyait, un beau matin, son domaine, où verdoyaient les moissons, envahi par les meutes du seigneur, venant chasser le lièvre ou le chevreuil, chasse dont il avait le monopole, comme l'avait confirmé Henri IV par un édit de 1603, interdisant la chasse quelconque « aux marchands, artisans, laboureurs, paysans et autres, telles sortes de gens de roture. » C'est ce même Henri IV qu'on a rendu populaire et qui fit lui-même brancher, pendre haut et court, un malheureux paysan surpris chassant le lapin, à l'aide de lacets. En 1789, on ne pendait plus les paysans pour délit de chasse, mais on les bâtonnait, on leur cassait les os, comme cela arriva à un nommé François Guilhan, qui avait été vu tendant des lacs dans la forêt du comte de Laigle, dans le Noyonnais.

A la fin, battue, la noblesse se soumit, el efit l'abandon de ces fameux droits féodaux, qu'elle avait défendus avec acharnement.

Par cette décision furent supprimés :

La qualité de serf et la mainmorte ;

Les droits féodaux qu'on eut la faculté de rembourser ;

Les juridictions seigneuriales ;

Les droits exclusifs de chasse, de colombiers et de garennes ;

Les privilèges particuliers des provinces et des villes ;

Les pensions obtenues sans titres.

En outre :

Tous les citoyens furent déclarés admissibles à tous les emplois civils et militaires ;

L'égalité des impôts fut proclamée.

Il était deux heures du matin quand la séance fut levée ; quelques instants avant de se séparer, les députés décidèrent qu'on frapperait une médaille, qu'un *Te Deum* solennel serait chanté et qu'enfin une députation se rendrait auprès du roi pour lui porter le titre de « Restaurateur de la liberté française ».

Donc, cessons de faire honneur à ces privilégiés, de cette décision à laquelle ils s'opposèrent tant qu'ils le purent. Certes, quelques-uns vinrent, mus par de fiers sentiments, affirmer d'admirables principes, il faut le reconnaître ; ainsi le duc d'Aiguillon, qui était, après le roi, le plus grand possesseur de fiefs du royaume, montra une grande élévation d'âme, flétrit en termes indignés les droits monstrueux de la féodalité qui s'exerçaient encore ; mais ce fut l'exception ; la majorité, elle, employa tous ses efforts pour garder des privilèges honteux, pour continuer à profiter des abus que les nobles ne consentirent à abandonner que lorsqu'ils ne purent pas faire autrement.

Répétons-le souvent : les accapareurs avaient organisé la famine ; la famine poussa le paysan dans les campagnes et forma ces bandes qui portèrent la flamme dans les châteaux. De là, une terreur bien naturelle de la part des nobles, qui, voyant leurs privilèges menacés, essayèrent de les maquignonner contre des rentes, et ne se résolurent à en faire l'abandon qu'au moment où on allait les leur arracher de vive force.

C'est donc le peuple, mais le peuple seul, qui détruisit la féodalité et ses ignominies, sur les ruines desquelles il allait jeter les bases de la liberté.

Telle est la vérité.

Du 7 au 14 août 1789.

XX

CHASSES ET CHASSEURS

Dévotions des dames de la halle. — Un bal au Palais-Royal. — La liberté de la chasse. — Cruauté du prince de Conti. — Ouverture de la chasse. — Service des voitures pour Chantilly. — Inexpérience des chasseurs. — Le salé de sanglier. — Les chasseurs a Chantilly. — Coup d'œil historique. — Suicide ou assassinat. — Les chasses des seigneurs patriotes. — Louis XVI grand chasseur. — Ses registres. — Additions et récapitulations. — Génie des minuties.

Cette semaine, les dames de la halle escortées d'une musique brillante et d'un détachement de la garde nationale, dont les armes étaient ornées de fleurs et de rubans, suivies d'une foule de femmes vêtues de blanc, se rendirent en grande pompe dans l'église de Sainte-Geneviève, patronne de Paris ; on y célébra une messe solennelle suivie d'un *Te Deum* pour « remercier le Ciel de l'*heureuse révolution* qui venait de s'opérer. »

En sortant de l'église, les poissardes allèrent à l'Hôtel de Ville offrir un bouquet au marquis de Lafayette, et de là au Palais-Royal, où on organisa un bal, qui se prolongea jusqu'à deux heures du matin.

Cette même semaine, l'Assemblée continua la discussion de la chasse. Cette question peut aujourd'hui nous paraître de minime importance ; mais elle préoccupait alors vivement les esprits ; la petite bourgeoisie surtout, qui commençait à se former, y tenait particulièrement. Les députés proclamèrent la liberté de la chasse, qui jusque-là, avait appartenu aux seigneurs ; mais cette liberté fut singulièrement limitée. Ainsi, tout propriétaire eut le droit de détruire ou de faire détruire le gibier sur son propre fonds. De là, découlait, comme conséquence, la latitude laissée à chacun de permettre aux simples particuliers de venir chasser, avec autorisation, sur ses propriétés ; c'est-à-dire qu'à partir de ce moment, le premier venu put prendre un fusil et se livrer, chez lui, aux plaisirs cynégétiques auparavant réservés, sous les peines les plus sévères, aux seuls gentilshommes.

Ainsi, Madame de Genlis rapporte, dans ses mémoires, qu'un jour, étant à l'Ile-Adam, elle vit un noble, M. de Chabriant, arrêter M. le prince de Conti, qui se rendait à la messe, pour lui demander ses ordres au sujet d'un braconnier qu'on venait de prendre en flagrant délit. A cette question, le prince, élevant extrêmement la voix, répondit froidement :

— Cent coups de bâton et trois mois de cachot !

La même Madame de Genlis nous apprend que c'était un « prince aimable ».

Malgré cette sévérité, dans les quatre cents lieues de capitaineries graduées, où le gros gibier broutait en paix les récoltes sous les yeux du propriétaire, suivant l'expression heureuse de l'écrivain royaliste M. Taine, on rencontrait de nombreux braconniers, d'autant plus dangereux qu'ils bravaient la mort pour se livrer à leur terrible métier. Comme l'écrit d'Argenson, autour de Paris, « on voit des rassemblements de cinquante à soixante hommes, tous armés en guerre, se comportant comme à un fourrage bien ordonné, infanterie au centre et cavalerie aux ailes. »

Dix ans avant la Révolution, le procureur général Terray chassant avec des amis, sur sa terre, près de Sens, rencontre sept braconniers qui ne se gênent pas pour tirer les gibiers sous ses propres yeux et, à ses observations, répondent par des coups de fusils; M. Terray et l'un de ses hôtes sont blessés ; la maréchaussée accourt, les braconniers la repoussent et, pour en finir, il faut appeler les dragons de Provins, qui perdent un homme et trois chevaux dans la lutte avant de rester maîtres du terrain.

Au 15 août, la loi sur la chasse n'était point encore promulguée, mais le peuple ne voulut point attendre cette promulgation ; les habitants des villes et des campagnes qui n'avaient jamais chassé, se répandirent dans les champs. Les récoltes mêmes ne furent pas toujours respectées. On escalada les murs des parcs, on tua les lièvres, les lapins, les cerfs, les biches, les sangliers et les daims. Les battues furent telles, que dans plusieurs endroits on fit du salé avec le gibier. A Paris, l'amour de la chasse fut aussi violent que dans les provinces ; le samedi 15 août, de véritables bataillons de chasseurs partirent des barrières où rendez-vous avait été pris, et se lancèrent dans les environs.

On vit le bon bourgeois, guêtré pour la première fois de sa vie, avec son beau costume de garde national, son fusil de chasse qu'il ne savait pas manier, quitter la capitale, la carnassière au flanc, et courir dans les campagnes voisines. Ce dut être une grande joie pour les boutiquiers du Marais de pouvoir dire, la bouche empâtée de contentement : « Je vais à la chasse, » comme le disait la veille le grand seigneur, objet de sa jalousie.

On avait organisé des services de voitures pour Chantilly et l'Ile-Adam, où se trouvaient des chasses superbes appartenant aux princes de Condé et de Conti, qui étaient si justement impopulaires.

A Chantilly surtout, l'affluence des chasseurs fut considérable et on rapporta à Paris de grandes charretées de gibier. L'inexpérience des chasseurs causa plusieurs accidents, qui, du reste, passèrent inaperçus au milieu de l'agitation générale.

Le prince de Condé avait, paraît-il, donné l'ordre à ses garde-chasses de repousser les bandes de chasseurs, même par la violence ; mais ces ordres ne furent heureusement pas exécutés, et le peuple put se livrer aux délassements de la chasse dans cette propriété princière, qui avait autrefois appartenu aux Montmorency.

La seigneurie de Chantilly fut en effet confisquée lorsque le maréchal Henri de Montmorency fut décapité à Toulouse en 1632. Après la mort de Louis XIII, Anne d'Autriche en accorda la jouissance au prince de Condé. Louis XVI en reprit la possession ; mais en 1661, il en céda la toute propriété à celui qu'on a appelé le Grand Condé.

Depuis cette époque, Chantilly a appartenu à la maison de Condé jusqu'à la mort du duc de Bourbon, qui vivait, comme on sait, en concubinage, et dont la conduite donnait fort à craindre, paraît-il, aux princes d'Orléans, ses héritiers naturels. Aussi le trouva-t-on pendu, un jour, à l'espagnolette de la croisée d'un salon, pendant que le public ne se gênait guère pour raconter, — ce qui est aujourd'hui prouvé, — que le duc de Bourbon avait été étranglé par ceux qui craignaient de voir la propriété de Chantilly passer en d'autres mains.

Ce fut là, dans ces parcs magnifiques, dans ces forêts giboyeuses, que le peuple exerça pour la première fois son droit de chasse, chasse dont l'ouverture, après des siècles de prohibition rigoureuse, fut des plus bruyantes et des plus joyeuses.

Comme durent être fières ces braves bourgeoises de la rue Saint-Denis quand, assises sur le pas de la porte, sur des chaises descendues de la salle à manger, pour prendre le frais en attendant leurs époux partis pour la banlieue, elles purent se dire les unes aux autres :

— Mon mari est à Chantilly, il est allé ouvrir la chasse.

— Et le mien est à l'Ile-Adam, il est parti hier pour être au premier affût.

Comment ne pas s'enorgueillir, en songeant aux plaisirs princiers que prenaient « leurs époux », pour la première fois de leur vie.

Et le soir, quand le maître de la maison rentra, harrassé, moulu, les membres brisés, mais la carnassière pleine, comme il dut être embrassé et de quelles oreilles complaisantes furent écoutés ses prouesses et ses exploits.

Cependant, il faut remarquer que les chasses appartenant aux nobles et aux princes patriotes furent respectées.

Dans les bois de Vincennes, par exemple, qui étaient

réservés aux ducs d'Orléans, encore très populaires, on ne tira pas un seul coup de fusil.

L'homme qui dans tout le royaume fut le plus peiné de cet état de choses, fut sans conteste Louis XVI, dont la chasse était la passion dominante, à ce point qu'on a pu dire avec raison que, pour lui, chasser c'était régner.

La passion du roi pour la chasse était telle que, les jours de pluie, il montait dans les mansardes du château, où il s'amusait à tirer les chats qui s'aventuraient sur les gouttières.

Louis XVI tenait un registre spécial de toutes ses chasses, et cela avec une patience minutieuse touchant presque au génie des détails ; il consignait tout dans ces notes ; le jour, le lieu, l'heure, la désignation de la meute, — si c'est la grande ou la petite, — le nombre et la qualité des pièces tuées ou abattues. Il va jusqu'à indiquer les animaux blessés ; il fait mention des endroits où il a déjeuné et soupé ; au bas de chaque page, il récapitule le nombre des tués ; chaque mois, il fait une addition, de même chaque trimestre, chaque semestre et chaque année.

Nous apprenons de la sorte que la plus faible année a été 1774, où il y a eu seulement 7,737 pièces tuées, et l'année la plus forte, 1780, avec 20,534 tuées, dont 128 cerfs. Ce journal constate que depuis 1774 jusqu'en 1789 on a tué 189,251 pièces, dont 1,274 cerfs. Dans ce nombre, nous trouvons 524 hourailleries ou chasses avec les grandes meutes ; soit 104 chasses au sanglier, 154 chasses au cerf, 266 au chevreuil, dans lesquelles 1,025 pièces furent abattues.

Louis XVI, avec sa manie des additions et des récapitulations, non seulement relate les chasses, mais encore le nom des chevaux qu'il a montés. Il nomme les piqueurs, les valets de limiers à cheval, les valets de limiers à pied, les valets de chiens à pied ; il indique quand les domestiques se retirent ou meurent ; il précise si les valets de limiers sont passés piqueurs ou s'ils ont été retraités. Le roi n'oublie même pas les prénoms, afin, dit-il, de distinguer les pères des fils. Ainsi, nous trouvons cette note :

« Verneuil, retiré en 1783 ; Cadet Flocard, retiré en 1789 ; Augustin, mort en août 1786. La Brossaille, retiré en 1789. Flocard père, retiré en 1787. Nanteuil, passé au Petit-Chenil, vers la fin de 1788. »

Quand les domestiques sont renvoyés, Louis XVI a bien soin d'indiquer les motifs. On comprend combien la liberté de la chasse dut péniblement affecter ce roi, qui était certainement le plus grand chasseur de son siècle.

Aussi quand il apprit l'ouverture de la chasse de 1789, les forêts envahies par les boutiquiers du Marais et les capitaineries livrées au premier venu, il dut se dire que tout était fini. Assurément les faisans de Seine-et-Oise, tombés sous les fusils des roturiers, lui causèrent autant de chagrin que la confiscation de ses pouvoirs par la Constituante.

Du 14 au 21 août 1789.

XXI

SUPPRESSION DE LA DIME

Louis XVI associé aux accapareurs. — Banqueroute de Peulever. — Son suicide. — Discussion au sujet des biens du clergé. — La dime. — Historique. — Arrêté du clergé. — Louis XVI proclamé restaurateur de la liberté française. — Discussion tumultueuse a propos de l'adresse. — Cruauté de Marie-Antoinette. — Mot de Saint-Priest. — La reine désire la guerre civile.

Les grands propriétaires persistaient à affamer Paris, les gros fermiers refusaient de toucher à leurs blés en gerbières, les meuniers ne voulaient pas faire marcher leurs meules, les accapareurs continuaient leurs achats scandaleux.

Lorsqu'en 1788, Necker prit le ministère, les marchés de France étaient presque dégarnis ; tous les grains étaient à Jersey et Guernesey (1). Le peu qu'en possédait encore le royaume se trouvait vendu, payé et entre les mains des accapareurs (2).

---

1. *Journal de Camille Desmoulins*, t. VI, p. 681.
2. Louis Blanc, t. II, p. 94.

Souvent on recourait à des moyens criminels pour affamer la population parisienne; Louis XVI avait donné des ordres pour que les moulins de Corbeil envoyassent de la farine à Paris ; les farines n'arrivaient pas. Le roi envoie alors un express aux frères Leleu, fournisseurs des farines de la capitale. L'express revient près de Louis XVI apportant des ordres signés Necker et défendant d'expédier des subsistances aux Parisiens. Furieux, Louis XVI fait mander Necker et l'on reconnaît que ces ordres portent une fausse signature (1).

Le roi lui-même avait aidé les accapareurs de ses deniers, ce dont on ne parle jamais. Louis XVI avait personnellement de gros capitaux placés dans les sociétés commerciales fondées pour acheter les grains et ne les revendre que les jours de crises. Quand la reine eut résolu de s'enfuir à Metz, elle retira tous ses capitaux, et notamment la somme énorme de soixante millions que le roi avait placée dans la Société d'accaparement de Peulever. Ce retrait de fonds ébranla la Société, qui, par ce fait, fit banqueroute, et Peulever se brûla la cervelle.

Un ministre de Louis XVI, Saint-Priest, n'avait-il pas été entendu disant à des malheureux mourant de faim :

— Vous aviez du pain sous le roi ; maintenant que vous avez douze cents rois, allez leur en demander (2).

L'Assemblée, pendant ce temps, sans bien réfléchir peut-être au grand acte de justice qu'elle allait commettre, l'Assemblée, entraînée par l'enthousiasme des

1. *Mémoires secrets d'Allonville*, t. II, ch. VIII, p. 165.
2. Biographie de Michaud, article Saint-Priest.

premières victoires, porta la discussion sur l'origine de la propriété. Mettant de côté la moitié de la question, elle s'attaqua seulement aux biens ecclésiastiques, réservant pour les socialistes des siècl s suivants la solution de la seconde moitié, — la plus grave et la plus sérieuse, — de cet important problème.

Ce fut un jeune avocat de vingt-neuf ans, député d'Evreux, nommé Buzot, dont la lutte devait plus tard émousser la conscience et l'énergie, qui prononça le premier à la tribune, ces paroles hardies autant que juste :

— Les biens du clergé appartiennent à la nation.

Les biens du clergé en 1789 étaient de deux sortes : les biens fonciers proprement dits, et les impôts qu'il prélevait sur tout le territoire sous le nom générique de *dîme* établie au neuvième siècle, consistant dans le prélèvement annuel d'un dixième, — quelquefois plus, — sur les récoltes, blés, grains, vins et toutes boissons, foins, fruits, herbages, charnages et produits généralement quelconque de la terre.

Tout d'abord, la dîme n'était qu'un impôt volontaire, et saint Augustin en parle comme un acte de charité parfaitement libre.

Charles Martel s'étant emparé d'une portion de biens ecclésiastiques pour les distribuer à ses soldats, les évêques ne consentirent à sacrer l'usurpation de son fils Pépin le Bref, qu'à condition qu'il restituerait en partie les biens confisqués, c'est alors que fut établie sur les biens dérobés au clergé et dévolus aux capitaines de Charles Martel, la dîme sur les récoltes au bénéfice des prêtres. Ainsi, primitivement, la dîme ne pèse que sur les biens des nobles ayant autrefois appartenu aux clercs. Mais, à l'aide de fausses chartes, des moines étendirent cet impôt à tous les biens ; les religieux menaçaient les paysans superstitieux des plus grands maux s'ils se refusaient à la dîme ; ils les menaçaient de frapper leurs champs de stérilité, de remplir leurs maisons de serpents ailés, etc.

Les prêtres étaient très âpres à la perception de cet impôt inique, et les anciens recueils de jurisprudence sont remplis d'arrêts du Parlement condamnant les cultivateurs à payer cette redevance que les juges de l'ancien régime justifient par des textes de l'Ancien Testament et de l'Evangile. Un arrêt du Parlement de Toulouse, notamment, rendu sur le rapport du conseiller Catelan (1), donne comme raison qu'Abraham ayant combattu pour Sodome, accorda la dîme à Melchissédech, — ce qui faisait spirituellement dire à Voltaire :

— Eh ! bien, messieurs les curés, combattez pour Sodome, mais que les successeurs en fourberie de Melchissédech ne prennent pas le blé que j'ai semé.

L'Assemblée commença par proposer la suppression de la dîme, qui nuisait à l'agriculture, dont elle prélevait le plus net revenu, comme le rapportait à la tribune un député normand, citant l'exemple d'un paysan de son village.

— Maître Pierre, disait au laboureur certain curé, vous devriez épierrer ce champ, y mettre du fumier, y donner deux labours, et vous y pourriez récolter d'excellent froment.

Le paysan, avec cette finesse d'esprit toute bonhomme propre aux Normands, répondit au curé très judicieusement :

— Faites ce que vous dites vous-même, et les travaux

---

1. *Principaux arrêts du Parlement de Toulouse.* vol.

exécutés de cette manière, je ne vous demanderai que la dîme.

Comme on le pense bien, devant les attaques de l'Assemblée, le clergé fut ardent dans la défense de son privilège exorbitant.

Un curé monta à la tribune et exposa que la dîme n'était pas un impôt à proprement parler ; ce n'était qu'un échange fait avec l'agriculture : le paysan cédait le dixième de sa récolte, mais en revanche, les prêtres donnaient les prières qui procuraient les fleurs et les fruits de toutes saisons.

Puis, vinrent les distinctions, les subtilités ; les traditions, les lois et la théologie, tout fut mis en jeu, mais en vain. Voyant que tout était perdu, le clergé, suivant sa coutume, abandonna ce qu'il était sur le point de perdre.

Générosité de parade, mouvement intéressé, car cet abandon n'était qu'une manœuvre pour faire appel « à la générosité de la nation », générosité qui fut trop grande, et surtout qui a duré trop longtemps.

L'Assemblée voulant continuer à mêler à ses travaux Louis XVI, qui désapprouvait toutes ses décisions, lui accorda pourtant, comme nous l'avons vu, le titre de Restaurateur de la Liberté française qu'il ne demandait pas.

Mais ces représentants avaient beau jouer la comédie publique de l'attachement pour ce roi tombé dans le discrédit, la royauté n'était plus entourée de respect, et cela se vit d'une façon un peu brutale, quand Target monta à la tribune pour y lire l'adresse devant être dite le lendemain au roi en lui décernant le titre nouveau dont on l'affublait presque malgré lui.

Tout d'abord, le silence est profond ; mais peu à peu les cris partent de tous côtés, les interruptions se croisent, les exclamations éclatent, et un spectateur des tribunes, couvrant le bruit de la sonnette que le président ne cesse d'agiter depuis une heure, est obligé de rappeler les députés à l'ordre, en leur criant :

— Silence, les grenouilles, vous nous empêchez d'entendre.

Target recommence la harangue :

— Sire, dit il, l'Assemblée a l'honneur...

Ce dernier mot est couvert d'un formidable murmure.

— Point d'honneur ! point d'honneur ! s'écrie-t-on.

— Nous ne voulons pas de ce mot.

— L'honneur est pour le roi et non pour nous.

Target continue néanmoins :

—... A l'honneur de remettre aux pieds de Votre Majesté...

Ici, raconte un témoin oculaire, ce fut une véritable tempête de cris qui étouffa un moment la parole du rapporteur.

Mirabeau se lève, et, avec la lourde plaisanterie des grands orateurs, s'écrie :

— La majesté n'a pas de pieds.

Un rire général secoue toute l'Assemblée et les railleries déchaînées continuent de plus belle.

— Il y a longtemps que nous avons marché sur les pieds de cette majesté.

— Retirez les pieds.

— Nous supprimons les pieds.

— En attendant mieux, clame, dans les tribunes, une voix demeurée inconnue.

Cependant, le 13 août, l'Assemblée revenue au calme se rendit en corps auprès du roi, et le titre de restaurateur de la liberté française lui fut publiquement décerné.

Louis XVI ayant mal dîné, — ce qui était un accident très grave pour lui, — reçut la chose d'assez mauvaise grâce ; cependant, comme en France, depuis longtemps, les actes les plus sérieux et les plus bouffons se terminent par des chansons, on se réunit dans une église où le *Te Deum* fut chanté une fois encore ; pendant que les nobles, députés et grands seigneurs paraissaient réconciliés et contents pour quelques jours, la famine augmentait dans Paris où elle prenait des proportions effrayantes.

La reine continuait sa campagne souterraine, poursuivant son idée fixe, qui était de ramener, comme elle le disait, ce peuple de canailles à la raison par la seule force qu'elle comprit : les baïonnettes.

— Mirabeau les a demandées, s'écriait-elle, qu'on les lui donne par la pointe.

Pour elle, cette famine qui désolait Paris était une bénédiction du Ciel, un secours envoyé par la divine Providence pour abattre la fierté de ce peuple assez hardi pour revendiquer ses droits, pour réclamer sa liberté. Son entourage partageait ses opinions, et on connaît l'insolente réponse de Saint-Priest, à un groupe de malheureux qui lui demandait la charité aux portes du château.

Il ne se passait pas de jour que la reine ne poussât le roi aux moyens les plus violents. Louis XVI s'étant plaint, devant quelques intimes, de la situation qui lui était faite, termina par un gros soupir, en disant :

— Quand tout ceci finira-t-il ? mon Dieu !

Marie-Antoinette, qui jusque-là avait affecté de ne pas se mêler à la conversation, intervint et répondit :

— Cela finira quand vous voudrez, sire.
— Quand je voudrai ?
— Certes, oui.
— Mais comment ?
— Comment ? N'avons-nous pas Bouillé à Metz, qui vous tient en réserve trente mille soldats fidèles et dévoués sur lesquels nous pouvons compter. Allons à Metz ; confions-nous à Bouillé, qui saura museler tous ces blasphémateurs de l'Assemblée et nous rendre notre bon droit du bon temps.

— Mais c'est la guerre civile que vous me conseillez là ?

— Puisqu'il le faut.

— Vous n'ignorez pas que nous ne sommes pas assez forts ? dit le roi.

— Qu'en savez-vous ? Essayez..., conclut Marie-Antoinette.

La malheureuse, elle veut la guerre civile ! Elle l'aura terrible, inexorable ; elle avait conseillé la violence et sera punie de la peine du talion ; en la décapitant, le peuple ne fera que se défendre.

Du 21 au 27 août 1 89.

XXII

PARIS A FAIM

Discussion des droits de l'homme. — La disette continue. — Approvisionnement de Paris. — Au jour le jour. — Mot ignoble de Marie-Antoinette. — Accaparement des couvents. — Les Commandements de la patrie. — Les chantiers de Montmartre. — La Commune achète les gardes-françaises.

L'Assemblée continue la discussion de cette charte admirable de l'humanité qui a conservé dans l'histoire ce nom merveilleux des *Droits de l'homme* ; cette déclaration superbe qui a servi de base à toutes les constitutions libérales modernes, cette déclaration que peu connaissent, que beaucoup faussent, que bien peu observent et que l'on devrait faire apprendre par cœur aux enfants dans toutes les écoles primaires de France. Pendant ce temps, la disette dure toujours dans Paris ; des gardes et des sentinelles sont mises aux portes des boulangeries. Toute une population de huit cent mille individus de la capitale vit au jour le jour, c'est le cas de le dire. Les farines arrivent à Paris en poste ; la distribution aux boulangers des différents districts se fait à la Halle ; souvent, à minuit, on n'a que l'approvisionnement nécessaire au lendemain.

Il faut remarquer combien l'initiative populaire fut puissante dans ces jours d'effrayante misère. Tous les approvisionnements furent organisés par les soins d'administrateurs choisis parmi les hommes que le peuple avait nommés ; les fonctionnaires du roi n'y prirent presque aucune part.

Un gentilhomme en faisait un jour l'observation à Louis XVI devant la reine.

— Nous pouvons nous plaindre des empiètements, des vexations, des tyrannies, des cruautés même de ce peuple révolté, disait le gentilhomme ; mais nous sommes obligés de convenir que s'il n'avait pas avisé lui-même à ses affaires, la famine l'aurait étouffé et il serait mort de faim.

— Oh ! mort de faim, interrompit ironiquement Marie-Antoinette.

— Oui, reprit l'interlocuteur, au moins pour la moitié.

— La moitié ! comme vous y allez !

— Je crois même être au-dessous de la vérité.

Le grand regret de la cour et de ses partisans, à cette époque, était de ne pas voir la famine sévir dans son plein sur Paris ; c'était le dernier espoir des royalistes, qui espéraient soumettre facilement un peuple à demi-mort de faim ; aussi surprit-on, la nuit, des aristocrates, comme on commençait à les appeler, éventrant à la Halle des sacs de farine à coups de couteaux, afin que l'on perdît le plus de froment possible au moment où les subsistances arrivaient péniblement à une livre près.

La Commune, virtuellement constituée, s'occupait de ne pas livrer Paris à la misère et aux royalistes ; elle faisait des prodiges pour se procurer le blé indispensable et elle y parvenait.

On apprit que certains couvents et plusieurs maisons religieuses détenaient de grandes quantités de grains ; des visites domiciliaires furent ordonnées ; on y emprunta, par ordre, l'excédent de la consommation du moment et on l'apporta aux Halles.

A ce moment, Paris avait besoin de dix-huit cents sacs par jour, strictement nécessaires ; quand il manquait dix ou vingt sacs, on se trouvait dans la peine ; quand il en restait quatre ou cinq, on les mettait en réserve pour le lendemain.

Comme on possédait, en outre, une grande provision de riz, on l'avait partagée entre les districts, qui le faisaient cuire et le distribuaient aux pauvres.

Quel drame terrible ! toute une ville luttant contre la famine : la moitié de ses habitants se débattant contre la faim !

Néanmoins, la capitale n'abdiquait pas, les Parisiens ne fléchissaient ni de l'esprit ni de l'âme ; leur amour pour la liberté était aussi fort, leur soif d'indépendance toujours aussi vivace.

Les idées continuaient à bouillonner ; on traçait des plans de constitutions dans tous les carrefours ; sur huit cent mille habitants, un tiers au moins était sur la place publique écoutant les discussions commentant les nouvelles.

Ce fut cette semaine-là que parut à Paris un opuscule, imprimé sur gros papier grisâtre, contenant les *Commandements de la Patrie*, dont on avait emprunté la forme à la religion catholique, qui était ébranlée, et le fond aux idées énergiques de revendications s'affirmant de jour en jour, d'heure en heure, pourrait-on dire.

Nous les reproduisons ici, à titre de curiosité, quoique l'application de la plupart de ces préceptes donnés dans une langue naïve, pût être conseillée encore aujourd'hui.

COMMANDEMENTS DE LA PATRIE

Avec ardeur tu défendras
Ta liberté dès à présent ;
Le mot noble tu rayeras
De tes cachiers dorénavant ;
Du clergé tu supprimeras
La moitié nécessairement.
De tout moine tu purgeras
La France irrévocablement
Et de leurs biens tu reprendras
Les biens volés anciennement.
Aux gens de loi tu couperas
Les ongles radicalement.
Aux financiers tu donneras
Congé définitivement.
De tes impôts tu connaîtras
La cause et l'emploi clairement.
Et jamais tu n'en donneras
Pour engraisser un fainéant.
Ton estime tu garderas
Pour la vertu et non l'argent.
Aux dignités tu placeras
Des gens de bien soigneusement.
Et sans grâce tu puniras
Tout pervers indistinctement.
Ainsi faisant tu détruiras
Tous les abus absolument.
Et d'esclave tu deviendras
Heureux et libre assurément.

Heureux et libre !

Pauvre peuple, combien te l'ont promis ; combien t'ont indignement trompé !

Cependant, les conseils ne t'ont pas manqué et tu n'avais qu'à suivre ces *Commandements de la patrie.*

Pourquoi le clergé n'est-il pas actuellement supprimé comme puissance ? Pourquoi la France n'est-elle pas purgée de ses moines privilégiés ? les ongles coupés aux gens de lois ? les congés donnés aux financiers ? Pourquoi tous leurs abus ne sont-ils pas supprimés ?

Pourquoi la Révolution n'est-elle pas encore faite enfin ?

En attendant, on ouvrit des chantiers à Montmartre, pour occuper les nécessiteux et leur faire l'aumône de quelques sols, qui devaient les empêcher de manquer du strict nécessaire. On les voyait partir le matin, des champs qui se trouvaient à l'endroit où s'étend aujourd'hui la rue du Faubourg-Montmartre, et monter vers la colline, pâles, hâves, déguenillés, défaits, tremblant sur leurs jambes mal assurées ; on remarquait, — chose navrante, — des marchands, des merciers, des orfèvres, d'anciens boutiquiers, ruinés par l'inaction, sollicitant comme une faveur d'être admis parmi ces pauvres hères dont on trompait ainsi la faim en les employant à remuer la terre.

Comme on le comprend, il se produisait des plaintes et on entendait de nombreuses récriminations s'échappant de ces estomacs creusés par le jeûne, serrés par les privations les plus douloureuses ; un moment même, on craignit un soulèvement de ces misérables qui avaient tant de raison d'être mécontents, et ceux qui dirigeaient le mouvement révolutionnaire, bourgeois jusque dans les élans sublimes de leur inépuisable dévouement momentané, se prirent à avoir peur et recoururent au suprême moyen des classes dirigeantes : ils placèrent des canons à la barrière Montmartre, sachant bien que la voix du canon couvrirait pour un moment la voix de la misère.

La commune de Paris ne se sentit même pas rassurée, car ces canons étaient confiés à la garde nationale nouvellement constituée, ayant par conséquent l'esprit peu militaire ; il lui fallait des soldats pliés à la discipline, habitués à la soumission, profitant des derniers usages de la monarchie, elle négocia l'achat du régiment des gardes françaises, qui jouissait d'une popularité méritée.

En effet, le mercredi 26 août, le régiment fut acheté avec sa caserne, ses meubles, fournimens, etc., au prix de un million trente-quatre mille livres. Cent mille livres furent soldées comptant à la masse du régiment, le reste fut souscrit en billets payables au bout de trois mois à chaque garde française. Il y avait alors deux mille huit cent trente-quatre gardes françaises, qui eurent trois cent dix-huit livres chacun.

Le lendemain 27, le régiment prenait l'uniforme de la garde nationale ; c'est ainsi que la Révolution se substituait partout à la royauté, au pouvoir central, lui prenant jusqu'à ses soldats, dont elle remplaçait la cocarde blanche par les insignes tricolores.

Du 27 août au 3 septembre 1789.

XXIII

AGITATION DE PARIS

Atermoiements de l'assemblée. — Le droit de veto. — Le marquis de Saint-Huruge. — Motion du Palais Royal. — Appel nominatif et qualificatif de MM. les députés. — Menaces contre la maison de d'Eprémesnil. — Elle est sauvée par une plaisanterie.

Nous le savons, la France souffre de ce fléau, un des plus terribles qui puissent atteindre une nation, et qui s'appelle la famine. Nous avons vu les officiers municipaux élus par le peuple, Bailly en tête, faire des prodiges pour nourrir cette population de Paris, luttant avec tant de vaillance à la fois et pour la liberté et contre la faim qui lui tord les entrailles.

Pendant ce temps, l'Assemblée réunie loin de l'effervescence de la capitale, à Versailles, loin des souffrances et des misères, se laisse amollir par les discours des rhéteurs, entame des discussions théoriques de systèmes philosophiques, quand il faudrait à tout prix appliquer les réformes votées, qui attendent la sanction du roi depuis le 4 août; quand il faudrait voter de nouvelles mesures capables de couper le mal dans sa racine, agir énergiquement sans perdre une minute ; et l'on discutait longuement, dans toutes les formes oratoires, avec des suspensions calculées par les royalistes, et des pauses approuvées par la cour.

Il s'agissait pour Paris de savoir s'il aurait le droit de vivre, et l'Assemblée s'occupait de discuter si le roi aurait le droit de *veto*, c'est-à-dire le droit de s'opposer seul à la volonté de tout un peuple.

Un cri de rage partit du Palais-Royal, où continuaient à se tenir les assemblées populaires.

Le dimanche 30 août, une réunion a lieu au café de Foix, sous la présidence du marquis de Saint-Huruge, qui s'était jeté dans les idées nouvelles, non par conviction raisonnée, mais par haine des plus cruelles injustices dont il avait été la victime. Ce marquis était aveugle, mais il avait une âme aigrie et passionnée, une grande facilité de parole et un long martyr à venger. Jeune, il avait été emprisonné par l'amant de sa femme, qui n'avait rien trouvé de mieux que de se débarrasser, par une lettre de cachet, d'un époux qui gênait ses désirs amoureux et ses besoins de désordre (1).

L'Assemblée nationale, à ce moment, séduite par les phrases mielleuses des théoriciens, était disposée à

---

1. Le marquis de Saint-Huruge était né à Mâcon en 1755 ; il appartenait à une des meilleures familles de la Province : à treize ans il fut admis dans l'armée en qualité d'officier. Mais ses parents étant morts, il se mit à dissiper son héritage dans les débauches et finalement fut cassé de son grade d'officier par le tribunal des maréchaux de France jugeant comme juridiction d'honneur. — En 1778, il épousa, à Lyon, une actrice qui lui dévora le peu de fortune qui lui restait. Pour éviter les ennuis de sa surveillance, sa femme, qui était devenue la maîtresse de puissants seigneurs, le fit enfermer à Charenton d'où on le laissa sortir en

accorder au roi le droit de *veto* absolu. Un peuple disait oui, un roi répondait non, et tout était fini. Le roi imposait sa volonté au peuple : c'était purement et simplement le retour à l'ancien état de choses. L'assemblée réédifiait le pouvoir despotique qu'elle avait brisé une première fois.

On voulait confisquer la Révolution.

Paris s'y opposa formellement.

La réunion du Palais-Royal vote une motion déclarant que l'on n'ignore pas quelles menées ourdit l'aristocratie pour faire passer le *veto* absolu ; que l'on connaît tous les complices de cet odieux projet ; que s'ils ne renoncent pas à l'instant à leur ligue criminelle, quinze mille hommes sont prêts à marcher ; que les provinces seront suppliées de révoquer leurs représentants infidèles et de les remplacer par de bons citoyens ; qu'enfin le roi et son fils, — il n'est pas question de la reine, — seront priés instamment de se rendre au Louvre pour y demeurer en sûreté au milieu des fidèles Parisiens.

— Voilà ce que nous voulons ! s'écrie-t-on de toutes parts.

Et une députation est nommée pour aller donner lecture de cette motion à l'Assemblée.

Il était dix heures du soir quand la députation, accompagnée de quinze cents hommes non armés,

---

1784, à la condition qu'il partirait pour Londres. — Avec la Révolution, il rentra en France. Il était d'une taille athlétique et sa voix dominait le tumulte des réunions publiques les plus agitées. — Saint-Huruge fut grand partisan de Danton ; il ne joua jamais qu'un rôle d'agitateur et emprisonné après la chute de Danton, il fut remis en liberté après le 9 thermidor, partit en Allemagne où il vécut quelque temps en donnant des leçons de français. Rentré en France sous le Consulat, il mourut à Paris en 1810, dans la misère.

partit à pied pour se rendre à Versailles. Le marquis de Saint-Huruge marchait en tête.

Lafayette, prévenu de ce qui se passe, envoie un détachement de la garde nationale, qui arrête la députation aux Champs-Élysées ; cependant, six délégués parviennent isolément jusqu'à Versailles. Là, ils vont chez plusieurs députés, à qui ils communiquent la décision du Palais-Royal ; les députés font part, le lendemain, de ces menaces à leurs collègues, qui protestent hautement de leur indépendance ; mais, en somme, la peur s'empare de plusieurs hésitants, qui changent d'avis, et le *veto* absolu est repoussé.

L'émeute, ce jour là, sauve encore une fois la Révolution.

Il faut le dire bien haut, parce que le peuple eut plus de raison, plus d'amour de la liberté que les députés, et qu'il ne faut pas oublier ces exemples magnifiques de l'émeute superbe, qui a raison contre la légalité et prête à l'accomplissement des plus grandes fautes.

Le lendemain, la foule, comme on pense, était plus nombreuse que de coutume au Palais-Royal, qui avait dicté sa volonté à Versailles.

On vendait dans le jardin un petit opuscule qui n'est pas d'une grande ingéniosité, mais que nous reproduisons à cause de l'intérêt historique qui s'y rattache, et aussi parce qu'il n'a jamais été réimprimé depuis, perdu qu'il est dans les cartons poussiéreux de nos archives révolutionnaires de la Bibliothèque Nationale, où nous l'avons retrouvé en feuilletant les petites publications du temps.

Cet opuscule fut tiré à cinq cents exemplaires et se

vendait deux sols ; il est assurément aujourd'hui introuvable ; il a pour titre :

APPEL NOMINATIF ET QUALIFICATIF

DE MM. LES DÉPUTÉS

Sur l'air du *Menuet d'Exaudet*

Salomon
Brocheton,
Nicodème,
Turc, Tonnerre, Bonnegent
Liancourt, Andurant,
La Beste, Asley, Glezenne,
Le Souffleur,
Le Moucheur,
La Chandelle (1)
Legrand, Diable, Mirabeau,
Barnave, Lebourreau,
L'Echelle,

Targé, Juigné, Saint-Etienne,
Renhel, La Fayette, Turne,
Pain, Lamy.
Laid, Bailly,
Corollaire,
Orléans, Bandy, Cochon
Lanier, Lameth, l'Anon.
Grégoire,

Béarnois,
Bonnefoy,

---

1. D'arras : Robespierre. (*Note de l'auteur de la brochure.*)

Melon, Soupe,
Haut-du-Cœur, Perdrix, Fricot,
Nicolet et Jeannot,
Grancey, Joyeux, Lacôte,
Guillotin,
Gros, Poulin,
Trop, Revolte,
Audinot, Michu, Raucour (1),
Villette, Bouche, Trou..
L'Anusse,
Billet, Périgord, Lamarque,
Griffon, Beaumarchais, La Bloche,
Emmeri,
Le Rablic
Menou, Claude,
Populus, Bouveer, Viau,
Dupport, Sallé, de Choux.
Lapoule.

Chapelier,
Le Mortier
Castellanne,
Lusignan, Marquis, Coupé,
Montmorency, Razé,
Goupil, Vieuzac, Lavie,
Duséjour, Biencourt.
De l'Ancône,
Sillery, Roulei, Galand,
Aiguillon, Chassebœuf,
Luyne.

Cela ne nous dit pas grand'chose aujourd'hui, pourtant cet appel était chanté à pleine voix dans les cafés, et toutes les intentions malignes couvertes d'applau-

1. Le sexe de ce député n'est pas bien connu. (*Note de la chanson*).

dissements ; au début de la Révolution, le pamphlet se contentait quelquefois de peu.

Il faut dire qu'en revanche les conversations et les entretiens publics étaient plus piquants et plus vifs.

C'est ainsi que dans un attroupement, une fraction importante proposait d'aller brûler la maison de d'Eprémesnil, un des nouveaux anoblis partisan résolu du *veto*. Un des assistants s'y oppose ; il est monté sur une chaise et s'écrie :

— Vous voulez donc brûler le repaire de d'Eprémesnil ?

— Oui ! oui ! répond la foule.

— Mais vous ne pouvez rien contre lui.

— Nous ferons rôtir son mobilier.

— Mais sa maison et ses meubles sont à ses créanciers.

— Nous cuisserons sa femme.

— Elle est à tout le monde, ça fera plaisir au mari.

— Bien, alors ; nous brûlerons la cervelle à d'Eprémesnil.

— Il n'en a pas.

Un rire général avait secoué la foule durant ces colloques d'un goût douteux. Quoi qu'il en soit, ces plaisanteries un peu grosses sauvèrent la maison, la femme, et peut-être la cervelle du fougueux royaliste.

C'est dans cette agitation que vivait Paris en attendant que l'Assemblée eût fini ses interminables discussions.

Du reste, les royalistes étaient coutumiers du fait : quand un vote leur déplaisait, et cela arrivait souvent, ils se mettaient à faire un tapage qui arrêtait net la discussion. Voici comment s'exprime, à ce sujet, un témoin oculaire (1). « Pendant une demi-heure on n'eût pas entendu Dieu tonner. Quand la question préalable ne réussissait pas à la minorité, sa dernière ressource était ce charivari infernal ; les uns se servaient de leur fausset, les autres de leur basse-contre ; ceux-ci frappaient du pied, ceux-là des mains ; le parti que prenaient les bons citoyens dans ces fortes crises était de laisser les mal intentionnés s'égosiller, et d'attendre que le rhume et la toux les eussent forcés de se taire. »

1. *Anecdotes du règne de Louis XVI*, t. VI, p. 191.

Du 3 au 10 septembre 1789.

XXIV

MŒURS DU TEMPS

Le veto suspensif. — Opinion de Siéyès. — Discussion au sujet de la création de deux Chambres — Surnoms des différents groupes de l'Assemblée. — Le marais. — Le quartier des pénétrés. — Les mœurs parlementaires naissantes. — Mot du marquis de Virieu. — Les poissardes et le curé de Saint-Jacques-la-Boucherie. — Les Enfants.

L'Assemblée prit peur ; mais, sans avoir le courage de résister à la juste violence de l'émeute, elle n'eut pas la générosité de s'opposer au despotisme royal.

Après avoir, sous l'influence du peuple, repoussé le *veto* absolu, cette grande assemblée, qui commençait à perdre de vue la grande idée émancipatrice de la Révolution, accorda le *veto* suspensif qui, au fond, était aussi dangereux ; ainsi il était loisible au roi de s'opposer, pendant deux législatures, aux décisions des députés ; cette opposition pouvait même entraîner l'élection d'une assemblée nouvelle. On plaçait entre les mains du roi une arme terrible, arme de despotisme dont il se servira, ce qui excitera les méconténtements, avivera les haines et précipitera les événements.

Comme le dit admirablement Siéyès, on venait de donner au roi une lettre de cachet qu'il pouvait lancer contre la volonté générale.

Pendant que la reine organisait la guerre civile, attendant avec impatience le moment de faire égorger Paris, les orateurs prononçaient des discours à perte de vue sur la constitution d'une ou deux Chambres. Car l'idée d'une Chambre haute et d'une Chambre basse n'est pas nouvelle comme bien on sait ; cette idée a hanté, de tout temps, les sinistres rêveurs d'un frein puissant destiné à enrayer la marche du progrès. Mais les esprits nets et positifs se sont toujours opposés à cette mise en fourrière de la volonté du plus grand nombre par une poignée de réacteurs réunis pour les œuvres de résistance et de répression.

Alors, comme aujourd'hui, se trouvèrent en présence les partisans des idées libérales, et les vieux souteneurs du despotisme et du pouvoir absolu.

Cette fois encore, le peuple, il faut le dire à sa gloire, par ses manifestations extérieures, sut imposer sa volonté à l'Assemblée. Le projet de deux Chambres fut repoussé par 849 voix et la Constitution d'une seconde Assemblée ne put réunir qu'une centaine de politiciens bornés.

Cette idée, dont beaucoup de monarchistes ne voulaient pas en 1789, la trouvant trop autoritaire, devait être reprise près de cent ans plus tard par de prétendus républicains rajeunissant une théorie repoussée même par les souteneurs de la monarchie absolue, usée et vermoulue.

Mais il n'est point besoin de s'alarmer ; le jour, que

nous espérons prochain, où la France voudra véritablement appliquer une constitution, non pas républicaine, mais seulement libérale, ce jour-là, les intrigues n'y feront rien, les déclamations vaines seront étouffées, les misérables intrigues seront dénouées, et la Chambre aristocratique sera supprimée bel et bien comme étant une excroissance gênante et dangereuse.

A ceux qui prétendent que l'on ne peut arriver à ce résultat, nous répondrons :

Le peuple peut tout ce qu'il veut.

Sur ce point spécial des deux Chambres, l'histoire nous en fournit plusieurs exemples.

Même au milieu de ces graves événements, l'esprit et la malignité ne perdent jamais leurs droits. Ainsi ce grand endiablé, plus spirituel que M. de Voltaire et qui s'appelle Tout-le-Monde, avait donné différents noms aux diverses fractions de l'Assemblée ; les membres des trois ordres, en se réunissant dans une salle commune, s'étaient naturellement divisés suivant leur rang, leur tempérament, leurs amis, leurs ambitions ou leurs désirs. Ainsi, on appelait l'endroit où siégeait le clergé, le *Charnier des Innocents ;* celui où siégeait la noblesse avait reçu le surnom de *Faubourg Saint-Germain ;* la place occupée par Robespierre et par quelques jeunes députés ardents, dont la voix commençait à se faire entendre dans les discussions les plus importantes, était connue sous le nom de *Trou de l'Enfer ;* à côté, on nommait la place des orléanistes *Palais-Royal.*

Il s'était déjà formé un groupe de ces médiocres, qui s'agitent dans le flanc de toutes les assemblées et qui, incapables de rien dire ou de rien faire par eux-mêmes, s'appliquent à troubler les débats, poussant des cris d'animaux quand on leur oppose des arguments auxquels il ne savent pas répondre. Ces incapables s'étaient réunis, et quand on prononçait un discours qui leur déplaisait, au signal donné par un chef, ils se mettaient à imiter ensemble le croassement de la grenouille ; on indiquait l'emplacement où ils siégeaient par le nom de *Marais*.

Enfin, entre la tribune et les premiers sièges occupés par les députés se trouvait un espace qui était toujours rempli par des orateurs attendant leur tour de paroles.

On avait donné à cette partie la désignation de *Quartier des pénétrés*. On faisait ainsi la satire d'une sorte de lieux communs qui dominait tous les discours prononcés à cette époque. Tous les orateurs répétaient, en effet, à tout moment, qu'ils étaient pénétrés d'amour pour la liberté, pénétrés de respect pour le roi, pénétrés d'admiration, pénétrés de reconnaissance, etc. ; quand on lit un discours de cette époque et que l'on voit le député *pénétré* s-ulement une douzaine de fois, on peut l'estimer modéré. Aussi le mot avait pris une grande extension, et les députés en s'abordant, causant familièrement, ne disaient pas :

— Prononcez-vous un discours demain ?

Mais bien :

— *Pénétrez-vous ?*

On parlait beaucoup dans cette assemblée, — comme dans toutes les assemblées délibérantes ; — mais les mœurs parlementaires n'étaient pas encore bien fixées ; souvent il arrivait que le président refusait purement et simplement la parole aux orateurs qu'il soupçonnait devoir se prononcer contre la majorité ; d'autres fois, il accordait des tours de faveurs à ses amis ; les discours étaient simplement résumés par les secrétaires ;

la plupart du temps, les députés qui les avaient écrits
en donnaient eux-mêmes le texte, et nous les connaissons, non pas tels qu'ils furent, prononcés mais tels qu'ils furent écrits ; souvent enfin, les orateurs écrivaient eux-mêmes les discours après la séance et les plaçaient dans le compte rendu.

Les nobles apportaient à la tribune leur façon cassante et fière. Un jour, le comte de Virieu, se voyant interpellé dans le courant de son discours d'une façon qui lui déplaisait, s'écria avec insolence :

— Eh ! *foutre, vous m'em...*

Il lança, découpant chaque syllabe, le mot que l'on attribue à Cambronne.

L'Assemblée ayant entendu le mot de Virieu s'emporta en mille cris ; il dut faire des excuses et on leva la séance en signe de pudeur.

Parmi les députés les plus violents figurait le vicomte de Mirabeau, frère du grand Mirabeau, et qui, représentant sa mère à l'Assemblée de la sénéchaussée de Limoges, avait été nommé député par cette sénéchaussée.

Il s'appelait Boniface ; comme on lui disait un jour :

— Il est singulier que votre nom de baptême soit *Boniface*, que votre nature dément.

— Oh ! répondit-il, mon frère porte un nom plus plaisant encore, il s'appelle *Honoré*.

Comme on lui reprochait son goût exagéré pour le vin, goût qu'il poussait jusqu'à l'ivresse habituelle, il s'excusait disant :

— Mon frère a pris tous les vices et ne m'a laissé que celui-là.

Au dehors, la vie ordinaire des individus se ressentait des agitations de la vie politique. Ainsi, les commères de la Halle se prirent de querelle avec les prêtres de Saint-Jacques-de-la-Boucherie. Le curé de cette paroisse, âpre au gain, comme tous ceux de son métier, avait refusé d'inhumer un pauvre diable de charpentier mort sans le sou.

Les marchandes de la Halle apprennent cela, vont trouver le curé, qu'elles manquent d'étrangler, et à qui elles arrachent la permission de faire les funérailles à leurs frais. Elles s'installent dans l'église, qu'elles font parer de tentures de deuil, sonnent elles-mêmes les cloches toute la nuit, placent le cercueil au milieu de milliers de cierges, font appel aux moines des couvents voisins, et le pauvre charpentier est porté en terre par les harengères, ayant toutes la cocarde tricolore à la coiffe, et son cercueil est suivi de cent quarante prêtres tenant en main des cierges de six livres, comme cela se pratiquait pour les enterrements des princes.

Elles ne s'arrêtèrent pas là.

Ce même curé, qu'elles surveillaient de près, en donnant un jour la bénédiction, avait feint de ne pouvoir ouvrir le tabernacle, et se tournant vers les assistants, avait ajouté :

— Voyez, mes frères, Notre-Seigneur Jésus-Christ tient la porte de son tabernacle par derrière ; il ne veut pas la laisser ouvrir de peur d'être témoin du scandale que donnent les poissardes.

Les femmes de la Halle, à cette nouvelle, se rendent de nouveau chez le curé imprudent, l'enlèvent et le portent sur le carreau de la halle, lui retroussent la soutane, déchirent sa culotte et le battent littéralement de verges. Le pauvre homme avait véritablement ses parties profanes en sang. Les impitoyables commères ne lui épargnaient même pas les dures plaisanteries.

— Tiens, ça te fera deux tonsures, criaient-elles.

Elles le renvoyèrent en lui criant :

— Si tu recommences, ce sera bien pis.

Le curé ne recommença pas ; la leçon avait été bonne.

Du reste, l'énergie commençait à courir les rues ; durant cette semaine, on vit des troupes d'enfants se réunir dans un jardin public, portant des petits tambours, des sabres de bois et des piques de fer-blanc ; au haut de l'une de ces piques, ils promenèrent, dans les jardins du Luxembourg, la tête d'un chat, coupable du meurtre d'un serin.

Telles étaient les mœurs du temps.

Du 10 au 17 novembre 1789.

XXV

ÉLAN POPULAIRE

Les dettes de la France. — Les dilapidations du comte d'Artois. — Menaces de banqueroute. — Les dons patriotiques. — Idée originale d'un horloger. — Le roi envoie sa vaisselle a la Monnaie. Correction infligée aux royalistes. — Le vicaire de Saint-Roch. — Le brigandeau. — Histoires de cocardes.

Toujours la même crainte de la famine dominait. Et Necker, avec une terreur d'homme honnête, s'écriait :
— Demain, Paris manquera peut-être de pain !
On savait que les recettes des mois d'août et de septembre n'atteindraient pas trente-sept millions, tandis que les dépenses devaient s'élever, pour ces deux mêmes mois, à soixante millions. Dans ces chiffres, le comte d'Artois est inscrit pour une pension mensuelle de cent vingt mille livres servant à payer ses dépenses somptuaires, comme chiens, chevaux, chasses, maîtresses ; précision navrante : les détails de l'emploi de cette somme se trouvent dans le *Moniteur*.
Il fallut voter un emprunt de trente millions pour

subvenir, pendant ces deux mois seulement, aux dépenses absolument indispensables ; il n'y avait plus rien en caisse ; le royaume était dans la détresse, et la France était pareille à ces maisons dans la ruine, qui doivent chez tous les fournisseurs et qui n'ont même plus crédit chez le boulanger, qu'elles sont obligées de payer au fur et à mesure.

L'emprunt de trente millions ne fut pas couvert ; il ne produisit que deux millions et demi.

Sur la proposition de Necker, on entra à composition avec les gens d'affaires ; on éleva l'intérêt, on leur laissa la faculté de ne payer que moitié en espèces, et on lança un second emprunt de quatre-vingts millions; on recourait presque à l'usure, dernier moyen de la misère essayant de tenter le crédit par l'appât de gros bénéfices. Malgré les avantages offerts à la finance, le second emprunt échoua, comme le premier.

Ainsi, la France était dans la misère; elle n'avait pas de pain. Le crédit lui était refusé, et ses dépenses montaient au double de ses recettes.

Que faire ?

On prononçait déjà le mot hideux de banqueroute.

C'est alors que la vieille générosité de notre beau pays de France donna le magnifique spectacle d'un élan d'enthousiame comme on n'en trouve d'autre exemple nulle part dans l'histoire. Répondant à l'invitation qui lui est adressée par ses députés, le peuple envoie sur le bureau de l'Assemblée des dons en nature de toutes sortes. Riches et pauvres, qui beaucoup, qui peu, suivant ses ressources, chacun donne ; celui-ci offrant le quart de sa fortune, cet autre, un ouvrier, la moitié du produit de son travail. Les femmes se défont de leurs bijoux, des enfants envoient leurs jouets de prix (1), et jusqu'à de misérables prostituées qui prennent sur leur honteux labeur de quoi donner à la nation.

L'une d'elles écrit au président : « J'ai gagné quelque chose en aimant, j'en fais hommage à la patrie. »

A la porte de l'Assemblée, on avait placé une sorte de grande caisse, dans laquelle les députés jetèrent leurs bagues, des tabatières, et surtout les boucles d'argent de leurs souliers (2) qu'ils mettaient « aux pieds » de la nation, suivant la spirituelle expression du député chevalier de Boufflers.

Les officiers et soldats du régiment de Turenne (aujourd'hui 20ᵉ de ligne) offrirent, les premiers, mille livres.

Beaucoup de régiments envoyèrent leur solde du mois ; et, comme les militaires avaient l'habitude de porter des boucles d'oreilles rondes en argent, un soldat écrivit au président de l'Assemblée pour lui proposer de substituer, dans l'armée, des boucles de cuivre à celles d'argent, « ce qui, dit-il dans sa naïveté, ferait une économie dont la patrie tirerait profit » ; en même temps, il envoya les siennes pour donner l'exemple.

M. de Beaupoil de Saint-Aulaire fait don d'une immense forêt située dans le Périgord et dont le bois est propre à la construction. La Comédie Italienne donne douze mille livres ; des délégués du Théâtre-Français apportent à l'Assemblée l'arrêté suivant : « Les comédiens français assemblés ont unanimement arrêté d'offrir à l'Assemblée nationale une somme de vingt-trois mille livres, laquelle somme ils s'obligent à payer dans

---

1. Histoire par deux amis de la liberté, t. III, p. 36.
2. Weber, *Mémoires*, ch. v.

le courant du mois de janvier prochain ». Les employés de commerce de la ville de Paris remirent six mille deux cent neuf livres, et reçurent les honneurs de la séance, tout comme les délégués de la Comédie Française.

Les clers d'huissiers de Paris eux-mêmes offrirent sept mille quatre cent trente-sept livres, somme énorme pour l'époque. Le bureau du président ressemblait fort à un étalage de marchand de bijoux en vieux ; enfin un huissier priseur, nommé Monnier, dont il faut citer le nom, tant le cas est méritoire dans l'espèce, proposa de vendre tous les bijoux apportés, sans rien réclamer comme droit de vente ou de réglementation.

Et comme il faut partout que le hasard jette ses antithèses, plaçant le mesquin à côté du grandiose, un horloger eut cette idée singulière, dont il fit part à l'Assemblée, de rendre un décret qui ordonnerait de substituer des boîtes d'argent à toutes les boîtes d'or pour les montres ; d'après le calcul de cet original, il devait résulter de cette opération un bénéfice de cent millions.

L'élan était général ; celui-ci offrait le quart de sa fortune, cet autre le quart de ses rentes ; celui-là ses bijoux et son argenterie, etc. Au milieu de cette prodigalité généreuse, l'Assemblée apprend que le roi et la reine ont envoyé pour deux millions environ de vaisselle plate à la Monnaie. Sous le coup de l'entraînement général, l'Assemblée croit que leurs Majestés veulent faire ce don à la nation pour subvenir aux dépenses publiques. Une longue discussion s'engage même à ce sujet : Mirabeau y prend part, plusieurs orateurs prononcent de longs discours, dans lesquels ils affirment tous, suivant l'usage, « qu'ils sont pénétrés » d'admiration pour un pareil acte de désintéressement. A l'unanimité, il est décidé que le président ira sur le champ trouver le roi pour le supplier de retirer sa vaisselle.

Le roi répond que ce sacrifice est secondaire pour lui ; mais il oublie de dire qu'il n'a pas envoyé sa vaisselle plate et son argenterie pour les donner à la nation, mais seulement pour les faire convertir, à son profit, en monnaie. La reine, ne pouvant plus puiser arbitrairement dans les caisses de l'État, qui, du reste, ne contenaient plus grand'chose, ayant besoin d'argent, s'en procure par tous les moyens, pour subvenir à ses dépenses secrètes et au voyage à Metz qu'elle ne cesse de combiner et de préparer. Un moment même on agita parmi les familiers de Marie-Antoinette la question de savoir si on n'enlèverait pas Louis XVI malgré lui.

La reine voulait la guerre civile malgré tout ; il fallait, disait-elle, creuser un abîme pour y faire crouler la révolution.

C'est le trône qui sombrera.

La reine a mal calculé.

Cette semaine se signala par les corrections infligées à ceux qui, par esprit de royalisme extravagant, essayaient de braver le peuple en insultant la cocarde tricolore, devenue véritablement la cocarde française.

Aux Tuileries, la consigne était de ne laisser entrer personne sans cocarde ou sans rubans tricolores. Un vicaire de Saint-Roch voulut enfreindre les ordres donnés, mais la sentinelle l'empêcha de passer. Le prêtre alors acheta une cocarde qu'il plaça, dit le rapport à qui nous empruntons ces détails, « à un endroit fort peu honorable. » Il se présenta de nouveau au factionnaire.

— Si je ne suis pas patriote par la tête, dit-il, je le suis au moins par le...

On ne le laisse pas achever, il est arrêté ; les poissardes sont prévenues, elles accourent en toute hâte, et il est obligé de subir bel et bien, en place publique, la fessée, que ces bouillantes commères avaient pris l'habitude d'infliger aux anti-révolutionnaires, coupables de pareils méfaits.

Autre bravade, autre châtiment.

Un *brigandeau*, comme on disait en 1789, un de ces gommeux de l'époque, était allé au bois de Boulogne dans un superbe whisky, la voiture alors à la mode ; il avait à côté de lui une jolie femme, et derrière le siège en espalier, un jockey vêtu d'un costume affectant la forme de l'habit de la garde nationale : culotte de peau blanche, large ceinture rouge et veste bleue. La foule indignée arrêta la voiture, fit placer le cocher à la place du maître et celui-ci à la place du jockey, et l'obligea ainsi de rentrer à Paris au milieu des sifflets.

Enfin, dernier trait :

Un noble avait mis, par mépris, une cocarde tricolore à la queue de son chien ; la foule se fâche, suit le chien ; on s'empare du maître, on parle déjà de le pendre à la lanterne ; mais les poissardes, ces grosses justicières des ridicules révolutionnaires, arrivent à temps. Elles se saisissent du coupable, le placent sur un âne, et après l'avoir promené longtemps, l'amènent sur le carreau de la Halle, où elles le condamnent à baiser trois fois le dessous de l'endroit où il avait placé la cocarde à son chien.

Il en fut quitte pour la senteur.

En province, les trois couleurs n'étaient pas moins populaires qu'à Paris. Dans un village du Périgord, les paysans forcèrent leur curé à mettre une cocarde tricolore au Saint-Sacrement ; ils exigèrent, en outre, que les portes du tabernacle fussent toujours ouvertes

— Il ne faut pas, disaient-ils, que notre bon Dieu soit enfermé, tandis que tout le monde est libre en France.

Touchante naïveté !

Libres !

Ils ne l'étaient, hélas ! pas encore !!!

Du 17 au 24 septembre 1789.

XXVI

BRUITS SINISTRES

Organisation de la garde nationale. — Les citoyens actifs et non actifs. — Le cordonnier capitaine. — Les serviteurs du palais gardes nationaux. — Les officiers de Saint-Quentin. — Les comédiens et la garde nationale. — L'acteur Naudet. — Tumulte au Théâtre-Français. — « Charles IX » demandé. — Le Plan de guerre de Marie-Antoinette. — Agitation.

Pendant qu'à Versailles le parti de la cour continue ses préparatifs de guerre civile, la garde nationale finit de s'organiser à Paris et s'établit aussi en province. Malheureusement l'Assemblée, prise de la peur du prolétariat, avait décidé que ceux-là seuls qui payaient au moins quarante francs d'impôts auraient le droit de faire partie de cette garde bourgeoise. Cette décision fut prise, malgré les efforts de Robespierre, qui prononça à cette occasion son premier discours véritablement important, quoique un peu long ; le député d'Arras occupa, en effet, la tribune pendant six heures, protestant contre cette classification en citoyens actifs et non actifs, ne voulant pas admettre, avec raison, qu'il fût nécessaire de payer quarante francs de contribution pour avoir le droit de défendre la liberté et de mourir au besoin pour la patrie.

La voix de Robespierre ne fut pas écoutée, et la garde nationale, recrutée en dehors du peuple proprement dit, prit un caractère bourgeois dont elle ne put jamais se défaire. Pourtant, il faut reconnaître que cette institution nouvelle, malgré ses fautes nombreuses, rendit de grands services ; elle commença tout d'abord par détruire le respect de la préséance et des castes, si fort enraciné dans l'ancien régime. C'est ainsi qu'on put voir, pour la première fois, de simples boutiquiers commander à de riches négociants, à des magistrats et même à des nobles ralliés aux idées nouvelles.

Tel était ce cordonnier, ayant servi dans le régiment de Beauce et qui conduisait une patrouille en qualité de capitaine. Il s'aperçut qu'un de ses soldats boitait.

— Vous ne marchez pas ! lui dit-il assez brutalement.

— Eh, c'est votre faute ! répondit le soldat vexé.

— Comment ? fit le capitaine étonné.

— Mais certainement, répondit l'autre, en montrant ses souliers, vous me les avez faits trop étroits.

C'était un conseiller à la cour des aides, qui se faisait chausser chez le capitaine-cordonnier.

Détail particulier : la plupart des principaux domestiques de Louis XVI, appartenant à la petite bourgeoisie, s'étaient empressés de s'enrôler dans la garde nationale ; ils étaient fiers de pouvoir quitter la livrée pour endosser le costume qui leur donnait de l'importance ; plusieurs valets de pied du château occupaient des fonctions et avaient des grades dans cette honnête milice. C'est ce qui faisait dire à Marie-Antoinette avec mépris :

— Ce peuple parle d'égalité et il a pris nos valets pour ses capitaines.

Un jour même, les domestiques et les serviteurs se donnent le mot pour revêtir le costume militaire dans l'exercice de leurs fonctions. Le roi, en se levant, voit des gardes nationaux dans les antichambres et dans les couloirs; il se rend à la chapelle pour entendre la messe, suivant son habitude, et aperçoit ses musiciens eux-mêmes, revêtus de l'habit des soldats de Lafayette.

Madame de Campan, qui rapporte ce fait dans ses *Mémoires*, raconte que le roi, très froissé, fit défense à ses serviteurs de paraître désormais devant lui dans « ce costume déplacé ».

Il y eut dans cette organisation bien des ridicules qui donnèrent lieu à des incidents comiques : ainsi, dans certains districts, chacun ayant voulu avoir un grade supérieur, la compagnie était composée uniquement d'officiers, et il n'y avait pas un seul soldat; les jours de service, cette compagnie empruntait des soldats aux districts voisins pour monter la garde.

Un autre district, ne pouvant se défaire de l'esprit aristocratique du régime qui croulait et qui donnait le grade de colonel aux enfants au berceau, avait nommé lieutenant le fils aîné de Lafayette, âgé de dix ans. Le district de Saint-Roch avait choisi le tout jeune duc de Chartres comme capitaine d'honneur.

Les compagnies avaient été prises de la manie des patrouilles, qu'on exécutait sans aucun motif, pour le simple plaisir de parader, c'est ce qui donna naissance au mot *patrouillisme*.

— En province, l'organisation s'opérait très rapidement, et les amateurs de calembours publiaient la liste des noms des nouveaux officiers de Saint-Quentin, dont la réunion prêtait en effet quelque peu à la raillerie.

Voici cette liste, telle que la donnaient des affiches placardées sur les murs de Saint-Quentin :

LISTE DES NOUVEAUX OFFICIERS DE LA GARDE NATIONALE :

MM. Nerez, Soyez, Gaillard, Sautes de Joie, le Grand, Couillard, de Pardieu. Férat, Cocu.

Le maire de la ville,
Signé :
TAILLÉ.

Les comédiens, quoique plusieurs payassent les quarante francs exigés, éprouvèrent d'abord des difficultés pour entrer dans la garde nationale. L'acteur Naudé, de la Comédie Française, se présenta un jour en uniforme dans le district ; plusieurs voix demandèrent qu'il fût contraint de le quitter ; une discussion s'ensuivit.

Des discours furent prononcés pour et contre ; les orateurs diserts, comme on l'était à l'époque, — cette démangeaison de parler ne nous a pas tout à fait passé encore aujourd'hui, — donc, les plus verbeux firent de l'érudition, on cita même Cicéron et son ami Roscius, dont le grand orateur avait été à la fois l'avocat, l'ami et l'élève.

Un brave ouvrier, fatigué de tous ces discours à perte de vue, monta à son tour à la tribune et prononça ces simples paroles :

— Je ne connais ni le citoyen Cicéron, ni le citoyen Roscius ; j'ignore s'ils sont dans la salle, mais ce que je sais très bien, c'est que le citoyen Naudé est un très honnête homme, très zélé pour la liberté et qu'il mérite de porter l'uniforme.

Ce langage plein de bon sens fit plus que le *prêchi-prêcha* de tous les babillards, et l'acteur Naudé fut définitivement admis à l'honneur qu'il souhaitait, de monter la garde tout comme un autre. Ce Naudé était d'ailleurs un riche bourgeois attaché à la cour, et qui aura plus tard maille à partir avec Camille Desmoulins et Talma.

Reconnaissons cependant que cette méfiance était légitimée (en dehors du préjugé qu'on avait contre les acteurs) par la conduite des comédiens du Théâtre-Français, qui alors, comme aujourd'hui du reste, étaient en majorité royalistes, affectant un beau dédain pour les idées libérales. Ainsi, pendant longtemps, ils se refusèrent à jouer des pièces patriotiques qu'on leur demandait depuis plusieurs semaines.

Le samedi 19 septembre, on jouait une tragédie de Fontenelle. La salle était comble et le public bien décidé à forcer à l'obéissance ces messieurs et ces demoiselles, qui regimbaient contre la volonté du parterre. A peine le rideau est-il levé, que le vacarme commence, plein de bruits, de cris et de sifflets ; on ne peut même pas commencer la pièce, tant le tumulte est grand, et les acteurs sont forcés de se retirer. L'un d'eux, nommé Fleury, paraît à l'avant-scène, demandant la cause de la colère de l'auditoire.

Alors, un spectateur s'écrie :

— Nous demandons pourquoi on ne donne pas

Charles IX, la tragédie du citoyen Chénier, qui doit être à l'étude depuis longtemps.

L'acteur, d'une voix respectueuse, répond :

— Messieurs, cette pièce n'est point encore à l'étude, parce que, jusqu'ici, nous n'avons pas obtenu la permission de la jouer.

— Il n'est pas besoin de permission ! s'écrie-t-on de toutes parts.

— Il est temps, dit l'interlocuteur, que finisse le despotisme qu'exerçait la censure. Nous voulons entendre ce qui nous plaît ; nous voulons *Charles IX !*

Ces paroles sont couvertes d'applaudissements.

— Adressez-vous à la municipalité, riposte Fleury : nous n'y pouvons rien.

— Non, non, répond le parterre ; nous voulons une réponse tout de suite.

La toile fut baissée de nouveau ; le bruit continua de plus belle, et Fleury vint annoncer que la pièce de Chénier serait jouée sous peu.

Il était neuf heures trois quarts quand on put enfin commencer la tragédie de Fontenelle, que l'on joua sans entr'actes.

Cependant, la reine recueillait de fortes sommes, en ouvrant une souscription, à laquelle prenaient part les ambassadeurs d'Espagne et d'Autriche, en excitant le dévouement des nobles rebelles à la Révolution, en faisant fondre sa propre vaisselle plate ; elle avait donc le principal nerf de la guerre civile et pouvait disposer pendant un an de quinze cent mille francs par mois.

Il fut décidé que le roi serait enlevé de force, s'il ne voulait pas se rendre à Metz, où l'on se proposait de réunir tout ce qui, dans l'armée, dans la noblesse, était hostile à la Révolution.

Le baron de Breteuil inspirait cette campagne, que e marquis de Bouillé devait exécuter. On pouvait compter sur neuf mille hommes de la maison du roi, sur dix-huit régiments de dragons, de mousquetaires et de gendarmes absolument dévoués et qui tous avaient refusé le serment.

A ce même moment, des soldats nouveaux, qu'on n'avait jamais vus, sont appelés à Versailles, où ils arrivent insolents et pleins de provocations ; plusieurs officiers se montrent dans les rues avec une cocarde noire au chapeau.

Un journal, mis au courant des complots par un domestique indiscret, publia tout le plan d'évasion du roi ; Paris s'émut immédiatement, et sur les places publiques, dans les réunions, on discuta les conséquences de cette fuite. L'éveil fut donné, l'alarme se répandit et Paris, manquant de pain, se demanda ce qu'il deviendrait, le jour où il aurait à combattre, non pas seulement contre la famine, mais encore contre les soldats de Bouillé.

C'est de cette agitation que va naître la fameuse journée du 5 octobre, qui, pas plus que le 14 juillet, ne fut pas la suite d'un mouvement spontané du peuple, comme le prétendent à tort la plupart des graves historiens, qui souvent, ne voient par les vraies raisons des grands événements, ne voulant pas tenir compte des petits faits, dont nous nous efforçons de raconter jusqu'aux moindres détails, parce qu'ils sont les causes véritables des plus grandes agitations. Dès les premiers jours de juillet, on place des canons sur les tours de la Bastille ; le peuple commence par s'effrayer de ces trous noirs menaçants, pouvant à chaque instant vomir la mitraille et la mort, puis il se décide à marcher contre la forteresse et la rasé. Aujourd'hui, il apprend que le roi veut s'enfuir, qu'on veut l'enlever s'il résiste; il apprend, en outre, que l'armée de Bouillé est prête à marcher contre la capitale ; son premier mouvement est encore un mouvement de frayeur ; mais peu à peu il revient au raisonnement et se dit que puisqu'on veut enlever le roi, dont le départ sera le signal de la guerre civile, il n'a qu'à s'emparer du roi, à le garder lui-même.

Quelques jours après, Louis XVI va être ramené à Paris.

Supprimez les canons de la Bastille, vous supprimez le 14 juillet ; supprimez le projet d'évasion de Marie-Antoinette, vous supprimez les journées d'octobre.

Du 24 septembre au 1ᵉʳ octobre 1789.

XXVII

MENÉES ET AGITATIONS ROYALISTES

La bénédiction des drapeaux. — La garde nationale charge le peuple au Palais-Royal. — Caractère de la bourgeoisie. — Son influence néfaste. — La question sociale toujours posée. — La corporation des domestiques. — La cour essaye d'organiser la famine. — Mot de Louis XVI. — L'heure de Dieu. — Agitations royalistes a Toulouse. — Dubarry prédicateur. — Menaces de M. de la Tour du Pin.

Pour détourner l'attention des Parisiens des complots de la cour, on essaya de profiter de la bénédiction des drapeaux, qui eut lieu le 27 septembre dans l'église Notre Dame. Le roi avait fait offrir les ornements des réserves des Menus. Mais la garde nationale, comprenant qu'elle se dépopulariserait si elle acceptait ces offres compromettantes, les refusa. Ce refus ne l'empêcha pas, dès le lendemain, de charger et de disperser le peuple qui, au Palais-Royal, discutait sans troubler l'ordre.

Ces deux derniers traits marquent bien le caractère de cette garde nationale, composée surtout de petits bourgeois payant au moins quarante francs d'impôt par an : d'un côté, elle ne veut pas se compromettre en acceptant les offres de la royauté ; de l'autre, elle ne peut supporter que des citoyens calmes discutent sur les graves événements qui se préparent contre le peuple. Ni monarchique, ni démocratique, cette garde était le modèle de cette classe intermédiaire entre les grands seigneurs, contre qui l'on faisait la Révolution, et ce peuple, qui précipita la chute de la vieille monarchie française ; ce fut cette classe intermédiaire qui, après les grands élans populaires, après les journées fameuses, durant lesquelles le trône fut à jamais brisé, prit la direction des affaires, et à la place des lois généreuses que l'on réclamait, édicta des mesures bâtardes, sacrifiant l'intérêt des prolétaires au bénéfice de la bourgeoisie ; cette bourgeoisie qui depuis cent ans, a recueilli tous les fruits de la Révolution, profité de toutes les réformes, laissant en suspens la solution de la question la plus importante, celle sans laquelle la Révolution n'est pas complète : la question sociale.

Aujourd'hui qu'une fraction importante du grand parti des satisfaits répète béatement cette parole impertinente et impudente, à savoir : « qu'il n'y a pas de question sociale, » ayons le courage de le dire bien haut : la solution de cette question, posée en 1789, n'a pas été résolue, elle a été éludée par l'égoïsme bourgeois qui essaie de retarder par des mesures imprudentes et injustes cette question sociale qui se pose à l'heure de maintenant plus menaçante que jamais.

Il n'y a pas de question sociale !
O mensonge dangereux !

Nous disons, nous, qu'il n'y a que des questions sociales et que toutes nos formules politiques ne tendent qu'à donner satisfaction à ce grand peuple de France, attendant encore, à l'heure actuelle, qu'on lui distribue la part lui revenant dans le partage des privilèges de l'ancien régime, car la bourgeoisie seule a jusqu'ici bénéficié des événements de notre Révolution.

En 1789, on obtint l'égalité civile.

Qui en profita ?

La bourgeoisie incontestablement.

En 1848, on a acquis l'égalité politique.

A qui cette égalité politique a-t-elle surtout servi ?

A la bourgeoisie, encore.

Eh bien, il reste l'égalité sociale à conquérir ; c'est le troisième terme de la formule révolutionnaire ; le peuple tout entier a lutté et a combattu pour l'obtenir; vous la lui devez et il la prendra lui-même, si vous ne la lui accordez pas de plein gré.

Oui, l'égalité sociale : voilà quelle doit être la conséquence fatale et inéluctable des événements dont nous retraçons l'histoire au jour le jour, par leurs petits côtés, par leurs détails les plus vifs, les plus minutieux et non pas les moins importants. Cette égalité sociale, méconnue pendant tout un siècle, devant laquelle vous avez reculé en 1789, alors que vous pouviez fermer d'un coup l'ère des difficultés qui se présentent aujourd'hui plus sérieuses que jamais, cette égalité sociale est le but vers lequel tendent nos efforts ; et ce mot, on le comprend, ne veut pas dire égalité devant la propriété, mais égalité devant la possibilité de la possession et surtout égalité des droits entre le travail et le capital, entre celui qui possède et celui qui acquiert.

Il n'y a pas de question sociale, dites-vous ?
Imprudents (1) !

La cour, voyant son plan d'évasion découvert, n'en persistait que plus dans ses préparatifs de guerre civile.

On arrêta, parmi la foule qui stationnait et qui faisait queue aux portes des boulangeries, des hommes forts, robustes, vigoureux et bien portants qui malmenaient et blessaient même les pauvres affaiblis par les privations, attendant de longues heures la ration de pain réglementaire. Ces individus avouèrent avoir été payés par des amis de la royauté pour semer l'irritation parmi ces malheureux affamés.

Ah ! Marie-Antoinette savait bien qu'un peuple mécontent est vite injuste, et elle cherchait des prétextes pour motiver les agressions violentes et les journées sanglantes qu'elle méditait.

On arrêta aussi des gens soldés par la cour, qui, dans la campagne, assaillaient des convois de farine, éventraient les sacs et disparaissaient.

Au moment où Paris avait ses livres de pain comptées, les partisans de la monarchie, plein de rage de voir la grande capitale indocile ne pas manquer de farine,

---

1. En 1885, j'avais l'honneur de défendre, devant la Cour d'assises de Châlons, les malheureux mineurs de Montceau-les-Mines, poussés dans un traquenard par un policier provocateur, qui devint fou de désespoir avant la fin du procès. Je demandai à un des treize clients que je défendais s'il était satisfait du régime de la prison. — Je crois bien, me répondit-il avec un air de contentement que je n'oublierai jamais ; ici nous mangeons tous les jours ; à la mine, en travaillant douze heures, il m'arrivait de ne pouvoir donner le pain nécessaire à ma mère infirme et à mes quatre frères dont j'étais le soutien.

Il n'y pas a de question sociale !

avaient le triste courage de recourir à ces moyens vils et bas.

Dans l'Assemblée, l'abbé Grégoire montra une lettre d'un noble, familier de Marie-Antoinette, promettant 200 livres à un meunier s'il consentait à ne pas moudre ; on mettait à la disposition du même meunier une pareille somme toutes les semaines, s'il voulait fermer son moulin. Un moulin de moins, c'était une chance de plus pour la cour, qui organisait la famine et préparait les armées du général de Bouillé pour le massacre de la population parisienne.

Peu après, le roi lui-même, tout en refusant encore de partir, se laissait gagner par son entourage ; et, un jour qu'un vieux courtisan lui reprochait en termes un peu vifs, quoique respectueux, son manque d'énergie :

— Patience, dit Louis XVI ; en ce moment, il faut tendre le dos et ne rien dire ; mais chacun aura son tour.

Paroles bien significatives dans la bouche du placide roi, soulignées par un sourire de Marie-Antoinette, qui assistait à l'entretien et dont une flamme mauvaise traversait les beaux yeux.

Des ordres partaient de la cour pour la province ; on envoyait les fidèles réchauffer les tièdes, donnant à tous l'assurance que l'œuvre de réaction était proche, et que l'heure de Dieu allait sonner.

Nous savons tous ce que veut dire l'heure de Dieu dans le langage royaliste ; cela signifie : massacre, égorgements, assassinats.

Quelquefois même il arrivait, en province, que des ardents poussaient le zèle trop loin. C'est ainsi qu'à Toulouse, durant cette semaine, on faisait des prières, publiques dans les églises, on organisait des pèlerinages à une dizaine de kilomètres, au tombeau d'une bergère en qui le peuple avait grande confiance, à la bienheureuse Germaine Cousin, de Pibrac ; on récitait des oraisons de quarante heures aux Corps saints renfermés dans la magnifique basilique de Saint-Sernin ; on se livrait enfin à toutes les mômeries du culte catholique, pour apaiser la colère du Ciel et pour demander à Dieu la réussite des projets de la cour.

Dans cette même ville de Toulouse, on répandait des imprimés dans le peuple si impressionnable du Midi ; ces imprimés représentaient les députés comme les ennemis de Dieu. Dans les assemblées tenues dans les couvents, on vit Jean Dubarry, — ce débauché célèbre qui a mérité à lui seul le surnom de Roué, — monter en chaire, et prêcher la guerre sainte (1). Ce fanatisme

---

1. Ce Jean Dubarry était le proxénète de haut vol et celui qui se vantait d'avoir donné chaque jour une maîtresse à Louis XV ; après la mort du monarque, Jean Dubarry s'enfuit à Lausanne, puis obtint l'autorisation de rentrer en France, de Malesherbes qui avait écrit sur un de ses dossiers : « Il vaut mieux le laisser s'enfermer en province que de donner aux cours étrangères le scandale de son abaissement. » Jean Dubarry vint alors à Toulouse et fit bâtir en face l'église Saint-Sernin un élégant hôtel, entouré de vastes jardins, où les tourterelles roucoulent et où les paons se promènent (1). Il accumule là tout ce que le luxe peut procurer de raffinement (2) Il compose une galerie de tableaux dont le musée actuel de Toulouse a recueilli les débris et qui est une des plus célèbres de France. Le comte Jean nous semble avoir calmé son ardeur anti-révolutionnaire, car le 25 mars 1792, nous le voyons élu colonel de la garde nationale par la légion de Saint-Sernin. Le 22 février 1793, on mettait les scellés à son hôtel à propos du vol

1. *Documents inédits sur le comte Jean Dubarry*, par Ernest Roschah (Mémoires de l'Académie des sciences, inscriptions et belles-lettres de Toulouse.)

2. Cet hôtel est aujourd'hui occupé par un couvent de femme de l'ordre de Saint-Benoît.

fut poussé si loin dans la vieille ville religieuse des Capitouls, que le tocsin se fit entendre dans plusieurs quartiers et des échauffourées eurent lieu. Un nommé Roux, procureur au parlement, sortit d'une maison de la place Saint-Michel, et, à la tête de plusieurs gens armés, poursuivit les citoyens, la baïonnette au bout du fusil.

Comme on voit, la cour préparait bien son terrain.

Enfin, à Paris, M. de la Tour du Pin, son fils M. de Besenval, et d'autres aristocrates connus, tenaient des conciliabules secrets dans l'hôtel des Invalides.

A la sortie, M. de la Tour du Pin et sa bande, traversant le Champ de Mars, fut entendu, disant à ses camarades :

— Je veux que ce Champ de Mars où les Parisiens s'assemblent, devienne leur tombeau.

Les femmes de Paris ne donnèrent pas à la royauté le temps de mettre ces menaces à exécution : elles firent le 5 octobre.

dé diamants de Lucienne qui avait provoqué, six jours auparavant, la fuite de Madame Dubarry en Angleterre. Jean Dubarry fut condamné le 25 nivôse, an II, par le Tribunal révolutionnaire de Toulouse, pour intelligence avec les émigrés (1.) Il fut exécuté le 2, trois jours après (2.)

1. Archives de la Haute-Garonne. — *Registre du tribunal révolutionnaire.*

2. Tableau des prisons de Toulouse sous la Terreur.

Du 1er au 8 octobre 1789.

XXVIII

LES FEMMES A VERSAILLES

La situation. — Espérances du comte de Provence et du duc d'Orléans. — Mot de Mirabeau. — Louis XVII ? — Repas des gardes du corps. — La famine continue a Paris. — Les femmes se réunissent. — Elles chargent la cavalerie a l'Hotel de Ville. — Maillard. — Les femmes reçues par l'Assemblée et par le roi. — Louison Chabry. — Le roi veut se retirer a Rambouillet. — La nuit du 5 au 6. — Le roi dort. — La reine...? Le duc d'Orléans essaie de la faire assassiner. — Le chateau est envahi. — Le roi ramené a Paris.

Faire entrer dans le cadre étroit que nous nous sommes imposé le récit complet de cette semaine fameuse, est impossible ; il faut nous borner à synthétiser les faits, à les classer, traçant seulement les grandes lignes de cet événement non moins considérable que le 14 juillet, dans l'histoire de la Révolution.

Le roi refuse de sanctionner la constitution basée sur les *Droits de l'homme* ; la cour espère venir à bout du peuple par la famine et par la guerre civile, qui aurait déjà éclaté si on avait pu décider le roi à aller s'enfermer dans la citadelle de Metz, d'où il eût donné les ordres les plus violents, ordres qui auraient été exécutés par l'armée de Bouillé.

Telle est la situation.

D'un autre côté, deux partis désirent encore ardemment le départ de Louis XVI : le propre frère du roi, d'abord, espérant que le monarque parti, la nation, voulant malgré tout un monarque de la race des Bourbons, jettera les yeux sur lui, et le duc d'Orléans ensuite, dont les partisans entrevoient la possibilité d'une succession au trône, ou tout au moins d'une lieutenance générale du royaume.

Mirabeau a été entendu, disant à Mounier :

— Eh mais ! bonhomme que vous êtes ! qui vous dit qu'il ne faut pas un roi ? Seulement, qu'importe que ce soit Louis XVI ou Louis XVII ? Et qu'avons-nous besoin de ce bambin (le duc de Normandie) pour nous gouverner ?

Qui aurait été ce Louis XVII ? Orléans ou Provence ? Les violences mêmes de Marie-Antoinette ne laissèrent pas le temps de le savoir d'une manière précise, car elles attirèrent à Versailles quinze mille femmes, qui s'emparèrent du roi et confisquèrent, pour ainsi dire, le trône au profit de la nation, empêchant qui que ce soit de s'y asseoir.

Un grand dîner eut lieu entre officiers royalistes ; le roi prêta sa magnifique salle de théâtre et sa propre musique. Les dames de la cour, en grandes toilettes, emplissaient les loges ; et, au milieu de la disette publique, on commanda chez Harmes, célèbre restaurateur de l'époque, trois cents dîners à vingt-six livres chacun (1), non compris les vins, qui furent des

1. *Mémoires de Ferrières*, t. I, p. 280.

meilleurs, les liqueurs, que l'on servit nombreuses, et les bougies, que l'on prodigua. La reine et le roi parurent à ce banquet, tenant le dauphin par la main.

Au moment de l'entrée dans la salle, l'orchestre joua l'air bien significatif de : « O Richard, ô mon roi, l'univers t'abandonne (1). »

On foula aux pieds la cocarde tricolore et l'on refusa de porter le toast à la nation Les femmes détachèrent de leurs corsages les rubans de soie blanche qui ornaient leurs seins, firent de ces rubans des cocardes qu'on distribua à ces soldats exaltés par leur royalisme, par les vins pétillants, par les sourires capiteux et engageants des belles dames. On tira les épées et on jura de mourir pour le roi en combattant ses ennemis : cette canaille de peuple de Paris, que l'on fit le serment d'exterminer, pendant que l'orchestre jouait la *Marche des Uhlans*.

Ce festin, les lumières, le vin, la vue de la famille royale, tout augmenta l'ardeur des soldats qui tirèrent leurs épées pour renouveler leur serment, pendant que la musique sonnait une charge.

Ces jeunes soldats ainsi surchauffés se livrent à leur secret espoir et ils sont entendus dans les places publiques disant :

— « Voilà de jolies prunes, elles seront bientôt mûres. »

Le soir, la reine s'écria :

— Ah ! que je suis enchantée de cette journée !

A Paris, la famine devenait plus menaçante.

1. Nougaret. *Règne de Louis XVI*, t. VI, p. 204.

Pendant que la cour faisait fête, le peuple était sur le point de mourir de faim ; le parti de la reine continuait ses honteuses manœuvres pour entraver les approvisionnements ; ne pouvant empêcher Paris de recevoir le blé qui lui était nécessaire, ces infâmes comploteurs le détournaient, une fois arrivé. Ainsi, tandis que la grande ville avait besoin seulement de douze cents sacs pour sa subsistance journalière, les registres d'entrée et de sortie de la Halle prouvaient qu'on avait pu, ces derniers jours, et contrairement à ce qui avait été pratiqué les semaines précédentes, où l'on avait eu le strict nécessaire, en distribuer le double, deux mille quatre cents, aux boulangers ; pourtant le pain manquait !

Qui le faisait disparaître ?

Évidemment ceux qui payaient des coquins pour éventrer les convois et qui promettaient deux cents livres par semaine, aux meuniers, pour les empêcher de moudre, ceux qui spéculaient sur la misère du peuple pour en avoir raison, les partisans de la résistance et de la fuite à Metz, ceux qui allaient prendre leur mot d'ordre chez Marie-Antoinette.

Quand on apprit à Paris le scandale de Versailles, la foule, déjà excitée par tant de menaces, se déchaîna, et ce furent les femmes qui résolurent d'accomplir ce que les hommes ne faisaient pas.

Les femmes, qui souffraient surtout du manque de farine, elles qui entendaient les cris déchirants des petits enfants demandant du pain, elles qui tremblaient pour leurs maris que l'on menaçait de faire massacrer par les soldats de Bouillé, se levèrent en masse et dirent que, puisque leur malheur serait complet si on parvenait à emmener Louis XVI à Metz, il fallait ramener le roi à Paris ; et elles partirent pour Versailles, entraînant leurs compagnes, qu'elles rencontraient sur leur passage, coupant les cheveux à celles qui résistaient, et poussant toutes le même cri : Du pain ! du pain ! Cri éternel de la misère, qui a si souvent retenti chaque fois que le peuple a été écrasé sous les abus de tous les despotismes.

Le lundi 5 octobre, le jour n'était pas encore levé, quand une jeune fille de dix-huit ans entra dans un corps de garde du quartier Saint-Eustache, prit un tambour et sortit en battant une marche improvisée qui attirait d'autant plus l'attention qu'elle était incohérente. La jeune fille criait ;

« A moi ! qui veut du pain ? »

Un groupe se forme et grossit en route ; il parcourt les rues Saint-Denis, Saint-Martin. Le groupe est cohue ; dans les rues Montorgueil et Montmartre, la cohue s'étend, s'allonge, et c'est maintenant une foule de femmes qui entraîne toutes les autres femmes qu'elle rencontre sur son passage, criant à celles qui hésitent encore :

— « Nous allons à l'Hôtel de Ville demander du pain ! Venez. »

Elles se rendent d'abord à l'Hôtel de Ville, chargent la cavalerie, font retirer l'infanterie à coups de pierres, forcent les portes et s'enrôlent sous le commandement d'un homme jeune, grand, vêtu de noir, un des héros de la Bastille, l'huissier Maillard, qui se trouve là, par hasard.

Stanilas-Marie Maillard n'avait alors que vingt-six ans.

Les femmes voulurent brûler les dossiers de la municipalité, disant que tout ce qu'on avait fait pour le peuple depuis la Révolution, c'était de noircir du papier ; on craignait l'incendie de l'Hôtel de Ville ; Maillard, pour éloigner ce danger, propose de mettre immédiatement à exécution le projet déjà conçu et d'aller à Versailles exposer les plaintes à l'Assemblée ; on applaudit cette proposition, et l'étrange cortège se met en marche, à dix heures du matin.

Les femmes traversent le jardin des Tuileries, la place Louis XV et montent les Champs-Elysées, où elles font une halte. Pendant ce temps, on entendait de tous côtés le bruit de la générale, et le tocsin sonnait dans Paris ; la foule des femmes est rejointe par un bataillon formé des vainqueurs de la Bastille, commandé par Hullin. Dans la foule, on traîne deux canons.

A la tête marchaient quelques jeunes femmes dont l'Histoire a conservé les noms, sorte d'état-major féminin. — L'actrice Rose Lacombe, Pierrette Cholay, Reine Audu, surnommée la « Reine des Halles ». Au départ, Théroigne de Méricourt était là, elle aussi (1),

1. Théroigne est née en 1761 (4 octobre) à Xhoris, village du canton de Ferrière, près Liège ; sa famille paraît avoir été aisée ; elle fut élevée dans une bonne pension de Liège ; elle perdit sa mère à l'âge de onze ans ; son père se remaria et les mauvais traitements de sa marâtre, en même temps qu'une intrigue amoureuse qu'elle noua à l'âge de quinze ans, l'obligèrent à quitter le village ; elle alla en Angleterre, d'où elle vint à Paris et mena la vie des femmes entretenues de l'époque, mais sans s'afficher publiquement ; un de ses amants, Doublet de Persan, maître des requêtes au Parlement, lui reconnut, par acte notarié du 21 avril 1786, cinq mille livres de rente viagère. En 1788, elle s'éprit d'un vilain artiste italien qui s'était fait entendre dans des concerts spirituels, elle alla avec lui en Italie pour étudier le chant ; elle se trouvait à Rome au moment de la convocation des Etats-Généraux, elle rentra à Paris en juin. Après avoir suivi les réunions en public du Palais-Royal, elle prend part à la prise de la Bastille. En 1790, elle se fit recevoir au club des Cordeliers. Vers la fin de 1790, elle se rendit à Liège où elle se fût arrêtée sur l'ordre de l'Autriche et emmenée dans la forteresse de Kufstein, en Tyrol, où elle fut

mais contrairement à ce que semble croire Louis Blanc, la Belle Liégeoise ne suivit pas le cortège ; montée sur son cheval, en amazone écarlate, le sabre au côté et des pistolets à sa ceinture, elle prit les devants et se trouvait sur la Place d'armes (1), quand les femmes arrivèrent à Versailles, vers cinq heures du soir.

Pendant que les femmes marchaient sur Versailles, un domestique du comte de Saint-Priest venait de Paris à franc-étrier, annoncer à son maître ce qui se passait. Le roi fut prévenu : il était en ce moment à la chasse et il venait d'écrire sur son journal : « Tiré à la porte de Châtillon ; tué quatre-vingt-une pièces.... » Il en était là de ses continuelles récapitulations, quand la nouvelle lui parvint ; il interrompit sa relation de chasse, et écrivit : «Interrompu par les événements (2). »

— N'ayez pas peur, Sire, lui dit M. de La Deveze, qui l'accompagnait.

— Je n'ai jamais eu peur de ma vie, répondit le roi.

Il monta à cheval et prit la route de Versailles ; en route il dit à sa suite :

enfermée pour la punir de la part qu'elle avait prise aux journées d'octobre ; on l'accusait d'avoir voulu assassiner Marie-Antoinette. Léopold, empereur d'Autriche, dans le courant de décembre 1791, la fit venir à Vienne et la mit en liberté, payant sur sa cassette le voyage en poste jusqu'à Bruxelles. Elle revint alors à Paris, s'installa rue de Tournon et ouvrit un salon politique. Elle prit une part active à la journée du 10 août. Quoi qu'on en ait dit, elle ne parut pas durant les journées de septembre et devint même assez modérée pour être justement traitée de brissotine. Le 15 mai 1793, elle fut saisie par les Tricoteuses à la porte de la Convention et fouettée à nu sur la place publique. Quelques mois après elle devint folle, fut enfermée à la Salpêtrière, où elle mourut en 1817. (Ces renseignements nous ont été surtout fournis par une remarquable *Biographie de Theroigne de Mirecourt* de M. Marcellin Pellet, ancien député du Gard.)

1. Marcellin Pellet.
2. *Journal de Louis XVI.*

— Elles viennent pour du pain ; hélas ! s'il n'eût dépendu que de moi, je n'aurais pas attendu qu'elles vinssent m'en demander (1).

En arrivant au château, on lui demanda quels ordres il voulait donner.

— Quel ordres, répondit-il en souriant, contre des femmes ? Vous vous moquez (2).

La reine, elle, se promenait dans les jardins du Trianon, — ce fut pour la dernière fois. — Elle se trouvait dans la grotte, quand on vint la prier de rentrer à Versailles, où elle arriva au moment où le galop des chevaux faisait résonner le pavé de la vieille ville étonnée de tout ce bruit. — Des clameurs se font entendre, et des furieux profèrent des cris de menace qui parviennent jusqu'à elle : « Il nous faut les boyaux de la reine » (3) !

L'Assemblée siégeait comme d'habitude ; on s'occupait d'une réponse à adresser au roi au sujet du refus de sanctions des *Droits de l'Homme*. Mirabeau avait pris part à la discussion et venait de regagner son banc, quand on lui apprit ce qui se passait à Paris ; il remonte au fauteil de Mounier, qui présidait, et lui dit à mi-voix :

— Mounier, Paris marche sur nous.

— Je n'en sais rien.

— Croyez-moi ou ne me croyez pas, peu m'importe ; mais Paris marche sur nous. Trouvez-vous mal, allez au château, donnez-leur cet avis ; dites, si vous le voulez, que vous le tenez de moi, j'y consens. Mais

---

1. Annales de Bertrand de Molleville, t. II, ch XVI.
2. *Id.*
3. Mémoires de Rivarol. — Montjoie. — *Histoire de Marie-Antoinette*, t. I.

faites cesser cette controverse scandaleuse ; le temps presse, il n'y a pas une minute à perdre.

— Paris marche sur nous ? répondit Mounier. Eh bien ! tant mieux, nous serons plutôt en République.(1)

Cette réponse prouve évidemment que Mounier ne croyait pas au danger.

Il était cinq heures.

Les quinze mille femmes arrivent à Versailles ; une délégation conduite par Maillard est reçue par l'Assemblée, et il est décidé que le président Mounier ira trouver le roi ; douze femmes l'accompagnent. Celle qui avait été chargée de porter la parole, une jeune fille de dix-sept ans, Louison Chabry, vivement émue, n'a pu que répéter ce mot : Du pain ! le cri sinistre qui court les rues de Paris, puis elle s'évanouit. Louis XVI fait respirer des flacons à la belle fille ; et quand elle est remise, il l'embrasse, disant, comme le rapporte le royaliste Bertrand de Molleville :

— Le morceau en vaut bien la peine (2) !

Il promet de faire son possible pour répondre aux demandes des solliciteuses ; les femmes veulent davantage : elles exigent un engagement formel ; Louis XVI se soumet et paraît au balcon, avec Louison, comme pour sanctionner sa promesse.

Le roi avait réuni son conseil, pendant que Lafeyette arrivait avec la garde nationale, pour protéger le monarque s'il en était besoin. Dans le conseil, les avis étaient partagés, Necker conseillait au roi d'aller à Paris et d'accepter loyalement la Révolution ; Saint-Priest, au contraire, disait :

1. *Les deux amis de la liberté.*
2. Bertrand de Molleville. *Annales, t.* II.

— Sire, si vous allez à Paris, votre couronne est perdue.

Son avis était de résister jusqu'au bout. Louis XVI, plus indécis que jamais, alla consulter Marie-Antoinette, qui ne pouvait se décider à le laisser partir seul, non certes pas qu'elle manquât de courage et qu'elle redoutât de partager les dangers de son mari ; mais parce qu'elle voulait ou partir avec le roi, parce que sans lui, la guerre civile qu'elle avait préparée n'avait ni force morale ni but ; ou, si le roi restait à Versailles, ne pas le quitter, sachant qu'actuellement le peuple ne toucherait pas à Louis XVI. D'un autre côté, elle craignait fort pour sa propre personne ; aussi disait-elle à Thierry, le valet de chambre du roi :

— Je ne risquerai rien, tant que je serai sous la sauvegarde du roi ; donc je ne veux pas le quitter.

Voilà pourquoi la reine ne voulut pas partir seule ; sans nier sa grandeur d'âme tant vantée et son énergie incontestable, il faut aussi tenir compte de la peur bien naturelle de la femme qui tremble devant le danger. Cependant, Marie-Antoinette avait fini par décider le roi à l'accompagner à Rambouillet, d'où l'on aurait pris d'autres résolutions ; mais quand les voitures se présentèrent aux grilles, elles furent arrêtées par le peuple.

Des coups de feu se firent entendre dans la rue ; le roi eut peur à son tour et donna par écrit à Mounier, président de l'Assemblée, son adhésion aux *Droits de l'Homme*. Mounier attendait depuis trois heures de l'après-midi.

Lafayette marchait sur Versailles avec des sections de la garde nationale. A Viroflay, les troupes de Lafayette firent une halte, et les gardes nationaux, sur la proposition du général, jurèrent de rester fidèles à la Nation, à la Loi et au Roi. A minuit, Versailles est de nouveau réveillé par le bruit du tambour ; c'est l'armée de Lafayette qui arrive ; le général se rend d'abord à l'Assemblée, prononce une courte allocution, soutenant la nécessité de calmer le peuple, puis se rend au château. A son entrée dans la grande galerie, il est accueilli par le silence glacial des courtisans qui veillent. Un vieux gentilhomme, M. de Hautefeuille, avec un accent de colère méprisante, ne peut s'empêcher de s'écrier :

— Voilà Cromwell !

Lafayette s'arrête, regarde son interlocuteur, et très calme :

— Cromwell, monsieur, ne serait pas venu seul ici.

Puis il entre dans le cabinet du roi.

Louis XVI se tenait debout devant la cheminée, où flambait un grand feu clair ; autour de lui étaient le comte de Provence, l'archevêque de Bordeaux, le comte d'Estaing et Necker. Le valet de service annonce le marquis de Lafayette, qui entre de côté, suivant l'usage de la cour, fait les trois saluts exigés par l'étiquette, et, s'adressant au roi :

— Sire, je viens apporter ma vie pour sauver celle de Votre Majesté. Si mon sang doit couler, que ce soit pour le service de mon roi, plutôt qu'à la lueur des flambeaux de la Grève (1).

La conversation s'engage sur les événements du jour.

— Mais enfin que veut-on ? demande Louis XVI.

— Sire, répond Lafayette, on veut du pain.

1. *Histoire de la Révolution,* par deux amis de la liberté, t. ch. VIII. — Rivarol, *Mémoires,* III, p. 298.

Le roi se tourne alors vers Necker, qui était demeuré silencieux.

— Depuis quinze jours, dit-il, j'ai fait pour les subsistances tout ce qu'on m'a demandé. Que me veut-on encore ?

— Sire, la présence des troupes appelées à Versailles inquiète ; on désire leur renvoi.

— Eh bien, monsieur de Lafayette, arrangez cela avec M. d'Estaing.

Pour les précautions à prendre pour la nuit, Lafayette entoura les portes extérieures du château de sentinelles de la garde nationale, pendant que les gardes du corps montaient la faction à l'intérieur ; puis il fit dire à Mounier, président de l'Assemblée, qu'il pouvait aller se coucher, et lui-même alla prendre du repos à l'hôtel de Noailles, répondant que la famille ne serait ni troublée ni inquiétée.

Lafayette, arrivé avec la garde nationale, répondait de l'ordre dans la ville et de la sécurité du roi. Il pleuvait à torrents, et dans cette nuit sombre, la foule remplissait les rues, mangeant ce qu'elle trouvait, jusqu'au cheval d'un garde du corps, qu'on dévora presque cru. Pourtant, la pluie venant à cesser, la foule se dispersa dans la ville, s'abritant comme elle pouvait. A quatre heures du matin, le calme le plus complet régnait dans Versailles ; le roi dormait de son bon sommeil (1), qui ne le quitta guère, même durant les plus mauvais jours.

Et la reine ?

Oh ! la reine, au milieu des troubles, trouvait encore le temps de recevoir d'un de ses admirateurs qui l'aimait

1. Rivarol, *Mémoires*, p. 300.

avec le dévouement d'un chevalier, mais qui l'aimait tendrement, et ceci serait à peine croyable, si nous n'avions des documents l'établissant, nous semble-t-il, d'une façon formelle. Louis Blanc, dans son œuvre admirable (1), rapporte un extrait d'un livre publié par un royaliste anglais, lord Holland, d'où il résulte, de façon à ne pouvoir en douter, que cette nuit-là Marie-Antoinette était enfermée dans sa chambre avec M. de Fersen, que Madame de Campan fit échapper, à l'aide d'habits féminins, quand, à cinq heures du matin, la foule recommença à se presser autour des grilles.

Dans le livre que son fils a publié, lord Holland dit :

« Ceci — quelle que fût en général sa répugnance à rapporter des anecdotes pouvant porter atteinte à la considération de la personne royale — M. de Talleyrand me l'a dit deux fois et il assurait tenir le fait de la propre bouche de Madame de Campan (2). »

Nous pouvons en outre, aujourd'hui par les témoignages et les documents que nous possédons, affirmer que, pendant que Marie-Antoinette était en conversation avec le duc de Fersen, son ennemi personnel le duc d'Orléans profitait du tumulte pour essayer de la faire assassiner.

A six heures du matin, des hommes déguisés en femmes et portant sous leurs robes des culottes de prix, des bas de soie et des boucles d'argent, escala-

1. Louis Blanc, t. III, p. 236.

2. This. M. de Talleyrand, though generally somewath averse to relating anecdotes disparaging of the royal family of France, has twice recounted to me and assured me that he had in from Madam. Campan. herself. (*Foreing reminiscence by lord Holland*), p.,18.

dèrent des grilles et envahirent la cour. Le duc d'Orléans fut vu, des témoins l'ont affirmé, montrant du bout de sa badine l'escalier conduisant aux appartements de la reine (1). Une de ces prétendues femmes criait :

— Voulez-vous voir mes mamelles (2)?

Et elle montrait les crosses de deux pistolets.

Une autre disait :

— Il ne faut épargner que Monsieur, le dauphin et le duc d'Orléans (3) !

Le château est envahi, et la foule qui n'a pas de but déterminé, se répand à tort et à travers ; mais les sbires soudoyés du duc d'Orléans se précipitent vers les appartements de la reine, qui se trouve en chemise.

Louis XVI, réveillé par les clameurs, se précipite dans la galerie de l'Œil de-Bœuf et va au secours de la reine qui vient d'être sauvée, grâce au dévouement d'un garde du corps nommé Miomandre de Sainte-Marie. Les gardes du corps ont d'abord essayé de résister au flot d'hommes armés qui envahit le château, mais ils sont obligés de céder, et l'un d'eux, M. de Varicourt, est tué.

Des cris menaçants se font entendre ; ces hommes, déguisés en femmes, poussent des vociférations, au milieu desquelles on entend celles-ci :

— Il nous faut les boyaux de la reine (4).

Ou bien :

---

1. Déposition de Duval et de Lassere. *Procédure criminelle du Châtelet* 1re partie. p. 142. — 2e partie. p. 82.

2. *Procédure criminelle du Châtelet*, 3e partie, p. 21.

3. Id. 2e partie, p. 37.

4. Mémoires de Rivarol. — *Histoire de Marie-Antoinette* par Montjoie, t. I.

— Nous voulons la peau de la reine pour en faire des rubans de district (2).

Tout à coup Miomandre, le visage ensanglanté, pousse la porte donnant dans la grande salle des gardes et crie à une femme de chambre :

— Sauvez la reine !

Et il se met dans l'encadrement de la porte conduisant aux appartements de Marie-Antoinette, faisant un rempart de son corps contre les piques des envahisseurs. La femme de chambre pousse le verrou intérieur, court à la chambre de la reine, à qui elle crie :

— Sortez du lit, Madame, ne vous habillez pas ; sauvez-vous chez le roi.

La reine saute à bas de son lit, une autre femme de service lui passe un jupon qu'elle n'a pas le temps de nouer et elle s'enfuit par l'étroit et long balcon qui borde, à l'extérieur, les fenêtres des appartements ; arrivée à la porte de la chambre du roi, personne ne répond, le roi est absent, il vole au secours de la reine à travers les couloirs et les galeries ; Marie-Antoinette frappe toujours. Au bout de cinq minutes, un valet de chambre vient ouvrir, et, peu après, Madame et le dauphin arrivent, le roi vient à son tour, et Madame Elisabeth ne tarde pas à les rejoindre.

La garde nationale, commandée par Lafayette, arrive plus tard et rétablit l'ordre. Circonstance à noter : plusieurs gentilshommes de la cour, pendant que de simples gardes du corps offraient bravement leurs poitrines pour sauver la famille royale, fuyaient, honteusement déguisés sous la livrée de leurs laquais :

---

2. *Procédure criminelle du Châtelet*, 2ᵉ partie, p. 49.

tels furent, entre autres, le prince de Poix et M. de Pontécoulant (1).

Pendant ce temps, des scènes de violence et de désordre se produisent au dehors ; mais l'ordre est rétabli par Lafayette. Mounier va voir Monsieur, frère du roi, qu'il trouve en grande toilette, poudré et couvert de décorations, et qui lui répond ce mot célèbre, si souvent répété :

— Que voulez-vous ? nous sommes en révolution et on ne fait pas une omelette sans casser des œufs (2).!

Puis il se rend au château, et Louis Blanc raconte que « du milieu de cette foule qui menaçait la famille royale, pas une parole ne s'était élevée contre lui. »

La reine, en sûreté auprès de son mari, lui adressait les paroles suivantes :

— Promettez-moi, je vous en conjure, pour le salut de votre enfant et pour le vôtre, que, si les circonstances vous permettent de vous éloigner, vous n'en laisserez pas échapper l'occasion (3).

Le dauphin dit à la reine :

— Maman, j'ai faim !

L'enfant du roi jette le même cri que cette immense foule, qui n'est venue là que poussée par la famine et pour demander du pain.

Enfin, après s'être montré au balcon, le roi promet d'aller à Paris ; et, à midi et demi, la famille royale quitte pour la dernière fois la vieille et tranquille cité, où la royauté avait donné tant de fêtes, connu tant de

---

1. Rivarol, *Mémoires*, p. 328.
2. Manuscrit de Sauquaire-Souligné, cité par Louis Blanc.
3. Bertrand de Molleville.

plaisirs, commis tant de fautes et causé tant de larmes !

Le soir même, Marie-Antoinette écrivait à l'empereur, son frère : « Mes malheurs vous sont peut-être déjà connus ; j'existe et je ne dois cette faveur qu'à la Providence et à l'audace d'un de nos gardes qui s'est fait hacher pour me sauver. On a armé contre moi le bras du peuple, on a soulevé la multitude contre son Roi, et quel était le prétexte ? Je voudrais vous l'apprendre et n'en ai pas le courage..... » (1).

Cette deuxième grande journée de la Révolution est digne du 14 juillet ; seulement, pour répéter la parole de Michelet :

« Les hommes ont pris la Bastille, les femmes ont pris le roi. »

1. *Journal de la Cour et de la ville*, 11 avril 1790.

Du 8 au 15 octobre 1789.

XXIX

LA COUR AUX TUILERIES

L'abbé Maury. — La cour aux Tuileries. — Les dames de la Halle visitent Marie-Antoinette. — Leur franchise. — L'émigration continue. — Indignes manœuvres royalistes. — Les patrouilles de femmes. — Origine de l'expression « courir la gueuse. » — Fausses alarmes. — Sinistre jeu de mot.

Louis XVI arriva dans Paris au milieu de l'allégresse générale de ce peuple généreux, qui voulait tout oublier, ayant reconquis son roi, disant dans son langage imagé : « Nous ramenons le boulanger, la boulangère et le petit mitron. »

Le cortège royal se rendit d'abord à l'Hôtel de Ville, où il fut reçu par Bailly.

Marie-Antoinette montait l'escalier derrière le roi : elle paraissait abattue ; et, à un moment, ayant trébuché, elle saisit, pour se soutenir, le pan de l'habit de son mari. Une femme de la Halle qui se trouvait là, lui dit :

— Hardi, courage ! hisse là ! tiens ferme, c'est ton sauveur (1).

Les trois cents membres de la Commune étaient assemblés dans la grande salle de l'Hôtel de Ville, au milieu de laquelle s'élevait un trône pour Louis XVI et Marie-Antoinette. Moreau de Saint-Méry prononça un long discours qui se terminait par ces mots : « Lorsqu'un père adoré est appelé par les désirs d'une immense famille, il doit naturellement préférer le lieu où ses enfants se trouvent en plus grand nombre (2).

Pendant que Moreau de Saint-Méry prononçait son discours, le roi fit signe à Bailly de venir auprès de lui ; Bailly se rendit à cet appel, et Louis XVI lui demanda à voix basse :

— Que faut-il que je réponde, pour que cela fasse bien ?

— Ce que vous voudrez, sire.

— Mais encore ?

— Quelques paroles qui puissent être facilement répétées parmi le peuple.

— Dites vous-même.

— Je crois que Sa Majesté ferait bien de dire : « C'est toujours avec plaisir et confiance que je me vois au milieu des habitants de ma bonne ville de Paris. »

L'orateur avait précisément terminé sa harangue. Louis XVI se leva, et, de son air froid, dit en balbutiant quelque peu :

— Messieurs, c'est avec plaisir que je me trouve parmi vous, c'est avec plaisir...

La mémoire lui faisait défaut pour répéter cette

1. *Journal des Révolutions de l'Europe*, t. V, p. 76.
2. *Les deux Amis de la liberté*, t. III, ch. ix.

courte allocution ; Marie-Antoinette, qui avait écouté sa conversation avec Bailly, souffla au roi :

— Avec plaisir et confiance !

La reine avait trop élevé la voix, ses paroles furent entendues et quelques sourires erraient déjà sur les lèvres des membres de la Commune, quand Louis XVI, reprenant son naturel, dit avec bonhomie :

— Oui, messieurs, avec plaisir et, comme dit la reine, avec confiance. Vous l'avez entendu, avec confiance, reprit-il, et vous êtes plus heureux que si je vous l'avais dit moi-même (1).

On applaudit avec transport. On ouvrit les larges croisées, sur lesquelles on posa plusieurs flambeaux pour que la foule, qui se pressait sur la place, pût voir plus facilement ce qui se passait à l'intérieur. La joie était grande parmi le peuple qui s'imaginait que tous ses maux étaient terminés, maintenant que la famille royale était à Paris.

Dans la foule, on reconnut l'abbé Maury qui passait pour être un des mauvais conseillers de la cour. Un attroupement se forma et quelqu'un s'écria même :

— Envoyons l'abbé Maury dire sa messe en enfer.

L'abbé Maury, sans se déconcerter et sans s'émouvoir, tira deux gros pistolets des poches de sa soutane; et, les braquant sur ceux qui se disposaient à lui faire un mauvais parti :

— Qui veut venir me la servir ? voici mes burettes !

On le laissa passer, et plus loin, sur le Pont-Neuf, l'abbé entendit un crieur qui vendait des feuilles et des journaux nouvellement imprimés :

1. Mémoires de Bailly, t. III, p. 120.

— Demandez les dernières nouvelles satisfaisantes ! Demandez la mort de l'abbé Maury!

L'abbé Maury s'approche :

— Tu dis donc que l'abbé Maury est mort ?

— Oui, je l'ai vu coucher en bière.

— Eh bien ! tiens, tu croiras aux revenants, dit le fougueux député royaliste, en donnant deux gros soufflets au crieur imprudent.

Malgré ces allures triviales, le nom de l'abbé Maury était loin d'être populaire. A Compiègne, des enfants se rassemblaient tous les soirs pour faire l'exercice avec des bâtons : ils plaçaient, relevaient des sentinelles et faisaient mine de tirer sur les aristocrates qu'ils appelaient « aristocruches. » Ils s'avisèrent de surnommer *Maury* un des gamins du bataillon, parce qu'il était enfant de chœur à Saint-Jean ; l'enfant se fâche, mais cela excite davantage les quolibets de ses camarades; les tracasseries prirent un tel caractère que la mère du petit persécuté dut se plaindre à la municipalité, qui appela les meneurs de petite cabale et les gourmanda d'importance.

L'enfant de chœur, interrogé, dit :

— Oui, messieurs, ils ne cessent de m'appeler l'abbé Maury; j'aimerais mieux qu'ils m'appellent Cartouche(1).

Un jour, à Paris, l'abbé Maury sort d'une séance orageuse où il avait vigoureusement soutenu les privilèges de son ordre ; il est assailli par la foule qui lui crie : A la lanterne.

Et lui, sans s'émouvoir :

— Eh bien ! après ; quand je serais lanterné, vous n'y verriez pas plus clair.

1. *Anedoctes curieuses relatives à la Révolution de France,* p. 82. (Paris, 1791.)

Un autre jour, un groupe de dames de la Halle rencontre l'abbé Maury se rendant à l'Assemblée; une d'elle lui dit en passant :

— Vous parlez comme un ange, mais, malgré tout, vous êtes f...!

Maury, très tranquillement :

— Bah! vous savez bien, mesdames, qu'on ne meurt pas de ça !

En sortant de l'Assemblée, il est est accosté par un mendiant qui lui demande la charité, en invoquant son patriotisme; Maury, croyant voir de la malice dans ce mot, répond avec humeur :

— Qui t'a donc dit que j'avais du patriotisme ?

— C'est égal, continue le mendiant, si vous n'en avez pas, donnez toujours, je prierai Dieu qu'il vous en envoie.

On pourrait citer cent traits du même genre.

L'abbé Maury était né le 26 juin 1746 à Valréas, dans le comtat d'Avignon. Son père, un pauvre cordonnier, s'imposa de grands sacrifices pour lui donner une éducation dont Maury sut du reste profiter. Ayant terminé de brillantes études au séminaire, l'abbé Maury vint à Paris, âgé de vingt ans à peine. Après de longs travaux sur les auteurs sacrés, il aborda la chaire, où il ne tarda pas à acquérir une grande et légitime réputation ; il prêcha l'Avent et le Carême à la Cour, obtint un prieuré d'un rapport de 20,000 livres ; en 1785, il fut reçu membre de l'Académie française.

Élu par le clergé de Péronne député aux États généraux, le fils du savetier avignonnais, devenu un des bénéficiers et des privilégiés du haut clergé, combattit le peuple d'où il était sorti et fut un des adversaires les plus acharnés de la liberté.

La famille royale arriva aux Tuileries à dix heures du soir ; elle s'installa comme elle put. Le palais, désert depuis la minorité de Louis XV, présentait cet aspect froid et triste qu'ont les grandes maisons que l'on délaisse et qu'on n'a pas habitées depuis longtemps. La poussière ternissait partout l'éclat des vieilles dorures, les tentures étaient sales, les meubles délabrés(1) ; un air de tristesse régnait partout ; et, en entrant, le dauphin ne put s'empêcher de dire :

— Oh ! que tout est laid ici, maman !

La reine lui répondit simplement :

— Mon fils, Louis XIV y logeait bien cependant (2).

On demanda à Louis XVI de désigner les appartements qu'il désirait occuper, ceux qu'il destinait à la reine, à sa famille et à ses serviteurs.

— Que chacun se loge comme il pourra, dit le roi ; quant à moi, je suis toujours bien (3).

Pourtant, les jours suivants, Marie-Antoinette fit venir de Versailles ses élégants mobiliers et ses riches bibliothèques.

En assistant à cette installation, Louis XVI ne trouva qu'un : « A quoi bon ? » avec un mouvement de tête découragé, et il ne sortit de son cabinet que ses livres de dévotion et l'histoire d'un roi avec lequel il avait et devait avoir encore plus d'une ressemblance: Charles I*r*.

Toute la journée, la foule se pressait dans le jardin

---

1. *Le château des Tuileries*, J. A. R. D. E., cité par Buchez et Roux, t. IV, p. 196.
2. *Mémoires de Weber*.
3. *Le château des Tuileries*, par Roussel.

des Tuileries, demandant à voir le roi, qui était acclamé chaque fois qu'il paraissait dans le jardin ; on recevait la reine, au contraire, avec froideur. Les dames de la Halle, venues en députation, poussèrent la franchise jusqu'à lui dire tout haut, dans leur langage familier, quelque peu brutal, ce que la majorité de Paris pensait tout bas.

— Nous sommes bien contentes de vous avoir parmi nous. Ce qui est passé, est passé ; mais à l'avenir, tenez-vous mieux, ou sinon, nous sommes capables, ma petite mère, de vous peler le derrière (1).

La contre-révolution ne perdit pourtant pas courage. Les uns se dérobaient et passaient à l'étranger ; la peur s'était emparée des amis de la cour. Mounier lui même émigra ; les autres usaient de tous les moyens pour augmenter le désordre et créer des agitations nouvelles.

On continuait d'empêcher, dans la mesure du possible, les farines d'arriver à Paris. On payait toujours des malfaiteurs pour éventrer les convois de blé.

Enfin on inventa un nouveau moyen pour jeter l'épouvante parmi les citoyens paisibles. Les royalistes avaient organisé des bandes de femmes sorties de maisons publiques ou appartenant à la prostitution, qui, vêtues de costumes indécents, s'abattaient, à un mot d'ordre donné, tantôt sur un quartier, tantôt sur un autre ; aujourd'hui, sur le boulevard des Italiens, demain, dans la rue Montorgueil. Ces mégères poursuivaient les hommes, les déculottaient en pleine rue et se livraient à des actes que la plume se refuse à décrire. Souvent même elles entraient dans les maisons,

1. *Journal des Révolutions de l'Europe*, t. V, p. 44.

pénétraient dans les appartements, apportant le trouble partout et s'attachant de préférence à attaquer les ménages tranquilles (1).

Ces désordres auraient certainement duré longtemps, si les dames de la Halle n'étaient intervenues ; elles formèrent des patrouilles féminimes, et, armées de battoirs, se lancèrent à la poursuite des tapageuses, qu'elles finirent par faire disparaître. Quand une de ces turbulentes leur tombait entre les mains, elles lui administraient, à l'aide de leur battoir, de si rudes fessées, que plusieurs en moururent. C'est ce que les poissardes appelaient « courir la gueuse. »

Pour finir de jeter l'alarme, la contre-révolution eut recours aux menaces anonymes, aux signes mystérieux. Ainsi, des maisons étaient souvent trouvées, au matin, marquées à la porte de larges raies blanches, rouges et noires. Des écrits imprimés clandestinement donnaient la prétendue signification de ces couleurs adoptées par des comploteurs imaginaires.

D'après les alarmistes, le blanc signifiait que la maison serait livrée prochainement au pillage, le rouge qu'elle serait incendiée, et le noir que les habitants seraient condamnés à mort (2).

Nous voyons donc les royalistes eux mêmes fomenter des troubles d'où plus tard doit sortir la Terreur. Ils ne reculent devant rien ; et, au lieu d'accepter loyalement la Révolution, aujourd'hui inévitable, ils essayent de l'étouffer par le désordre. La Révolution résiste et les écrase ; plus tard, ils subiront la fatalité des luttes intestines qu'ils auront suscitées.

1. Les deux Amis de la Liberté, t. III, ch. xi.
2. Buchet et Roux, t. III, p. 166.

Ils vont jusqu'à inventer, à propos du duc d'Orléans, des injures qu'on devait retourner contre eux, et ils disent :

— Ce duc n'est qu'un *Capet* que nous ferons *Capot* (1).

Ce à quoi un membre des Cordeliers répond :

— Et vous qui êtes Capet, prenez garde de ne pas être décapeté.

Sinistre jeu de mot qui allait devenir une sanglante réalité.

1. *Les Actes des Apôtres.*

Du 15 au 22 octobre 1789.

XXX

EMPIÉTEMENT DE LA BOURGEOISIE

Changement de formule. — La commune de Paris. — Egoisme bourgeois. — La loi martiale. — Protestations de Robespierre. — Panique des députés. — Le duc d'Orléans part pour Londres. — Exclamation de Mirabeau. — La foule dans le jardin des Tuileries. — Occupations de Louis XVI.

Dès que l'Assemblée connut l'obligation où se trouvait Louis XVI de se fixer à Paris, sur la proposition de Barnave, elle se déclara inséparable du roi ; en attendant, elle continua ses travaux jusqu'au 15 octobre, jour où eut lieu la dernière séance à Versailles, les travaux devant être repris à Paris le lundi 19, dans une des salles de l'archevêché, la salle du Manège des Tuileries n'étant pas encore prête pour la recevoir.

Ce fut avant de partir de Versailles que l'Assemblée décida que, désormais, le roi n'emploierait plus l'ancienne formule : *Tel est notre bon plaisir* ; la qualification de roi de France fut aussi changée en celle de *roi des Français*.

En arrivant à Paris, l'Assemblée trouva en face

d'elle un autre pouvoir tracassier et ombrageux qui s'appelait la Commune, obéissant au maire et au commandant de la garde nationale. Ce pouvoir était, d'ailleurs, établi aussi arbitrairement que possible. Après avoir nommé les députés aux États Généraux, les électeurs, au lieu de se séparer comme dans le reste de la France, s'étaient constitués, de leur propre autorité, les représentants légaux des soixante districts de Paris ; ils élurent cent vingt députés, bientôt portés à trois cents, qui prirent le nom de membres de la Commune, lesquels nommèrent dans leur sein soixante administrateurs. Les districts étaient des circonscriptions établies par ordonnance du roi pour les élections des *électeurs* qui devaient choisir les députés aux États Généraux. Ce furent les électeurs qui nommèrent les délégués devant constituer le Conseil général de la Commune de Paris, dont le despotisme devait être si grand.

Despotisme sans grandeur, sans aucun des reflets, sans aucun des éclairs de gloire qui éclairaient quelquefois les hontes de l'ancien régime ; despotisme dominant tout, voulant tout gouverner, comptant pour rien le prolétariat qu'il éloignait de cette distribution nouvelle de la fortune de la France. Une poignée d'ambitieux de cette classe moyenne accaparait la Révolution, se servant du peuple comme d'une force contre la noblesse, dont les bourgeois briguaient la puissance et les privilèges.

Car c'est bien là toute l'œuvre de la bourgeoisie : s'emparer de ces anciens privilèges, et non pas les supprimer ni les détruire ; mais en bénéficier, en faire sa chose, et constituer cette caste égoïste de parvenus, de jouisseurs, de satisfaits, qui, depuis cent ans, sous divers noms, occupent alternativement le pouvoir, changeant de formules gouvernementales, mais conservant toujours les mêmes systèmes, méconnaissant la grande idée révolutionnaire, et mettant leur appétit de jouissance, leur besoin de domination au-dessus des principes, dont ils se servent comme d'un escabeau pour arriver aux affaires publiques, et qu'ils renient le jour où leur ambition est satisfaite.

Ils ont toujours été les mêmes ; les hommes ont changé, mais la duperie est restée, et le peuple a toujours été livré à des flagorneurs et à des intrigants.

Oui, oui, tous ont le même désir égoïste et immodéré du pouvoir, sacrifiant les plus grandes idées, les principes sublimes, flattant pour dominer, se mettant avec le peuple pour s'élever, et essayant le lendemain de briser cet instrument qui a fait leur force la veille.

Devant eux, trois générations de prolétaires ont courbé la tête ; ils ont pris le gouvernement, les uns par ruse, les autres par escalade, tous par le mensonge. Les uns se servant de la force, les autres employant les grandes choses et les grandes idées, mais tous égaux devant cette volonté criminelle de retarder le jour de la justice pour le peuple ; ils ont même poussé le blasphème jusqu'à dire : « Il n'y a pas de question sociale. »

Nous verrons bien !

Cette bourgeoisie, installée à l'Hôtel de Ville, commença par défendre les réunions de districts, par arrêter les colporteurs de journaux sur la voie publique, poursuivant les journalistes, et supprimant leurs feuilles. Elle alla même plus loin : elle demanda à l'Assemblée de voter une loi martiale qui mettait la force armée à la disposition de la Commune ; en cas de troubles, elle était chargée de requérir des troupes, et, après trois sommations, de dissiper les rassemblements par la force.

Robespierre protesta contre ces idées de répression ; il montra les contre-révolutionnaires fomentant des désordres, afin d'amener de sanglantes représailles.

— Le peuple vous demande du pain, dit-il, et on vous propose de lui répondre par les coups de fusil des soldats. Ce ne sont pas des mesures violentes qu'il faut prendre, mais des décrets sages pour découvrir la source de nos maux, pour déconcerter la conspiration, qui, peut-être, dans le moment où je parle, ne nous laisse plus d'autres ressources qu'un dévouement illustre (1).

Malgré ces efforts généreux, la loi martiale n'en fut pas moins votée, cette loi dangereuse qui donnait à chaque municipalité le droit de vie et de mort sur chaque citoyen.

La contagion de la peur gagna même des esprits qui s'étaient montrés d'abord favorables à la Révolution.

Cinq cents congés furent demandés par des membres de l'Assemblée nationale ; deux cents furent refusés, et l'on décida que les motifs de congés seraient formulés publiquement à la tribune par les intéressés (2).

Les nobles qui, à l'ouverture des États Généraux, s'étaient montrés si jaloux de l'étiquette, proposèrent l'égalité du costume pour tous les représentants, afin de ne pas être reconnus à la sortie des séances et de pouvoir bénéficier de la popularité du tiers-état.

Enfin, cette semaine, le duc d'Orléans, sur les

1. *Moniteur.*
2. *Ibid.*

conseils et les instances de Lafayette, partit pour Londres ; son départ fut masqué sous les apparences d'une mission extraordinaire ; mais, en réalité, la cour avait peur des menées de ce parent dangereux, autour duquel se faisait, depuis quelque temps, beaucoup de bruit.

On disait, tout bas, qu'une partie de l'Assemblée avait les yeux sur lui ; les discours de Danton, aux Cordeliers, pouvaient en effet, laisser quelques doutes ; et Mirabeau, en apprenant sa retraite, s'écria avec dépit :

— Il ne vaut pas la peine qu'on se donne pour lui. Il est lâche comme un laquais, et c'est un Jean F... (1) !

Aux Tuileries, la foule se pressait ; on voulait voir le roi, qui se prêtait avec patience à cette curiosité touchante. Le Dauphin courait en liberté dans ces jardins envahis par le public ; on s'écartait sur son passage pour lui faire place, et plusieurs femmes émues l'embrassaient en pleurant. La reine affectait un chagrin qui ne manquait pas de causer du mécontentement ; elle était sombre, et toujours habillée de deuil.

Un écrivain de l'époque nous a conservé le récit intime de la vie du roi aux Tuileries. Le monarque se levait à six heures, faisait sa prière, allait visiter le thermomètre pour savoir le temps qu'il devait faire, embrassait sa femme, ses enfants et déjeunait. Après quoi, il entendait la messe et s'enfermait dans l'atelier provisoire qu'il avait organisé, donnant de la lime et du marteau jusqu'à midi, heure du dîner, qui était toujours très abondant et durait une heure et demie,

1. Ferrières, t. I. liv. IV — *Procédure criminelle du Châtelet.*

souvent plus longtemps ; puis le roi marchait dans ses appartements pour faire la digestion. Il surveillait quelquefois les études des enfants ; on arrivait ainsi à quatre heures. A ce moment, Louis XVI avait l'habitude de goûter, et non pas légèrement, mais d'une sorte de repas copieux composé de viandes froides et des fruits de la saison.

Les réceptions avaient lieu immédiatement après, jusqu'au souper, suivi du petit jeu dans le salon de compagnie ; le roi jouait au billard, souvent contre la reine, qui était de première force.

Au dehors, l'agitation était dans tous les esprits ; dans la rue, la misère et la faim ; à l'extérieur, les dangers s'amoncelaient, des émigrés commençaient déjà à conspirer dans les cours étrangères, préparant la chute définitive de ce roi qui faisait tranquillement ses quatre repas, entre une partie de billard et la réparation d'une serrure, pendant que son trône allait sombrer et que la France était en péril.

Du 22 au 29 octobre 1789.

XXXI

LE PEUPLE. — LA BOURGEOISIE. — LA FAMILLE ROYALE

L'ASSEMBLÉE REPOUSSE LE SUFFRAGE UNIVERSEL. — NOUVELLES PROTESTATIONS DE ROBESPIERRE. — LA THÉORIE EXACTE. — INDIGNATION DE CAMILLE DESMOULINS. — LE CENTENAIRE JEAN JACOB. — DÉTAILS INTIMES SUR LA FAMILLE ROYALE. — AFFECTION DU DAUPHIN POUR BAILLY. — MOT D'ENFANT.

Cette idée égoïste, étroite et bourgeoise dont nous montrions, dans notre dernier chapitre, les empiètements successifs, au début même de la Révolution française, va se manifester, encore une fois, plus arbitraire, plus despotique, plus injuste que jamais. L'Assemblée va maintenir les différences des castes et créer des parias politiques qui ne pourront prendre aucune part aux affaires du pays.

On s'occupa de fixer les conditions de capacité électorale. Deux systèmes se trouvèrent en présence : 1o le suffrage universel, qui était la conséquence normale de l'égalité de tous les hommes, proclamée par les *Droits de l'Homme*, et le cens électoral, qui était la victoire des bourgeois et l'abandon des grands principes au nom desquels on avait remporté les premières victoires contre l'ancien régime.

Déjà, on avait établi la même distinction, en citoyens actifs et non actifs, à propos de l'organisation de la garde nationale ; on allait continuer l'injustice, en chassant du scrutin les citoyens pauvres. Les premières conditions furent admises sans grands débats ; pour être électeur, il fallait être âgé de vingt-cinq ans et domicilié dans le même endroit au moins depuis un an ; enfin, il fut décidé, — et c'est ici que l'iniquité commence, — qu'il faudrait payer une contribution directe, de la valeur totale de trois journées de travail.

Robespierre, que nous trouvons aujourd'hui au premier rang quand il s'agit de défendre la justice et le droit, s'emporta contre cette condition, qu'il écrasa sous le poids d'un raisonnement irréfutable.

— Vous mentez aux Droits de l'Homme, s'écria-t-il. Si celui qui ne paye qu'une imposition d'une journée de travail a moins de droits que celui qui paye la valeur de trois journées de travail, celui qui paye celle de dix journées a plus de droits que celui dont l'imposition équivaut seulement à la valeur de trois ; dès lors, celui qui a cent mille livres de rentes a cent fois plus de droits que celui qui n'a que mille livres de revenus.

Ces paroles si logiques ne purent ébranler le parti pris de la majorité.

Mais ce n'était pas tout. Ceux qui payaient cette contribution de trois journées ne participaient pas directement à l'élection ; ils se réunissaient seulement au chef-lieu de canton ; et là, nommaient les électeurs à raison de un par cent votants ; c'étaient ces derniers élus qui choisissaient les députés. Comme on le voit, c'était l'élection à deux degrés avec tout son cortège de petites ambitions des petites villes mise à la place du grand principe de la souveraineté nationale. Pour être électeur au deuxième degré, on devait payer une contribution de dix journées de travail.

Enfin, pour être élu, il était nécessaire de justifier de la possession d'une propriété foncière et d'un marc d'argent, ce qui équivalait à un payement d'impôt de cinquante livres.

Ces dispositions honteuses ne furent pas adoptées sans d'énergiques protestations, et le député Dupont de Nemours résuma en quelques paroles claires et simples la véritable théorie du droit à l'éligibilité.

— La seule qualité pour être éligible, disait-il, doit être celle-ci : paraître aux électeurs propre à faire leurs affaires. Et, pourrait-on leur dire : Vous croyez à un tel toutes les qualités, tous les talents qui peuvent mériter votre confiance ; il ne les a pas parce que sa contribution directe ne s'élève pas au prix de dix journées de travail. Je pense et j'ai toujours pensé que, pour être élu, on ne devait avoir besoin que d'être choisi.

C'était interpréter, en paroles dignes, les sentiments populaires.

Malgré tout, cette Assemblée s'éloignait chaque jour davantage de son magnifique point de départ ; elle établit un mode de votation que nous résumons en deux mots : élection à deux degrés. Électeurs du premier degré, nommant les délégués qui, eux-mêmes, nomment les députés.

Ces décisions furent accueillies dans le public par une indignation patriotique, qui ne fut pas sans effrayer quelque peu les membres de l'Assemblée.

— Eh quoi ! écrivait Camille Desmoulins (1), dans ce merveilleux langage qui n'a jamais eu d'imitateurs, Jean-Jacques Rousseau, Corneille, Mably n'auraient pas été éligibles !

S'adressant aux députés du clergé :

— Prêtres fourbes, qui avez voté cette loi, leur dit-il, vous ne voyez pas que Jésus-Christ aurait été inéligible et que vous rangez votre Dieu parmi la canaille !

Entre temps, les députés se livraient à des sentimentalités fades, indignes d'une grande Assemblée, dénotant seulement une collectivité d'hommes ayant aux moëlles la peur du peuple et essayant de se faire pardonner les décisions iniques et brutales, par une mise en scène théâtrale et puérile.

Ainsi, le vendredi 27 octobre, un vieillard de cent vingt ans, nommé Jean Jacob, né en 1669, dans les montagnes du Jura, à Saint-Sorlin où il avait été serf, fit demander la permission de visiter l'Assemblée, ce qui fut accordé ; et, à l'arrivée de ce vieillard, tous les membres se levèrent, offrant à Jean Jacob un fauteuil en face du président, et on le fit couvrir, honneur qu'on avait refusé au roi, à l'ouverture des États Généraux.

Ce vieillard, qui était déjà venu à Paris, il y avait cent deux ans et qui s'en souvenait très bien, était sourd et aveugle. Dans un état d'affaiblissement moral extrême, il avait été conduit à Paris par sa fille et un de ses parents (2), qui exploitaient ce phénomène de la longévité humaine comme d'autres exploitent les chiens savants ou les fauves apprivoisés. Logés d'abord

---

1. *Révolution de France et de Brabant.*

2. *Histoire parlementaire.*

au fond du faubourg Saint-Marceau, après la visite à l'Assemblée, les montreurs de Jean Jacob vinrent s'établir dans le quartier du Palais-Royal, où les visiteurs affluèrent dans le petit appartement, laissant chacun l'inévitable pièce blanche. Il fut de mode d'aller rendre visite au vieillard, et les personnages les plus haut placés ne manquèrent pas de faire le pèlerinage. Heureusement pour Jean Jacob, deux mois après, la mort le délivra de ce rôle pénible, qui ravalait la vieillesse au rang des curiosités de la foire.

Aux Tuileries, la vie de la cour est la même, et la famille royale vit dans l'attente des événements qui se préparent.

La reine aurait bien voulu encore tromper le peuple; aussi, paraissait-elle de temps en temps devant la foule qui se pressait toujours dans le jardin du palais, le visage souriant contre son ordinaire. Mais ces éclaircies durent bien peu et Marie-Antoinette renonce à ses hypocrisies ; un jour que les regards des promeneurs ont été plus froids qu'à l'habitude, elle rentre au palais en colère, crispée, déchirant fièvreusement une de ces mantilles de dentelle, qu'elle avait inventées et auxquelles elle avait donné son nom, en s'écriant :

— Non, c'est impossible, il est trop tard ! Le peuple et moi sommes brouillés à mort; que cette canaille reste où elle est !

La reine portait maintenant des toilettes très simples et on n'aurait pas reconnu dans cette princesse à la robe unie avec un seul volant, la fière archiduchesse qui avait mis autrefois à la mode ces gigantesques coiffures représentant des jardins à l'anglaise, des montagnes, des parterres, des forêts. La fureur de la reine pour les plumes devint telle qu'une seule coûtait jusqu'à la somme de cinquante louis.

— Vos charmes cependant, ajoutait bonnement Louis XVI, n'ont pas besoin de parures.

Marie-Thérèse se joignit au roi pour reprocher à sa fille ces extravagances. La reine avait envoyé à sa mère son portrait, où elle était représentée en toilette de bal, la tête ornée de grandes et belles plumes ; Marie-Thérèse le lui renvoya avec un billet qui porte : « J'aurais accepté bien volontiers le portrait de la reine de France, mais il ne m'est pas permis de recevoir celui qui ne représente qu'une comédienne (1) ».

Mais à cette heure, toutes ces folies, ces excentricités de toilette ont disparu.

Les nobles, ceux qui n'avaient pas encore fui à l'étranger, se rendaient aux Tuileries, affectant de mettre des rubans blancs à leurs habits, en haine de la cocarde tricolore que le roi avait lui-même, un jour, été obligé de piquer à son chapeau ; les dames surchargeaient leurs ceintures et leurs coiffures d'énormes bouquets de fleurs blanches.

Le jeune dauphin, très nerveux, très impressionnable, courait dans le jardin, aimé et respecté de cette foule, fondant sur ce frêle enfant des espérances bientôt déjouées par les événements terribles qui allaient se produire. Ainsi, l'on savait que la délicatesse des nerfs du jeune prince était telle, qu'il ne pouvait pas entendre aboyer les chiens auprès de lui ; aussi, le public avait grand soin de chasser du jardin des Tuileries tous les chiens qui venaient à y entrer par hasard. Quand le dauphin s'amusait à faire aller

1. *Mémoires de Soulavie*, t. II, p. 76.

des petits bateaux sur l'eau du grand bassin, les promeneurs formaient le cercle autour de lui, surveillant ses jeux avec des soins attentifs et affectueux (1).

Voilà ce peuple, contre lequel Marie-Antoinette, encore à l'heure qu'il est, essaye d'organiser la guerre civile !

Pourtant ces sorties du prince furent défendues, car, étant très indiscret de sa nature, il répétait souvent des phrases entières qu'il avait entendu prononcer par sa mère, et de là naissait encore une animosité plus grande contre la reine.

Du reste, toute la domesticité de Versailles avait suivi le jeune prince aux Tuileries ; trois sous-gouvernantes, deux premières femmes, un médecin, un précepteur, et huit femmes de chambre étaient toujours à son service.

Les contemporains s'accordent à reconnaître un certain esprit au duc de Normandie. Madame de Campan rapporte qu'un jour, la reine faisant répéter ses leçons d'histoire ancienne à sa jeune fille, celle qu'on appelait Madame, la princesse ne se rappelait plus le nom de Didon, reine de Carthage. Le Dauphin, qui ne la tutoyait jamais, s'écria :

— Mais *dis donc* à maman le nom de cette reine ; *dis donc* comment elle se nommait !

Le Dauphin s'était pris d'une subite affection pour Bailly qui allait aux Tuileries plus qu'il n'aurait peut-être convenu à sa position de maire de Paris. Un jour, Louis XVI venait d'avoir une longue conversation avec Marie-Antoinette, quand Bailly entra dans le cabinet

1 Journaux de l'époque.

du roi ; le duc de Normandie courut vers le maire et l'embrassant, s'écria :

— Dites, mon cher monsieur Bailly, que voulez-vous donc faire à papa ? maman lui dit toujours que vous le mènerez à sa ruine !

Ce mot d'enfant nous révèle l'état de lutte du ménage royal : le roi voulant suivre le courant, la reine résistant, excitant son mari à la révolte qui devait causer sa perte.

Du 30 octobre au 5 novembre 1789.

XXXII

LES EXÉCUTEURS TESTAMENTAIRES DE VOLTAIRE

Discussions sur les biens du clergé. — Le haut et le bas clergé. — Faste du duc de Rohan. — Arrogance d'un évêque. — Les biens du clergé font retour a la nation. — Devons-nous aujourd'hui quelque chose au clergé ? — Coup d'œil historique. — Honteux trafic des indulgences. — Talleyrand. — A qui appartenaient légalement les biens ecclésiastiques ? — Les funérailles des bénéfices. — Colères des dames royalistes.

Depuis deux mois, dans les clubs et les brochures, on discutait sur les biens ecclésiastiques. Eh quoi ! disait-on de toutes parts, l'Etat est dans la misère, il ne trouve même pas à emprunter quatre-vingt millions, et les prêtres possèdent pour plus de deux milliards de biens-fonds, ce qui ne les empêche pas de venir, tous les ans, grever le budget de trente millions que l'État leur paye pour les services qu'ils sont censés rendre !

Ces biens immenses étaient répartis entre dix-huit archevêchés, cent treize évêchés, dix-neuf cent vingt-deux abbayes, treize grandes congrégations, douze cents prieurés, quinze cents couvents, trois mille sept cents cures, deux mille sept cent soixante canonicats, treize cent quatre-vingts dignités, huit cent vingt-huit chapitres.

Lorsqu'on voyait de malheureux curés de campagne n'avoir que cinq cents francs de rente, d'autres vivre d'aumônes, on ne pouvait s'empêcher de se sentir pris de pitié, surtout quand, à côté, des prélats possédaient plusieurs abbayes de plusieurs centaines de mille livres de revenus, vivaient en grands seigneurs, réunissaient, comme le cardinal de Rohan dans son archevêché de Strasbourg, une nombreuse compagnie de jolies dames.

Les Rohans étaient évêques héréditaires de Strasbourg. D'oncle à neveu, ils possédaient à Saverne un véritable palais (1), où l'on dressait 700 lits ; le palais contenait en outre 180 chevaux, 14 maîtres d'hôtel, 25 valets de chambre; en toute saison, on trouve chez lui « de 25 à 30 femmes des plus aimables de la province, et souvent ce nombre est augmenté par celles de la Cour et de Paris. » — Le soir, à neuf heures, il y avait grand dîner, présidé par le cardinal dans son costume princier.

On se souvenait des scandales récents causés par les amours de l'archevêque d'Arles avec Mesdames d'Arlagues et Perrin de Gravaison, religieuses de l'abbaye de Saint-Césaire. Accompagné de l'abbé Bussy, son compagnon de débauches, l'archevêque passait dans le couvent une partie de la journée ; et, la nuit venue,

1. Marquis de Valfon. *Mémoires*, 60. — De Levis, 146.

il faisait sortir, par une porte dérobée, les religieuses qu'il avait séduites et qui ne rentraient que le lendemain matin (1).

On n'avait pas oublié les paroles de Richelieu, quand le régent avait nommé l'abbé d'Auvergne évêque de Tours, évêque encore en fonctions en 1789. — « Il ne pourra jamais, avait dit Richelieu, être évêque que d'une seule ville, qu'il faudra ressusciter pour lui, celle de Sodome (2). »

C'est le cardinal de Rohan qui prenait un bain de lait tous les matins (3).

Il semblait, du reste, que le haut clergé ne fût pas du même ordre que les petits curés, qu'il dédaignait de superbe façon. Preuve, cet évêque qui s'attira une vive réplique d'un de ses subordonnés, à la veille même de la Révolution.

Huit curés de campagne étaient venus trouver cet évêque, dont ils dépendaient ; ils avaient à lui communiquer des affaires de son diocèse. Le prélat les fit attendre toute la matinée dans son antichambre. Enfin, à deux heures de l'après-midi, il consentit à les recevoir.

— Que demandez-vous ? dit-il avec arrogance.

— Monseigneur...

— Allons, allons, je vois à votre mine, fit-il sans même attendre la réponse, je vois que vous êtes des ignorants, et vous ne devez pas connaître les premiers éléments de religion. Vous ne savez même pas combien il y a de péchés capitaux.

1. Taine, *Origines de la France contemporaine*, p. 156.
2. *Journal de l'abbé Dorsanne*, t. III, p. 99.
3. Louis Blanc, t. I, p. 329.

— Il y en a huit, interrompit un des prêtres.

— Et le huitième ? demanda l'évêque étonné.

— Le huitième, c'est le mépris des évêques pour les pauvres prêtres !

Voilà quels étaient les rapports du haut clergé avec les simples desservants en 1789.

Dans les couvents, les supérieurs donnaient un spectacle de même nature. A Clairvaux, dom Raucourt est célèbre par sa galanterie; il ne marche qu'en voitures à quatre chevaux avec un piqueur en avant ; il se fait donner du Monseigneur par ses moines et tient une vraie cour (1).

Chez les religieuses, les désordres sont les mêmes : au couvent d'Origny, près de Saint-Quentin, l'abbesse a une voiture, des chevaux, des domestiques, elle reçoit en visite des hommes et leur donne à dîner dans son appartement (2). Au chapitre d'Ottmarsheim en Alsace, « nos huit jours, dit une visiteuse, se passèrent à nous promener, à visiter le tracé des voies romaines, à rire beaucoup, à danser même, car il venait beaucoup de monde à l'abbaye, et surtout à parler chiffons. » Au couvent de Loutes, près de Sarrelouis, les chanoinesses dînent avec des officiers et ne sont rien moins que prudes (3).

Si les supérieurs et les dames de toute noblesse placés à la tête des communautés menaient vie joyeuse, il n'en était pas de même des malheureux religieux ou religieuses d'un ordre inférieur ; et Michelet a eu raison de flétrir « ces *vade in pace* où souvent, dans

1. Beugnot p. 179.

2. Madame de Genlis. *Mémoires*, ch. VII.

3. De Lauzun. *Mémoires*, 157.

leurs furieuses haines de cloîtres, dans leurs jalousies, leurs amours plus atroces que leurs haines, les moines enterraient leurs frères. » — Aussi quand l'Assemblée s'occupe des biens du clergé et des couvents, un grand nombre de ces malheureux écrit à Mirabeau pour lui exposer la misérable situation de tous ces parias des cloîtres et pour demander justice. — Fort peu savent l'orthographe et une nonne envoie sa lettre avec cette suscription : « *M. le conte de Mirabot, député aux Etatjaynereaux à Parys.* »

Ouvrons ce dossier et copions quelques extraits qui contiennent comme l'écho des plaintes de tant de martyrs (1).

Voici une lettre collective de vingt chanoines réguliers de La Trinité, de la province du Languedoc, qui écrivent :

« Des religieux oseront-ils se dire, loin d'être utiles nous sommes à charge à l'Etat. Ensevelis dans un sommeil politique, nous consommons dans une apathie odieuse les fruits d'un sol que d'autres moines ont l'avantage de cultiver et de défendre, sans qu'il nous soit permis d'être autre chose que des esclaves. »

« Le corps des chanoines réguliers de la Trinité, autrefois réputé utile pour la rédemption des captifs, a subi le sort des choses humaines ; nous ne sommes plus qu'un assemblage d'individus qui mangent, qui

---

1. Le dossier complet de ces lettres est en possession de M. Georges Lecoq qui nous l'a communiqué. Leur authenticité ne saurait être mise en doute ; envoyées à Mirabeau dont elles portent le nom sur l'adresse, elles sont marquées du cachet de la poste. M. G. Lecoq en a publié une partie dans son étude : *les Congrégations religieuses en* 1789 (Paris, 1880).

dorment et qui s'ennuient. Ces rédemptions tant vantées ne sont plus qu'un charlatanisme, moins utile sans contredit que celui des baladins qui déclament sur les places publiques, accréditant leurs drogues pour les débiter au peuple. »

Plus loin :

« Nous autres, inférieurs, sommes encore plus inutiles dans nos cloîtres ; l'étude, l'enseignement, la science y sont totalement négligés ; sans émulation, sans encouragement, sans exemples, nous sommes forcés d'y vivre comme de simples bourgeois, dévorant sans fruit et même avec ennui la substance du pauvre, les aumônes des citoyens et la graisse de la terre ; enfouissant des talents qui, pour être utiles, n'auraient besoin que d'être mis en exercice et que nous n'y mettons pas, faute d'encouragements. »

Toutes les raisons expliquées, les chanoines concluent eux-mêmes : « Notre suppression est donc nécessaire (1). »

Un chartreux envoie un véritable mémoire, et nous y lisons :

« Je voudrais, Monsieur, jeter le voile le plus épais, sur les scènes tragiques dont j'ai été témoin ou que l'on m'a apprises. — Il n'existe aucune maison où il n'y ait des fous, des apostats, et, dans plusieurs autres, des malheureux qui se sont défaits : par exemple à Noyon, Dom François de la Grange s'est jeté à l'eau et s'est noyé ; à Basseville, Dom Philibert s'est pendu ;

(1). Cette pièce est signée : Jule Carcassonne, Leblanc, Moreau, Faumont, Bichon, Sagrestan, (l'ayné), Laubies, Ricors (cadet), Dolène, Auban, Croizet, Savigniac, Delfaut, Vergnes, Gros, Rivié, Metgé, Bonet, Brandeleau, Descamps.

un autre encore dont je vous prie de me faire grâce du nom et de la maison, celui-là n'a pas trouvé d'autre place que l'église où il s'est pendu aussi. Voilà, Monsieur, où conduisent de malheureux religieux, les injustices de Messieurs nos supérieurs.

« Vous croyez peut-être que l'on garde les formalités prescrites par les lois, je veux dire qu'on avertit la justice. Nullement, Monsieur ; on vous dépend le pauvre diable, on le met dans son lit, on le couvre bien ; le lendemain on fait le surpris, bref on dit qu'il est mort d'un coup. Je n'avance rien dont je n'aie été témoin. »

Un vieux prêtre Récollet qui a voulu se soustraire à la vie du cloître, en a été puni par un cruel emprisonnement ; écoutons sa lettre déchirante :

« Monsieur, treize ans de fer et d'une captivité douloureuse, voilà en deux mots ce qu'un infortuné religieux Récollet, âgé de soixante-dix ans, présente à l'intérêt et à la justice de la nation.

« Ces treize ans de fer n'ont fait que succéder à un cachot horrible, infect, plus propre à inspirer le désespoir que la pénitence, à *l'in pace* le plus dur, où mes supérieurs m'avaient plongé en notre couvent de Paris ; j'eus le bonheur inespéré de m'en sauver.

« Errant, fugitif, je m'adressai à Monseigneur de Saint-Germain, ministre d'Etat, je le suppliai de ne point me livrer à mes supérieurs, mais m'assigner une maison pour y faire une pénitence ; une lettre de cachet m'envoya à Mareville, maison de force en Lorraine.

« Mon plus grand crime, aux yeux de mes supérieurs, dans le moment, consistait à m'être soustrait à l'obéissance, pour éviter leurs terribles punitions ; et depuis, malgré des témoignages de bonne conduite, des sollicitations, des soumissions, ils étaient devenus de marbre pour moi.

« On ne cesse de me menacer d'un cachot et de me faire reprendre le chemin de Marville. Peut-être hélas, dans le moment que vous parcourez le peu de lignes qu'une main tremblante vient de tracer, suis-je enseveli dans l'horreur et l'obscurité d'un cachot. Oh ! Monsieur, je vous conjure, au nom de Dieu, et les larmes aux yeux, daignez, je vous supplie, avoir compassion d'un malheureux vieillard, pour lui obtenir la protection de la nation que j'implore et que je réclame, entre les mains de laquelle je remets mon triste et malheureux sort. »

Cette plainte douloureuse d'un forçat du cloître est signée : *F. André Viart*, religieux Récollet, prêtre.

Les religieuses ont aussi fourni leur contingent de plaintes dans le douloureux dossier adressé à Mirabeau ; le style est moins clair, l'orthographe souvent absente, mais les idées aussi fortes et vigoureuses.

Contentons-nous de ce seul extrait d'une lettre d'une vieille supérieure des ursulines de Nancy, la sœur Denoos, qui écrit, à la date du 30 novembre 1789 :

« Vous êtes, Monsieur, le restaurateur de la liberté française, faites-nous la grâce d'être aussi le nôtre ; faites ouvrir ces portes derrière lesquelles nous gémissons ; nous vous bénirons, quoique nous disions que non. Nous sommes les malheureuses causes de la mauvaise conduite de la jeunesse qu'on nous confie pour l'élever.

« Si nous n'étions plus cloîtrées, nous ne donnerions plus tant de sandales. Depuis deux mois, deux demoiselles ont été enlevées dans cette ville, l'une chez nous, l'autre au tierceline ; c'est la cousine de M. de Custine, député. Je suis vieille et malade, mais je mourrerais (sic) contente si je voyais mes' compagnes libres. Si vous saviez, mon cher Monsieur, quel est le despotisme des couvents fermés, vous gémiriez sur le sort de toutes ces malheureuses. Celles des religieuses ou des pensionnaires qui sont belles ou jeunes, sont courues (sic) des grands vicaires, ils entrent chez nous, ah! Monsieur, quelle horreur il s'y passe. C'est ma conscience qui vous fait dire tout cela, parce que ce sont deux vicaires qui ont gâté Mademoiselle de Custine du temps de M. de Fontange. Laissez-nous religieuses, mais sans grilles ni verrous.

« Mettez fin à nos malheurs, Monsieur ; ne me répondez pas, ne me vendez pas à l'évêque ; je vous parle comme à un père, soyez le nôtre, et mes derniers souhaits seront pour votre conservation. Si ma lettre était lue, on me refuserait l'absolution ; prenez pitié de moi. »

Un autre prêtre de Grenoble écrivait à Mounier, président de l'Assemblée : — « Sans cesse occupés de réformes et du bonheur public, ne verrez-vous point un jour, Messieurs, la nécessité de nous réformer ?

« Ne verrez-vous pas que nous autres, prêtres, sommes trop puissants, trop riches et trop scandaleux, et que nous avons l'air aujourd'hui de nous être sauvés du sanctuaire avec les richesses qui nous étaient confiées, avec le prix qui nous était donné pour le garder ?

« Ne verrez-vous point qu'ayant entièrement perdu l'esprit de notre état et ne l'ayant visiblement perdu que par la facilité des jouissances que nous y avons trouvées, par l'abus étrange que nous en avons fait, nous avons, dans ce moment-ci, le plus grand besoin d'être rappelés à cet esprit primitif, et d'y être appelés avec célérité ?... »

Cet ecclésiastique si sévère pour ses pareils n'est pas tendre pour les évêques, et il continue :

« Au reste, Monsieur, mes réflexions là-dessus et les vôtres n'empêcheront point que la plupart de nos seigneurs les évêques, qui se disent toujours les dispensateurs des mystères de Dieu, ne gouvernent, comme ci-devant, leurs diocèses de la capitale, au sein des plaisirs et de la noblesse, et que leurs maîtresses soient les dispensatrices des grâces de leurs diocèses(1). »

Au surplus, le clergé lui-même avait de l'état qu'il professait une opinion assez singulière :

On parlait devant un jeune abbé, fier de sa haute naissance, d'un autre abbé appartenant aussi à une grande maison.

— Oui, dit-il, sa famille est bonne, mais cela prêche (2).

Aussi quand, en face de la banqueroute, l'Assemblée entama la discussion de la propriété des biens ecclésiastiques, beaucoup de curés de campagne votèrent contre les prélats et pour le retour de ces biens à la nation.

Après une longue discussion, l'Assemblée décréta le retour des biens du clergé à la nation par 568 voix contre 346 ; ce décret fut rendu le 2 novembre, le jour des Morts, sur la proposition de M. de Talleyrand, évêque d'Autun, sous la présidence de Camus, ancien avocat du clergé de France au parlement de Paris, dans

1. Le comte d'Hérisson. *Autour d'une Révolution* p. 3, 7.
2. *Anecdotes curieuses relatives à la Révolution*, p. 113.

le palais même de l'archevêque. Il était cinq heures du soir.

Voici l'article premier et principal de ce décret fameux :

L'Assemblée nationale déclare que tous les biens ecclésiastiques sont à la disposition de la nation, à la charge de pourvoir d'une manière convenable aux frais du culte, à l'entretien de ses ministres et au soulagement des pauvres sous LA SURVEILLANCE ET D'APRÈS LES INSTRUCTIONS DES PROVINCES.

On remarque certainement les derniers mots de ce décret, qui réserve (chose du reste parfaitement inutile) les droits de l'avenir. Après avoir repris des biens qui lui appartenaient, l'Assemblée déclare que la religion étant un service public, elle payera les ministres du culte tant que les provinces, c'est-à-dire l'ensemble des citoyens, en donneront l'ordre et les instructions.

Eh bien, aujourd'hui, nous qui sommes les provinces, qui sommes la nation, nous demandons qu'on supprime la religion en tant que service public, et nos instructions sont que le budget des cultes soit également supprimé.

Telle est notre volonté. La loi en main, notre droit est incontestable.

Puisque les adversaires de la suppression du budget des cultes parlent aussi de droits, voyons un peu, en passant, d'où venait cette fortune immense que les prêtres défendirent avec acharnement et qu'ils réclament encore aujourd'hui.

Ce ne sera pas du temps perdu (1).

1. Voir notre étude sur *la Séparation de l'Eglise et de l'Etat*, 1 vol. E. Block édit. Paris, 1885.

Pendant les trois cents premières années de son existence, l'Église chrétienne fut pauvre.

A peine protégée par les premiers empereurs chrétiens, la soif de l'or s'empara de ses prêtres, qui se mirent à dépouiller les familles dont plusieurs, très opulentes, furent réduites à la misère. Les scandales devinrent si grands et si nombreux, que l'empereur Valentinien se vit obligé de rendre une loi déclarant nuls tous les legs faits par les femmes à des ecclésiastiques et à des moines.

Quand les Francs envahirent la Gaule, les prêtres trouvèrent moyen de baptiser les vainqueurs et de réclamer la meilleure partie des dépouilles des vaincus. Les évêques se firent même une spécialité de lâchetés d'entremises pour des mariages, de redditions de villes, qu'ils livraient au plus offrant. D'où le mot célèbre de Clovis à propos de saint Martin :

— Saint Martin ne sert pas mal ses amis, mais il se fait payer trop cher.

Les prêtres étaient tellement riches qu'ils menaçaient de s'emparer de la France entière ; c'est alors que Charles Martel les dépouilla pour doter ses soldats ; ils consentirent néanmoins à se prêter à l'usurpation de Pépin-le Bref, son fils, à la condition qu'on leur rendrait une partie de ce qu'on leur avait pris. La conséquence de ce marché fut l'établissement de la dîme sur les biens des seigneurs (1), que les moines, à l'aide de fausses chartes, établirent sur toutes les propriétés (2). Peu à peu, et en joignant le commerce des indulgences aux

1. L'abé Montgaillard, t. II, p. 173.
2. Préface de *l'Anglia sacra*.

faux en écritures publiques, le clergé s'empara une seconde fois de presque tous les biens de l'État (1).

Dépouillés par les Normands, les prêtres continuèrent de trafiquer des choses saintes, vendant le paradis pour acquérir la terre.

Ils en vinrent non seulement à vendre les indulgences pour les péchés accomplis, mais encore pour ceux qu'on avait l'intention de commettre.

Cette taxe était arbitraire jusqu'à Jean XXII ; mais le pape rédigea lui-même un tarif, que le pape Léon X fit imprimer à Rome, le 18 novembre 1514, sous le nom de : *Taxes de la haute chancellerie et de la sainte pénitence apostolique.*

L'adultère, l'inceste, le meurtre, l'assassinat, le parricide, la sodomie et la bestialité avaient leur rémission moyennant un prix que l'on payait d'avance.

Le clergé de Paris fit réimprimer en 1520 cette taxe, et voici quelques prix que nous relevons :

« L'absolution pour celui qui a connu charnellement sa mère, sa sœur, ou quelque autre parente ou alliée........ 6 *livres*

« Pour celui qui a défloré une vierge......... 7 » 4 sols.

« Pour celui qui a tué son père, sa mère, son frère, sa sœur, sa femme, ou quelque autre parent ou allié, laïc néanmoins........................ 6 »

(Si ce mort était ecclésiastique, l'homicide serait obligé de visiter les lieux saints).

« Pour celui qui brûle la maison de son voisin... 6 »

« Pour celui qui révèle la confession d'un pénitent, pour les parjures, les sacrilèges, etc. 4 sols.

« Une absolution pour absoudre tous les crimes. 86 » 10 sols.

Avec la féodalité, nous avons les évêques chasseurs et guerriers, maniant également l'épée et la crosse,

---

1. Thouret.

quittant le casque pour prendre la mitre, et, suivant les jours, tuant et égorgeant les vilains de la même main qui venait de les bénir.

Aux approches de l'an 1000, ils firent croire à la fin du monde et s'emparèrent des biens qui avaient échappé à leur rapacité ; les propriétaires fonciers, troublés dans leur conscience, donnaient leurs propriétés qui ne devaient plus servir à rien, croyant acheter ainsi le salut de leur âme. Le monde ne finit pas en l'an 1000, mais le clergé garda les terres qu'il avait extorquées.

Plus tard, vinrent les croisades ; pendant que les peuples vagabondaient par bandes en Palestine, les prêtres achetaient en France les domaines à vil prix, et ils s'en saisissaient même quand les propriétaires restaient trop à revenir.

Ajoutez à cela les dons des rois, et vous aurez l'origine des biens ecclésiastiques.

Cette origine ne fut pas discutée dans le sein de l'Assemblée, qui voulut s'en tenir aux raisons purement juridiques.

Comme nous l'avons dit, ce fut l'évêque d'Autun, le plus jeune des prélats, qui proposa à l'Assemblée de rentrer dans les biens qui lui appartenaient légalement. Talleyrand-Perigord était un évêque vicieux, débauché, mais de grand talent ; quoique l'aîné de sa famille, il fut placé au séminaire parce qu'il était boiteux ; aussi, montrant sa jambe estropiée, disait-il souvent :

— Voilà ma vocation !

Aux énergiques protestations d'une partie du clergé, on opposa le raisonnement suivant, aussi juste que simple, réponse victorieuse à ceux qui, encore aujourd'hui, prétendent qu'on ne peut supprimer le budget des cultes, parce qu'en 1789 on a confisqué les biens ecclésiastiques.

« Les corps que vous formez, dit-on alors, sont des êtres moraux n'ayant d'existence légale que par la loi. Ils n'ont ni droits, ni propriétés, avant la loi qui leur donne tout, jusqu'à l'existence ; ils ne sont donc que comme elle veut et qu'autant qu'elle veut.

« Mais si la société a le droit d'établir ces êtres moraux, elle a aussi le droit, par conséquent, de les modifier à son gré, d'étendre ou de restreindre la jouissance des effets civils qu'elle a accordée. Or, la faculté d'être propriétaire étant au nombre des effets civils, la loi a pu la conférer ou l'interdire.

« Nous vous supprimons comme êtres moraux.

A qui vont appartenir vos biens ?

Est-ce au corps tout entier ? Il n'existe plus. — Aux membres de la corporation ? Non, leur propriété étant collective, est anéantie par le fait même de la dissolution de la communauté. Les biens n'appartiennent plus à personne ; ils sont vacants ; ils reviennent à l'Etat. »

Voilà ce qui eut lieu.

L'Etat, après avoir créé le corps du clergé comme être moral, le dissout ; les biens redevinrent alors la propriété de la nation, qui rentra en possession de ce qui lui appartenait. Puis il consentit à prendre momentanément, et tant que les provinces y consentiraient, à sa charge, l'entretien des ministres du culte. Nous demandons aujourd'hui que les provinces retirent leur consentement.

Notre droit est indiscutable.

Ce principe, qui mettait le haut clergé tant en fureur, n'était pas nouveau, puisqu'il était déjà reconnu en Russie, en Angleterre, en Hollande, en Pologne et en Allemagne.

Après le vote de l'Assemblée, on distribua dans Paris l'écrit suivant (1) :

MM.

Vous êtes priés par MM. Mirabeau, Chapelier, Touret et Alexandre de Lameth, d'assister au convoi, service et enterrement du très haut, très puissant et magnifique seigneur CLERGÉ, décédé en la salle de l'Assemblée nationale, le jour de la fête des Morts 1789.

Il passera devant la Bourse et les caisses d'escomptes, qui lui jetteront de l'eau bénite.

MM. les abbés Siéyès et Maury suivront le deuil en grands pleureurs ; M. l'abbé Montesquiou prononcera l'oraison funèbre ; le *De profondis* sera chanté en faux-bourdon par les dames de l'Opéra, qui seront revêtues de leurs habits de veuves.

Le deuil se réunira chez M. Wockez, où les créanciers de l'Etat et surtout les agioteurs (M. l'évêque d'Au... en tête) sont priés de se rendre.

Le vote du 2 novembre 1789 n'eut pas lieu, comme on pense, sans de bruyantes protestations du clergé ; les cris de cette fraction de l'Assemblée étaient si forts qu'une femme du peuple qui assistait à une des séances, s'écria avec sa franchise un peu rude :

— Messieurs, on veut vous raser, mais si vous vous remuez autant, vous vous ferez couper, et ce serait dommage (2).

Des dames de haut rang étaient même venues en assez grand nombre ; elles se tenaient si mal et poussaient de tels éclats de rire quand les orateurs parlaient contre le clergé, qu'un député se tourna vers elles en disant :

1. Journaux du temps.
2. *Journaux du temps.*

— Mesdames, si vous continuez, vous finirez par nous ramener la guerre civile.

Les spectatrices mondaines applaudirent de plus belle pour railler le député.

Le président fut obligé d'intervenir.

Un spectateur malin s'écria :

— La guerre civile ! Ces belles dames la voudraient bien, elles espèrent qu'elles seraient violées (1).

L'injure était sanglante, mais bien méritée.

En sortant, l'évêque de Châlons qui avait prononcé un long discours en faveur des biens, discours qui avait été fait par du Rosoi, l'auteur des livrets d'opéra-comique, disait à deux de ses collègues ayant voté avec la majorité :

— Messieurs, vous êtes les exécuteurs testamentaires de Voltaire !

Le mot est joli et il est vrai.

1. *Anecdotes sur la Révolution.*

Du 5 au 12 novembre 1789.

XXXIII

INTRIGUES DE MIRABEAU

Les chevaux au manège. — Propositions de Mirabeau. — Ses intrigues avec la cour. — Mot de Marie-Antoinette. — Mirabeau amoureux de la reine. — Les passions de Mirabeau. — Ses dettes. — Marché entre Louis XVI et Mirabeau. — Les comédiens politiques.

Le 9 novembre, les aménagements de la nouvelle salle des séances de l'Assemblée étant terminés, les députés quittèrent l'évêché pour aller au Manège.

Des esprits facétieux firent placarder l'affiche suivante, devant laquelle des passants s'arrêtaient en grand nombre, et formaient des attroupements :

LES CHEVAUX AU MANÈGE

Le Pétulant............	*Mirabeau*
L'Ombrageux............	*Clermont-Tonnerre.*
La Rusée...............	*L'abbé de Montesquiou.*
La Coléreuse...........	*L'abbé Maury.*
La Nonchalante.........	*Boisgelin.*
La Terrible............	*Le duc du Châtelet.*
L'Inconstant...........	*Le comte d'Entraigues.*
Le Rétif...............	*La Luzerne.*

Le Mignon................	*Le duc de Coigny.*
Le Joyeux................	*Le chevalier de Boufflers.*
L'Intrépide..............	*L'abbé Grégoire.*
Le Rhinocéros............	*Moreau de Saint-Méry.*
La Somnambule............	*Cazalès.*
L'Impayable..............	*Alexandre Lameth.*
Le Foudroyant............	*Thouret.*
L'Heureux................	*Bailly.*
L'Indocile...............	*Target.*
Le Bon...................	*Rabaud Saint-Etienne.*
L'Intraitable............	*D'Espréménil.*
Le Sur...................	*Malouet.*
Le Chancelant............	*D'Aiguillon.*
Le Beau..................	*Le prince de Poix.*
Le Superbe...............	*M. de Montesquiou.*
L'Etonnant...............	*Barnave.*

Les journaux ne voulurent pas naturellement demeurer en reste, et quelques-uns publièrent une sorte d'annonce de spectacle en ces termes :

« Les grands COMÉDIENS DE LA SALLE DU MANÈGE donneront aujourd'hui le *Roi dépouillé*, ancienne pièce redemandée.

« La seconde pièce sera l'*Honnête criminel*, en deux actes et en prose d'Etats Généraux, laquelle vaut bien les vers.

« M. DE MIRABEAU remplira le principal rôle ; son confident sera l'étonnant BARNAVE, jeune homme de la plus grande espérance. »

C'est au milieu de ces inoffensives plaisanteries que l'Assemblée continua ses travaux dans la nouvelle salle qui, quoique plus convenable et plus commode que celle de l'archevêché, ne pouvait entrer en comparaison avec celle de Versailles. La nouvelle salle formait un carré long et très étroit, sans aucun ornement. La voûte, mal façonnée et garnie de corniches, au lieu de répercuter la voix, l'obstruait au contraire (1) ; on crut

---

1. *Anecdotes du Règne de Louis XVI*, t. VI, p. 324.

pouvoir remédier à cet inconvénient en plaçant la tribune au milieu, mais ce fut en vain ; même dans les rares moments où les députés et les tribunes observaient le silence, les voix les plus fortes avaient peine à se faire entendre de toute la salle.

Jusqu'ici les ministres, pris en dehors de l'Assemblée assistaient aux séances quand ils le jugeaient convenable, répondaient quand on leur adressait des questions ou quand ils avaient une communication à porter, mais ils n'étaient pas députés.

Mirabeau, à la suite d'intrigues que nous allons raconter, rêva le pouvoir et entrevit pour lui la possibilité de remplacer Necker ; mais une situation de ministre muet ne convenait pas à ce grand orateur, dont l'éloquence entraînante était un des moyens sur lesquels il comptait pour asseoir et maintenir sa puissance de ministre.

Aussi, dans la séance du 6 novembre, il proposa que les ministres fussent admis dans l'Assemblée avec voix consultative.

Les ennemis de Mirabeau, devinant ses intentions, soupçonnant ses intrigues avec la cour, combattirent cette motion ; quelques uns proposèrent même que les ministres ne pourraient jamais être pris dans le sein de l'Assemblée dont ils étaient membres. A cette proposition, chacun comprit contre qui elle était dirigée. Une grande partie des députés se tourna vers Mirabeau, et un sourire railleur passa sur les lèvres des représentants ; un spectateur des tribunes alla jusqu'à crier :

— A toi, Mirabeau ! voilà ton ministère qui craque !

Mirabeau voyant ses plans déjoués, prit le parti de se défendre en cachant les raisons personnelles derrière des arguments généreux de justice et de raison ; il était sur un terrain difficile, il le sentit si bien qu'il crut devoir terminer son discours par une pointe railleuse :

— Voici donc l'amendement que je vous propose, dit-il : c'est de borner l'exclusion demandée à M. de Mirabeau, député des communes de la sénéchaussée d'Aix (1).

L'Assemblée n'en décida pas moins que nul député ne pourrait faire partie du ministère.

Ce fut là une excellente mesure à laquelle il faudra revenir quand on voudra établir la dignité et la stabilité gouvernementales. L'histoire parlementaire nous apprend, en effet, que les députés ne font trop souvent de l'opposition aux ministres que dans l'espoir de les remplacer un jour. Décider que les ministres seront pris en dehors des assemblées ou que les députés qui accepteront des portefeuilles seront obligés de donner leur démission avec impossibilité de réélection durant toute la législature, c'est assurer la stabilité des ministères et la dignité des oppositions.

Ce ne furent pas là les motifs qui déterminèrent l'Assemblée nationale, qui voulut seulement infliger un échec à Mirabeau.

Mirabeau, blessé dans son amour-propre et dans ses ambitions, n'en continua pas moins à faire des avances à la cour, avec laquelle depuis plus de trois mois il avait entamé des négociations (2).

Nous avons déjà raconté comment Mirabeau avait sollicité une entrevue de Neker, qui l'avait reçu avec

1. *Moniteur.* Séance du 7 novembre 1789.
2. Tous les détails relatifs aux intrigues, aux pourparlers, aux démarches de Mirabeau et de la cour sont empruntés à la correspondance de Mirabeau et du comte de La Marck publiée par Bacourt.

tant de hauteur insolente, qu'en s'en allant Mirabeau dit à Malouet :

— Je n'y reviendrai plus, mais ils auront de mes nouvelles.

La moitié de cette promesse seule devait se réaliser. La cour, après avoir compris à quel adversaire redoutable elle avait affaire, accepta de nouveau d'entrer en pourparlers avec le terrible orateur, et ce dernier, pressé par des besoins d'argent, « y était revenu. »

Tout d'abord, Marie-Antoinette, opposée à ces négociations, répondit au comte de Lamarck, qui lui parla le premier d'acheter la conscience du tribun :

— Non, je ne veux pas. Nous ne serons jamais assez malheureux, je suppose, pour être réduits à descendre jusqu'à Mirabeau !

Plus tard, elle devait descendre bien plus.

Malgré ces entrées en matières peu engageantes, les négociations continuèrent cependant ; Mirabeau avait besoin de la cour, il se sentait attiré vers elle par l'appât du luxe et des jouissances.

On a prétendu que Mirabeau, amoureux de Marie-Antoinette, aurait voulu sauver la couronne de Louis XVI, afin de jouer le rôle galant autrefois rempli par Mazarin auprès d'Anne d'Autriche. Cette fable doit être repoussée, c'est une accusation formulée sans preuves ; Mirabeau avait du reste des appétits des sens qu'une reine de France, quelle qu'elle fût, n'aurait pu rassasier. Il fallait à Mirabeau les désordres de la débauche la plus effrénée, les franches lippées avec tout ce que les excès ont de plus violent ; il lui fallait des jouissances d'une vivacité anormale pour satisfaire ce gros corps de taureau qui en avait la force et aussi les affections sensuelles. On aurait dit que la nature, en donnant à Mirabeau les envolées géniales de l'esprit, avait, par un contraste étrange, placé dans son cœur les désirs et les besoins immodérés des passions.

Or, pour assouvir ces besoins, pour contenter ces désirs, pour venir à bout de ces passions, Mirabeau avait besoin d'argent, de beaucoup d'argent, et il était pauvre.

La pauvreté fut la cause de la vénalité de Mirabeau.

En arrivant aux Etats Généraux, il avait déjà des dettes, qui s'accrurent et se multiplièrent ; il devait à des maîtresses, dont il avait récompensé les faveurs avec des lettres de change impayées ; il devait à des maris, qui lui avaient vendu, à haut prix, leurs femmes ; il devait à des proxénètes, on devine pourquoi ; il devait même, depuis dix-sept ans, ses habits de noce, à une dame Anne Poittevin, dont il calma les impatiences en lui disant :

— Attendez encore, je vais pouvoir vous payer, je vais être ministre.

Être ministre ! tel était son rêve ; non pour les honneurs, en ayant plus qu'il n'en voulait, mais pour les avantages pécuniaires qu'il pouvait en retirer, et qui lui étaient indispensables pour éteindre ces dettes nombreuses, le poursuivant de toutes parts.

Il se mit donc en relation avec les ministres de Louis XVI, offrant de vendre son concours et disant au comte de Montmorin, le ministre ultra-royaliste :

— L'Asssemblée est un âne rétif, qu'on ne peut monter qu'avec beaucoup de ménagements ; je la connais, je me charge de la conduire à votre gré, si vous le voulez.

On commença par lui offrir une ambassade à Constantinople, puis en Angleterre : ce n'était pas assez pour cette âme dévorée d'ambition ; ce n'était pas assez pour ce génie d'activité, dont le superbe talent avait besoin des grandes résistances de l'Assemblée pour les vaincre par ses discours, et l'on ne sait ce qu'il faut admirer le plus, ou de l'audace du mercenaire ou du talent admirable de l'orateur.

Louis XVI montra d'abord quelque répugnance à entamer un pareil marché ; mais bientôt les circonstances devenant de plus en plus difficiles, il fut obligé d'arriver à composition.

— Il vient donc à nous, le lion populaire, dit-il à M. de Montmorin ; prenons garde de nous laisser manger.

— N'ayez aucune crainte, répondit le comte, ce n'est pas un lion, comme on le croit ; c'est tout au plus un dogue furieux dont nous viendrons à bout avec une muselière d'or.

Combien paya-t-on Mirabeau ? Voilà ce qu'il serait difficile de préciser. Ce qui est certain, c'est qu'il dut recevoir des sommes importantes ; et nous n'en voulons pour preuve que la note suivante, trouvée, après la mort de Mirabeau, dans ses papiers, note écrite en entier de la main de Louis XVI.

Le roi donne à M. de Mirabeau la promesse d'une ambassade ; 1° cette promesse sera annoncée par Monsieur *lui-même à M. de Mirabeau. 2° Le roi fera sur-le-champ, en attendant l'effet de cette promesse, un traitement particulier à M. de Mirabeau de cinquante mille livres par mois. M. de Mirabeau s'engage à aider le roi de ses lumières, de ses forces et de son éloquence dans ce que* Monsieur *jugera utile au bien de l'État et à l'intérêt du roi, deux choses que les bons citoyens regardent, sans contredit, comme inséparables ; et, dans le cas où M. de Mirabeau ne serait pas convaincu de la solidité des raisons qui pourraient lui être données, il s'abstiendra de parler sur cet objet* (1).

Combien de temps dura cette pension ? Nous l'ignorons encore et les documents certains manquent à cet égard.

Toujours est-il que dans le moment même où il trafiquait ainsi de sa conscience et de son talent, il prononçait à la tribune de l'Assemblée des discours pleins de flamme patriotique, parlait en termes élevés des sentiments honnêtes, des vertus publiques et privées.

Oh ! comédiens politiques ! voilà bien comme vous êtes tous ! Sans foi et sans convictions, vous commencez par flatter la masse, dont vous vous servez pour arriver au pouvoir, afin de vendre plus cher une conscience qui appartient au plus fort enchérisseur ; vous mettez à l'encan votre duplicité et vos décisions ! véritables tabarins de la tribune, vous employez une éloquence remarquable à stigmatiser bien haut les actions odieuses que vous commettez en vous cachant, et vous parlez bien fort, pour qu'on ne croie pas que vous puissiez vous rendre coupables des infamies que vous flétrissez ! C'est de cette façon que l'on voit tous les jours des hommes politiques de talent sortir de la pauvreté honorable à l'aide de marchandages dont leur conscience est le prix ; c'est ainsi que nous assistons à ce spectacle de mandataires du peuple trafiquant de leurs mandats et trahissant la République, le jour même où ils font l'apologie de la démocratie, du haut de la tribune de nos assemblées !

1. Droz. *Histoire du règne de Louis XVI*, t. III. Droz affirme que ce traité fut écrit et fait en double par Monsieur lui-même.

Quand donc, peuple, cesseras-tu de te laisser tromper par les belles paroles, par les phrases vaines, les discussions creuses et les grands discours ? Quand donc arracheras-tu les masques ? Quand donc feras-tu une distinction entre ceux qui te servent et ceux qui te dupent, entre les républicains et les vendus ?

Peuple, méfie-toi de ceux qui ne savent pas rester pauvres !

Ce fut l'appât du gain, le désir du lucre qui entraîna Mirabeau.

Mais, comme nous l'avons vu, l'Assemblée brisa entre ses mains, par un vote prudent, cet instrument de pouvoir qu'il s'était dès longtemps forgé.

Il n'était pas homme à s'arrêter devant un échec, si terrible fût-il, et nous le verrons renouer ses intrigues, continuer à exploiter son génie.

Du 12 au 19 novembre 1789

XXXIV

NOUVELLE DIVISION DE LA FRANCE

Division des provinces en départements. — L'auto-
nomie communale. — Mirabeau et les médecins. —
Les sans-culottes. — Les grossièretés de l'abbé
Maury. — Sa brutalité. — Mœurs du temps. —
Les poissardes au théâtre.

Cette semaine, l'Assemblée s'occupa d'arrêter pour tout le royaume une nouvelle division qui donnât à la France cette unité momentanément nécessaire pour anéantir à jamais les privilèges et les abus enracinés dans chaque province. L'Assemblée ayant détruit l'ancien ordre des choses, devait, à sa place, organiser une France nouvelle capable de traverser les grandes crises que l'on prévoyait et qui ne devaient pas tarder à éclater.

Ainsi, la royauté avait dominé un pays divisé de toutes façons et suivant les diverses fonctions générales qui le constituaient. Au point de vue politique, la France était divisée en trente-six provinces : au point de vue financier, en généralités ; au point de vue civil, en intendances ; en gouvernements, suivant l'ordre militaire ; en divers diocèses sous le rapport religieux, et en bailliages et sénéchaussées sous le rapport de l'administration judiciaire. Chacune de ces divisions renfermait des abus invétérés, donnait place à des despotismes nombreux ; à chaque pas, le peuple trouvait un petit tyran prêt à abuser d'une autorité de fait et d'un pouvoir sans contrôle. Aussi, l'Assemblée voulut faire passer le niveau égalitaire sur ce morcellement, et, à la place de ces petites souverainetés multiples, ne former qu'une grande nation, unie, indépendante, libre, forte : la France.

On partagea la France en quatre-vingts parties qui prirent le nom de départements, du verbe *départir*, partager, distribuer. Chaque département fut divisé en un certain nombre de districts, qui devaient, quelques mois plus tard, prendre le nom d'arrondissements ; ces districts furent divisés à leur tour en cantons et les cantons en communes. Ce fut, on le voit, la création, de toutes pièces, de l'organisation administrative actuelle, que créèrent les députés de l'Assemblée nationale.

Certes, cette organisation, empreinte de la petitesse de vue de la bourgeoisie, est sujette à de nombreuses critiques ; on peut lui reprocher principalement d'avoir sacrifié la vie municipale dépendante un peu partout de l'État ; d'avoir supprimé surtout les libertés communales ; mais il ne faut pas oublier que ce n'était là qu'un premier travail, devant, dans la pensée même de ses auteurs, subir les modifications et les transformations qu'apportent inévitablement le temps et l'expérience. Pourtant, les circonstances ont eu beau changer, les difficultés s'aplanir, la situation communale est demeurée la même. On est allé jusqu'à la confiscation de la liberté d'agir de la commune, et, quand la centralisation n'aurait dû être qu'un accident utile, nécessaire, mais passager, on en a fait un principe d'administration, paralysant l'effort des individus et la liberté des citoyens dans la commune soumise à la tutelle du pouvoir.

L'individu libre dans la commune libre et la commune libre dans l'État libre, voilà ce que nous réclamons comme conséquences des droits de l'homme.

Qu'on nous permette un mot d'explication à ce sujet.

L'individu libre, c'est-à-dire ayant le pouvoir d'exercer et de jouir de son droit de penser, d'écrire et de s'associer.

La commune libre, c'est-à-dire indépendante de l'État et du département, quand il s'agit de questions purement municipales, ne subissant aucun arrêt, aucune entrave, ni une gêne quelconque du pouvoir central quand, seuls, ses intérêts particuliers sont en jeu.

Cela est juste, logique et raisonnable, et c'est pour cela que tous les pouvoirs égoïstes et despotiques s'y sont opposés et usent contre ces principes leurs dernières forces de résistance.

Pendant des discussions qui avaient précédemment agité l'Assemblée (1) et presque en face de Mirabeau, dont nous avons parlé dans nos précédents chapitres, s'élevait, du côté droit, un orateur royaliste, ardent, fougueux, passionné, quelquefois trivial, mais toujours

---

1. Remarquons en passant que c'est dans une de ces séances, celle du mercredi 18 novembre, que se posa inutilement la question de savoir à quel chiffre il convenait de fixer le nombre des membres des assemblées législatives. Robespierre demanda que ce nombre fût au moins de mille, persuadé, dit-il, que plus les assemblées seront nombreuses, plus l'intrigue aura de peine à s'y introduire.

énergique et courageux, l'abbé Maury. Mirabeau trouva en lui un rude adversaire lui donnant la réplique soit à la tribune, soit dans le sein même de l'Assemblée.

Durant les séances consacrées aux discussions de la division territoriale de la France, l'Assemblée eut à recevoir une députation de médecins, venant faire une réclamation sans grande importance. L'huissier de service, ou le *famulus*, comme on disait à cette époque, ne savait où placer la députation.

— Placez-les de notre côté, dit l'abbé Maury, ce sont de braves gens.

Le famulus obéit.

— Vive Dieu ! s'écria Mirabeau, la victoire nous restera, les médecins se rangent du côté de nos ennemis.

Ce jour-là, les rieurs furent pour Mirabeau.

L'abbé Maury, libre dans son langage, s'adressait volontiers à la foule qui garnissait les tribunes ; un jour comme il prononçait un discours, un groupe de femmes couvrait sa voix par ses conversations. Maury interrompit sa harangue en s'écriant :

— Silence, là-bas, aux sans-culottes !

Le mot eut beaucoup de succès, les patriotes des clubs l'adoptèrent et en firent un synonyme de civisme.

L'abbé Maury, du reste, débraillé d'allures et de propos, ne reculait pas devant les comparaisons un peu grasses. Comme on sortait d'une séance, un des membres de la droite parlait contre la nouvelle division du pays, la critiquant parce qu'elle n'était pas naturelle et qu'on devait, disait-il, montrer partout le naturel dans les opérations.

— Votre raison ne vaut rien, lui dit l'abbé Maury.

— Comment ?

— Évidemment non !

— Mais encore ?

— Vous prétendez, n'est-ce pas, que l'on doit montrer le naturel au grand jour dans les grandes opérations ?

— Oui.

— Eh bien ! non, car tenez mon c.. est très naturel et je ne le montre pas à la tribune de l'Assemblée.

Ce propos bas et grossier indique quelle était l'allure singulière de ce député de grand talent, détesté de la foule, mais qui ne craignait pas de la braver et lui imposait une sorte de réserve par ses manières délibérées et hardies.

Un jour, il sort de l'Assemblée ; en passant sous les galeries, il entend derrière lui dans un groupe :

— Voilà un calotin !

Il rebrousse chemin et s'adressant au groupe, il demande quel est celui qui l'a appelé calotin. Personne ne répond.

— C'est vous ? demande-t-il à un des assistants.

Celui-ci s'excuse ; néanmoins, l'abbé l'empoigne au collet et veut le faire arrêter ; mais le garde auquel il s'adresse s'y refuse, exigeant un ordre. Maury se fait alors justice lui-même, et donne une véritable volée de coups de poing à l'homme qu'il soupçonnait.

Le sang-froid était une des qualités de ce personnage étrange. Poursuivi une autre fois par un groupe d'hommes et de femmes qui l'avaient injurié et, fort en colère, criaient derrière lui :

— A la lanterne !

— Allonc donc, dit-il, vous n'y verriez plus clair, puisque vous dites que je suis un éteignoir.

Et, pendant qu'on se répétait le mot, il parvint à s'échapper par le couloir d'une maison à deux issues.

Du reste, les mœurs du temps étaient particulières

et méritent d'être connues, à cause même de la différence qu'elles représentent avec celles d'aujourd'hui.

Par exemple, pour savoir à quelle classe appartenait celui qui avait une voiture, on n'avait qu'à écouter l'ordre qu'il donnait au cocher en sortant du théâtre (1).

Au Marais, on disait.	*Au logis.*
Dans l'île Saint-Louis	*A la maison.*
Au faubourg Saint Germain . . .	*A l'hôtel.*
Dans le faubourg Saint-Honoré . .	*Allez !*

Les poissardes, elles, y mettaient beaucoup moins d'apparat ; elles allaient au théâtre à pied et poussaient même la bonhomie jusqu'à inviter le roi et la reine.

Ainsi, on donnait au théâtre de Monsieur une pièce intitulée *le Souper d'Henri IV* ; des dames de la Halle, ayant résolu d'y assister, formèrent, dans l'après-midi, une députation pour aller inviter Leurs Majestés à venir au spectacle. Le roi était en conseil, la reine au jeu ; l'invitation fut naturellement refusée.

Mais les dames de la Halle mises en bonne humeur par une longue station dans un restaurant, arrivèrent très bruyantes au théâtre. La pièce commença ; le premier acte se terminait par des couplets dans lesquels on buvait au roi.

— On boit au roi ! mais nous en sommes, s'écrièrent les poissardes.

Elles escaladèrent la scène, firent apporter du vin vieux cacheté et burent avec les acteurs, répétant le refrain en chœur. Une d'elles dansa même un menuet avec un acteur alors aimé du public, nommé Paillardel,

1. *Tableau de Paris.*

et la pièce se termina au milieu d'une ronde générale (1).

Telles étaient les mœurs du temps, qui ne devaient pas tarder à changer de caractère, de façon si complète.

---

1. Journaux.

Du 19 au 26 novembre 1789.

XXXV

L'EUROPE ET L'ARMÉE FRANÇAISE EN 1789

Les cardinaux et les biens ecclésiastiques. — Les écrits français proscrits dans les Deux-Siciles. — L'ambassadeur de Naples et les avocats. — La Chine et la Révolution française. — La Prusse, l'Autriche, la Russie, l'Angleterre et la France. — Pitt. — Effectifs militaires de la France en 1789. — Fraude.

Cette semaine est consacrée par l'Assemblée aux discussions des mesures financières proposées par Necker.

Pendant ce temps, arrive de Rome la nouvelle que la congrégation des cardinaux, après avoir examiné les décrets de l'Assemblée nationale relatifs aux ecclésiastiques, a aprouvé ces décrets par un bref formel, mais en ajoutant cette clause prudente : *Pour le présent*.

L'exemple donné par la France était contagieux puisque la diète de Pologne discutait, elle aussi, à ce moment, la question des biens du clergé, biens qu'elle désirait faire revenir à l'État. Le pape, en même temps qu'il notifiait le bref des cardinaux à la France, adressait un puissant appel aux maréchaux de la diète, les priant de ne pas recourir aux mêmes mesures que, seuls, les événements extraordinaires avaient obligé la France à prendre.

L'Europe tout entière était secouée par la crise que traversait la France ; les déclarations des représentants des communes, les discours des députés trouvaient un écho dans tous les pays monarchiques dont les sujets se sentaient pris par la fièvre de la liberté, en suivant avec une assiduité étonnante la marche des événements qui se déroulaient à Paris. Les rois commencèrent par s'émouvoir, et la cour de Naples, craignant l'influence des idées françaises dans les Deux-Siciles, priait, le 23 novembre, la cour de Rome de n'accorder des passeports pour ses États qu'à « des Français de premier rang ou, du moins, d'une profession paisible qui garantisse leur caractère ».

L'ambassadeur napolitain se rendit même auprès du délégué aux affaires étrangères de Rome pour lui recommander de veiller avec un soin spécial à l'exécution de ces ordonnances.

— Voyez-vous, disait l'ambassadeur, ces idées de liberté qui nous viennent de France sont comme des taches d'huile, elles se répandent toujours et ne s'enlèvent jamais plus.

— Je comprends bien, répondit le cardinal romain, mais qu'entendez-vous par « professions paisibles » ?

— Ceux qui ne s'occupent ni par goût ni par métier de penser ou d'écrire.

— Alors il faudra refuser le passeport aux médecins, aux savants, aux mathématiciens ?

— Oui, et aux écrivains en général.

— Et les avocats ?

— Oh ! ceux-là, fit l'ambassadeur, sont les premiers proscrits ; ne nous en envoyez aucun pour n'importe quel motif ; ils ont toujours des raisons excellentes pour faire des émeutes et des révolutions ; ils renversent les trônes en parlant, et ils se feraient couper la tête plutôt que de se taire.

Mais, comme si ces mesures n'avaient pas suffi contre les personnes, on défendit l'accès du royaume à tous les ouvrages, écrits ou relations venant de France ou même concernant les événements de la Révolution ; un vieux médecin de Naples, ayant contrevenu à ces dispositions, fut condamné à deux ans de prison pour avoir reçu et propagé une brochure venant de Paris, dans laquelle on racontait les incidents du Palais-Royal.

Presque tous les rois d'Europe prirent les mêmes mesures de sévérité ; il n'y eut pas jusqu'à la Chine, qui ne se sentit menacée derrière sa muraille par ces idées généreuses de la Révolution ; un décret de l'empereur édictait la peine de mort contre ceux qui apportaient dans le Céleste-Empire des papiers ou communicatoons imprimés sur les événements de France ; ce qu'il y a de plus exorbitant, c'est que cette peine rigoureuse fut plus d'une fois appliquée pour des faits de ce genre, et le décret impérial était encore en vigueur plus de dix ans après le 9 thermidor.

Ces terreurs et ces mesures ne pourront arrêter les principes nouveaux. Les idées d'indépendance sillonnèrent, malgré tout, les diverses parties du monde, apportant les ferments de liberté jusque dans les pays les plus éloignés, les contrées les plus reculées, et plus tard, ces idées germeront en dépit des efforts des monarques et des empereurs.

En attendant, la division régnait en Europe entre les rois, mais elle allait cesser peu à peu pour leur permettre de se coaliser contre l'esprit révolutionnaire, qui, parti de Paris, se répandait avec la rapidité de l'éclair, menaçant de tout envahir et de tout détruire.

Le grand Frédéric, l'ami de Voltaire, le roi de Prusse, était mort il y avait bientôt quatre ans, laissant une armée forte déjà de deux cent mille hommes, disciplinés, aguerris et soumis à Frédéric-Guillaume II, qui, un des premiers, va écouter les conseils des nobles émigrés et des français, et se ruer sur les armées composées des fameux conscrits de la Révolution.

L'Autriche avait à lutter à la fois contre les Pays-Bas soulevés, et contre la Hongrie, réclamant ses franchises et les bénéfices que Joseph II mourant était forcé de leur accorder.

En Russie, Catherine II était toute au repentir d'avoir protégé les philosophes qui l'avaient popularisée. Après avoir fait étrangler son mari, cette princesse se fit proclamer impératrice à sa place, grâce aux intrigues de son amant Orloff, qu'elle remplaça bientôt par un jeune officier, Potemkim, qui sut demeurer puissant en multipliant lui-même et en favorisant les intrigues amoureuses de sa maîtresse. L'empire russe luttait à ce moment, et contre Gustave III de Suède, qui remporta de sérieuses victoires, et contre les Turcs, avec qui la guerre ne cessa que pour permettre à la czarine de se préparer contre la France.

En Angleterre, les esprits étaient partagés ; au commencement de novembre, on tenait un meeting dans lequel on approuvait les décisions de l'Assemblée nationale française. Pitt occupait alors le pouvoir ;

homme de grand talent et de grande haine, homme sans cœur, n'ayant qu'un amour : celui de la puissance ; sacrifiant tout à ses désirs d'ambition, et prêt à mettre l'Europe en feu pour rester à la tête des affaires de la Grande-Bretagne, il avait conclu avec la Prusse une alliance qui allait être dirigée contre la France, d'où venait un courant d'indépendance qu'il voulait arrêter à tout prix.

Ce fut au milieu de cette Europe, divisée par tant d'intérêts divers, que retentirent les acclamations du peuple français saluant l'avènement de sa liberté. Tous les monarques agités par l'ambition ou par le désir d'étendre leurs territoires s'arrêtèrent dans leurs entreprises, et tournèrent leurs regards du côté de la France, de cette France menaçant de rompre, en brisant le trône des Capets, cet équilibre monarchique qui existait en dépit des complications internationales.

Aussi, le comte d'Artois et les émigrés furent-ils reçus avec faveur par ces rois, renonçant pour un moment à leurs propres divisions, à leurs querelles de territoire, pour ne songer qu'à l'ennemi commun personnifié, pour les monarques, par ce peuple venant de proclamer les *Droits de l'homme* à la face de ces despotes, qui niaient les droits et ne voulaient voir dans les hommes que des machines destinées à obéir et à se mouvoir au commandement des rois.

Pour répondre aux dangers qui vont bientôt l'assaillir, pour résister à cette formidable coalition qui se forme, quel est, à ce moment (novembre 1789), l'état des forces militaires de la France ?

Il faut donner aussi des chiffres exacts, ce qui n'est pas sans intérêt, surtout si on veut bien considérer la différence que nous avons à signaler entre les chiffres portés sur les états du ministère de la guerre et le nombre réel de soldats sous les armes.

D'après les comptes du ministre, l'armée se divisait en active et en sédentaire, et se décomposait ainsi qu'il suit :

Armée active	Pied de paix	Pied de guerre	Gr. pied de guerre
Etat-major et administration	3.364	3.364	3.364
Infanterie	135.111	156.866	184.184
Cavalerie	36.652	52.154	52.154
Artillerie	11.977	11.977	11.977
Génie (officiers)	339	339	339
Total de l'armée active	187.443	224.700	252.018
Armée sédentaire			
Artillerie (7 régiments provinciaux, 8 compagnies d'invalides	10.468		
Milices	76.000		
Troupes coloniales	15.000	115.077	115.077
Invalides	9.000		
Maréchaussée	4.609		
Total général	302.527	339.777	367.095

Mais comme nous le disions, tous ces chiffres étaient inexacts et ne figuraient que sur les registres et les états du ministre de la guerre qui se faisait payer l'entretien de troupes n'existant que sur le papier et dont le payement servait à cacher des dilapidations et des abus sans nombre.

Ainsi, au moment où nous sommes arrivés, le nombre des troupes réellement sous les armes est presque inférieur de moitié, et on ne compte d'une manière effective que :

Hommes d'infanterie	121.186
Cavalerie	32.920
Officiers de toutes armes	9.378
Total	163.485

D'où une différence de 139,036 hommes entre le chiffre réel et le chiffre fictif.

Il faut ajouter que si nous ne voyons figurer que 9,378 officiers en activité de service, il y en avait en outre vingt-trois mille retraités ou en congé, dont plusieurs touchaient une paie ou des indemnités.

Voilà quel était l'état numérique de notre armée, et nous venons de voir contre quelles forces formidables cette armée allait avoir à lutter. Il fallut le puissant génie de la Révolution pour tenir tête à tant de dangers et pour faire jaillir des entrailles de la France des combattants nouveaux remplis de feu, de courage et de patriotisme, prêts à prendre la devise arborée en tête des *Droits* et à se lancer sur les étrangers avec l'inconsciente résolution de vaincre ou de périr.

Du 26 novembre au 4 décembre 1789.

XXXVI

PENSIONS ET DILAPIDATIONS

Les dettes du comte d'Artois. — Détails sur ce prince. — Ses débauches. — Sa lâcheté. — Lettre du général Charette. — Le Livre rouge. — Les pensions scandaleuses et ridicules. — Le lieutenant de police. — Bandes de voleurs tolérées et patentées. — L'impôt de la lune. — Mot de Chamfort.

Le 28 novembre, l'Assemblée apprit avec stupéfaction qu'elle avait à payer pour la fin du mois de décembre, aux créanciers du comte d'Artois, une somme de deux cent vingt mille livres.

Le comte d'Artois était en train d'implorer l'assistance des rois, qu'il excitait à lever des troupes pour marcher contre la France, et en même temps, il provoquait l'émigration des officiers français. Voilà le moment que l'on choisissait pour faire payer à l'Etat les dettes de ce prince corrompu, dont les sentiments vils et bas étaient connus de tous.

Ils se trouvait à la cour du roi de Sardaigne quand la proposition vint dans l'Assemblée, et sa conduite était telle, ses débauches faisaient tant de bruit à l'étranger, qu'on affichait à la porte du palais du roi ayant donné l'hospitalité à ce prince, le placard suivant, écrit en langue française :

Dites au roi
De dire au comte d'Artois
De laisser nos femelles
Autrement nous lui brûlerons les cervelles.

Le comte d'Artois était alors âgé de trente-deux ans. Tout jeune, mêlé aux orgies de la régence, il avait été tout au moins le spectateur des libertinages crapuleux de son aïeul Louis XV, dont il continuait la corruption ; il était le véritable héritier de tous les vices du roi qui violait les petites filles au Parc-aux-Cerfs. Les années qui précèdent la Révolution sont remplies des scandales du comte d'Artois, dont la vie privée ne pourra jamais être racontée par un écrivain respectant le public, tant elle est ignominieuse, tant elle est hérissée de scandales. Longtemps il fut l'intime de Marie-Antoinette, et nous nous gardons de rapporter, parce que nous ne les croyons pas fondés, les bruits que les royalistes eux-mêmes faisaient alors courir au sujet de cette intimidité trop étroite, qui donna lieu aux commentaires les plus violents de la part des soutiens les plus énergiques de la royauté.

Du reste, ce prince après avoir excité les nobles à prendre les armes contre la France, fut le premier à fuir au moment du danger ; à Quiberon, il se sauva de si honteuse façon, que le général chouan Charette ne put s'empêcher d'écrire au comte de Provence, qui prenait déjà le titre de Louis XVIII, la lettre suivante, si terrible pour la mémoire du comte d'Artois, de sainte et libertine mémoire :

Sire,

La lâcheté de votre frère a tout perdu. Il ne pouvait paraître à la côte que pour tout perdre ou tout sauver.

Son retour en Angleterre a décidé de notre sort.

Sous peu, il ne restera plus qu'à périr inutilement pour votre service.

Je suis avec respect, de Votre Majesté, etc.

CHARETTE.

Tel était l'homme pour lequel le ministère demandait le payement de dettes comme faisant partie des dépenses publiques. La France, quoique le comte eût une fortune énorme et des revenus considérables, devait payer ces deux cent vingt mille livres pour les mois d'août et de septembre seulement. Ce fut sur tous les bancs un cri de protestation unanime.

On ouvrit les yeux sur les abus honteux existant dans ces pensions servies aux nobles ; on apprit alors les choses les plus surprenantes qui se puissent imaginer.

On commença à réclamer contre ces abus consignés dans ce fameux *Livre rouge*, dont on demanda la communication pendant trois mois, et d'où devaient sortir de si étranges révélations, communication qui ne fut obtenue que le 15 mars suivant.

Louis XVI, en donnant ce fameux livre des dépenses secrètes aux commissaires envoyés par l'Assemblée,

posa comme seule condition qu'on ne rechercherait pas
les dépenses du règne précédent ; le petit-fils, par un
sentiment de pudeur bien respectable, demandait
qu'on ne levât pas les voiles recouvrant les ulcères du
règne de Louis XV ; toute la partie ayant trait à ces
dépenses fut mises sous scellés à l'aide de bandes de
papier cachetées.

Le livre relié en maroquin rouge (d'où son nom) se
composait de cent vingt-deux feuillets de papier de
Hollande sortant de la célèbre fabrique Blauw ; en
regardant à travers le papier, en l'exposant à contre-
jour, on pouvait lire, imprimés dans la pâte, ces quatre mots :

Pro patria et libertate

Nous savons ce que la royauté française avait fait
subir à la belle devise du peuple hollandais.

Les dix premiers feuillets contenaient les dépenses
de Louis XV, ils furent scellés ; les trente-deux feuillets
suivants renfermaient les dépenses de Louis XVI, les
autres étaient en blanc.

Le total du 10 mai 1774 au 10 août 1789 se montait
au chiffre de deux cent vingt-sept millions trois cent
quatre vingt-cinq mille cinq cent dix-sept livres ; cette
somme énorme se payait à titre gracieux en dehors
des pensions et apanages.

Sur ce chiffre, les dettes des deux frères du roi, les
comtes de Provence et d'Artois, payées deux fois,
avaient absorbé vingt-huit millions trois cent soixante-quatre mille deux cent onze livres.

On sut que les autres princes et princesses du sang,
en dehors de leurs revenus personnels, très considérables, touchaient une pension annuelle de deux

millions cinq cent cinquante mille livres. Quand ces pensions ne suffisaient pas, les princes contractaient des dettes, on présentait la facture au roi, qui rendait une ordonnance chargeant le Trésor de ces emprunts : l'État payait et les princes recommençaient.

La maison de Noailles, à elle seule, touchait deux millions de pension. Le duc de Polignac, le mari de l'amie de la reine, avait cent vingt mille livres annuelles pour ses menus plaisirs de boudoir ; il faut dire que le roi avait donné au duc le magnifique domaine de Fenestrange (1), sans compter la concession d'un droit à percevoir sur tout le poisson se vendant au marché de Bordeaux, et, en outre, un autre droit sur le flux et le reflux de la Garonne et de la Gironde, en vertu duquel il était propriétaire de toutes les épaves que les deux fleuves rejetaient sur les berges durant les inondations malheureusement si fréquentes (2).

Un prince allemand touchait quatre pensions, la première, pour *services rendus comme colonel* ; la seconde, pour *services rendus comme colonel;* la troisième, pour *services rendus comme colonel ;* et la quatrième pour *services rendus comme colonel.*

Une Madame Izarn était inscrite pour 25,980 livres pour *faciliter son mariage en raison des services rendus.*

Le maréchal de Broglie touchait 90,000 livres ; M. de Ségur, 83,000 ; mais il faut dire que ce généreux M. de Ségur avait en outre obtenu dix pensions pour dix membres de sa famille. Au moment de la publica-

---

1. Montgaillard, t. II, p. 146.
2. *Id.* 216.

tion des listes des pensionnés, le maréchal de Ségur protesta, affirmant que ses dix parents étaient dix anciens soldats de l'armée du roi, ayant tous rendu de grands services à la France. Or, après enquête, on découvrit que parmi ces prétendus anciens officiers, se trouvaient quatre demoiselles de Ségur (1).

M. de Coigny, se trouvait inscrit seulement sur ce livre pour 57,000 livres.

Nous voyons à côté des pensions accordées pour des motifs tout au moins ridicules, M. de Fleury, avocat général, touchant une rente de 17,000 livres pour s'être démis de sa place en faveur de son fils ; un coiffeur, appelé Ducrot, ayant une pension de 1,700 livres pour avoir coiffé une fille du comte d'Artois ; or, cette princesse mourut à l'âge de sept mois, avant même d'avoir eu des cheveux. (2).

Nous relevons encore :

50,000 livres à M. Gourdin, pour l'aider à acheter la charge de M. Gaffe ; 60,000 livres à M. Gonnet, pour le mettre en état de payer ses dettes ; 50,000 livres à M. de Vergennes, pour son retour de Suède ; 24,000 livres à la comtesse d'Artois, à titre de simple cadeau ; 78,000 livres à la même pour la naissance de son fils ; 24,000 livres à la même pour son accouchement.

Nous lisons aussi au bas d'une page, 15,000 livres au peuple à titres d'aumônes, à l'occasion de l'entrée du roi à Paris, après son sacre à Reims (3).

Là ne s'arrêtaient pas les déprédations ; tout était prétexte à gaspillage.

1. *Révolutions de Paris.*
2. *L'ami du peuple,* CLIV.
1. Lire le *Livre Rouge* publié par fragments dans le *Moniteur* de 1790.

Le lieutenant de police s'était depuis longtemps créé des pensions sur tout ce qui pouvait être susceptible d'impôts, sur les suifs, sur les huiles, sur les boues, sur les latrines ; des compagnies d'escrocs étaient tributaires du lieutenant de police, qui leur laissait toute liberté de détrousser les gens « sans leur faire de mal, blessures ni contusions », à la condition de payer une redevance mensuelle. Ces escrocs s'étaient de la sorte organisés en bande, agissant sous l'œil bienveillant de la police, et, la nuit, ils arrêtaient les passants attardés qu'ils dépouillaient sans leur faire de blessures, suivant les conventions établies.

A l'époque où nous en sommes arrivés, ces voleurs profitaient des dispositons généreuses du public, et mettaient des formes dans leurs opérations, prenant les dehors du patriotisme. En effet, ils se paraient des qualités d'officiers de la Commune, obligeant leurs victimes à se défaire de leurs bijoux et des valeurs qu'elles pouvaient porter sur elles, sous prétexte d'en faire don à la nation.

Voilà où en était la police à la fin de l'année 1789.

Tous les vices étaient d'ailleurs soumis à l'avidité du fameux policier ; c'est ainsi qu'il avait frappé d'impôts les maisons de joie, où l'on pouvait impunément se livrer à tous les excès. Le lieutenant fermait les yeux, ouvrait les mains et donnait quittance. La lune elle-même ne fut pas à l'abri de cette rapacité et on l'imposa comme le reste. Quand la lune éclairait Paris, le lieutenant donnait l'ordre d'éteindre les réverbères (1) et l'argent provenant de ces économies des quinquets servait à entretenir une courtisane.

1. *Révolutions de France et de Brabant.*

Un ministre était allé jusqu'à assigner une rente de douze mille livres à une de ses concubines, rente qui était prélevée sur le pain des galériens.

C'est cette multiplicité de redevances aussi bizarres qu'odieuses, qui faisait dire à Chamfort, un jour qu'il se promenait avec une dame de ses connaissances sur les hauteurs de Montmartre, et que la dame, respirant à pleins poumons, s'écriait :

— Ah ! comme l'air est bon ici !

— Ne le répétez pas, lui dit Chamfort, si M. le lieutenant de police vous entendait, il mettrait un impôt dessus.

La corruption des puissants, les vices des grands, les turpitudes des nobles étaient si invétérés, qu'ils ne reculaient devant rien pour assouvir leurs besoins de jouissances et pour étancher la soif de passions qui les dévorait ; les abus étaient si nombreux, si enracinés dans cette royauté, qu'ils semblaient indestructibles, et quand on voulut les arracher, on ébranla le sol sur lequel reposait la vieille monarchie.

Toute cette aristocratie, plâtrée de titres, vivait aux crochets de la France ; il a fallu une révolution pour lui faire lâcher prise et cesser cette curée abominable qui durait depuis des siècles.

Du 4 au 11 décembre 1789.

XXXVII

LES ESCLAVES NOIRS ET LA RÉVOLUTION

Les nègres libres demandent leurs droits de citoyens. — Discours d'A. de Lameth. — L'esclavage en 1789. — Coup d'œil historique. — Horrible statistique. — Le Code noir. — Mouvement d'émancipation. — Egoisme des mulatres. — Luttes dans les colonies et a Paris. — Mot de Duport. — Tristes résultats.

Dans la séance du 4 décembre, on revint encore sur la réclamation précédemment présentée par les gens de couleur des colonies qui désiraient aussi avoir leurs mandataires dans le sein de l'Assemblée.

Déjà, le 28 novembre, les nègres libres avaient demandé d'avoir leurs représentants. Notez qu'il n'était encore nullement question des esclaves, laissés de côté comme des êtres dépourvus de jugement ou de raison : il ne s'agissait que des nègres affranchis et des mulâtres.

L'île de Saint-Domingue prenant l'initiative avait, à elle seule, envoyé trente et un députés ; mais ce nombre fut réduit à six par l'Assemblée nationale, qui, très hésitante, mal instruite sur cette question, admit seulement en principe la possibilité pour les mulâtres et les nègres libres de nommer des députés. La solution de cette difficulté, grosse surtout parce qu'on voulait s'éloigner des lois de la justice et du droit, fut renvoyée à plus tard.

Alexandre Lameth s'écriait, dans cette séance du 4 décembre :

— Je suis un des plus grands propriétaires de Saint-Domingue, mais je vous déclare que, dussé-je perdre tout ce que je possède, je le préférerais plutôt que de méconnaître les principes que l'humanité et la justice ont consacrés. Je me déclare, et pour l'admission des sang-mêlé aux assemblées législatives, et pour la liberté des noirs !

Celui qui laissait échapper ce magnifique cri de conscience, devait devenir, quelques mois après, un des adversaires acharnés du droit des nègres.

Avant d'aller plus loin, voyons quelle était la situation de milliers d'hommes d'une couleur différente de la nôtre, mais ayant une intelligence et les facultés de souffrir comme nous, et qui, au-delà des mers, étaient livrés à la rapacité, à la cruauté de quelques colons blancs, et cela, au moment même où la France faisait acte d'adhésion unanime aux Droits de l'homme.

Il est bien entendu qu'il ne s'agit pas ici de se laisser aller à un sentimentalisme fade ni de se livrer à des variations grammaticales sur des motifs divers de sensiblerie ridicule au sujet de monstruosités qui, en dehors des colonies espagnoles et portugaises, ont heureusement disparu à peu près aujourd'hui, grâce surtout à notre Révolution de 1848, qui a eu le grand l'honneur de supprimer l'esclavage, rétabli par un évêque portugais et aboli en grande partie par l'admirable dévouement de Schœlcher, un libre-penseur français ; mais il faut dire quelques mots de cette iniquité qu'on appelait la traite des noirs, à laquelle la Révolution a porté les premiers coups.

Ce furent les Portugais, qui, dès la fin du quatorzième siècle, commencèrent à apporter aux îles Canaries des nègres pour la culture des terres. Le siècle suivant, Ferdinand le Catholique, roi d'Espagne, se livra, pour son propre compte, au commerce de la chair humaine, et Charles-Quint, en 1517, plaça la traite sous la sauvegarde de ses lois ; le pape Léon X approuva ce commerce, et Elisabeth, reine d'Angleterre, l'introduisit dans ses colonies : enfin, Louis XIII l'autorisa dans les possessions françaises d'outremer.

Les premiers colons français qui allèrent chercher aventures dans les îles, étaient, dès le principe, pour la plupart, des hommes sans fortune, à qui l'Etat dut avancer les premiers capitaux pour l'exploitation des terres ; mais, peu à peu, ils devinrent possesseurs de biens considérables et se firent céder des milliers d'arpents de terre, qu'ils faisaient cultiver par les nègres pris sur les côtes d'Afrique tantôt par ruse, tantôt par violence.

Un esclave fort et bien constitué rendu en colonie se payait alors cent livres ; une femme ne valait que la moitié. On enlevait chaque année à l'Afrique cent mille nègres, et Saint-Domingue en recevait, pour sa part, vingt-cinq mille. Les négriers excitaient les tribus les unes contre les autres, puis achetaient les vaincus pour quelques verroteries ; on ramenait ces malheureux de trois à quatre cents lieues de l'intérieur, leur passant une sorte de carcan autour du cou, qui faisaient ressembler ces convois à nos anciennes chaînes de galériens ; quand une femme, un enfant ou quelque malade ne pouvait suivre ses compagnons d'infortune, on le laissait en plein désert et les bêtes féroces le dévoraient ; arrivés à la côte, on débarrassait les esclaves de leur carcan, on les chargeait de chaînes et on les entassait sur les navires négriers, qui en portaient cinq, six cents, quelquefois mille et même jusqu'à quinze cents. La moitié mourait ordinairement en route des souffrances endurées par suite du manque d'air, un quart périssait en débarquant et le reste était vendu sur les marchés.

Après la vente, pour reconnaître leurs esclaves, les maîtres commençaient par les marquer en imprimant au fer chaud leurs initiales ou un signe particulier, sur les bras ou sur les mamelles. Ils devaient travailler neuf heures par jour sans avoir droit à d'autre salaire qu'à une nourriture grossière et à deux pantalons de toile par an ; ils appartenaient à leurs maîtres, eux, leurs femmes et leurs enfants. On les logeait dans des cabanons assez semblables aux étables à pourceaux de nos campagnes ; le lit se composait d'une claie, sur laquelle on jetait un peu de paille, et ces équipes d'ouvriers étaient toujours soumises au fouet d'un gouverneur, sorte de garde-chiourme qui ne parlait jamais, mais frappait sans cesse, de la même façon que les rustres, sur les bêtes de somme.

En 1789, une statistique relevée au ministère des colonies donnait ce détail effrayant, que sur neuf millions d'esclaves arrachés à l'Afrique pour être jetés dans les diverses colonies du Nouveau-Monde, depuis 1780, il n'en restait, au 1ᵉʳ janvier 1789, que quinze cent mille ; chose horrible, tous ces martyrs étaient morts, non du climat, qu'ils supportaient assez facilement, mais du manque de soins et des mauvais traitements. Les souffrances étaient si grandes, qu'il n'était pas rare de voir des négresses prendre des enfants au berceau et les étouffer dans leurs bras afin de les soustraire aux malheurs dont elles étaient elles-mêmes victimes.

Les colonies avaient organisé des compagnies de soldats, ayant pour mission de fouiller les bois et les forêts et de fusiller tous les nègres qu'ils pourraient rencontrer. Un esclave en fuite, c'était une bête échappée de la ferme du maître, qu'il fallait rattraper, morte ou vive. L'horrible Code noir portait :

« L'esclave qui aura été en fuite pendant un mois aura les oreilles coupées et sera marqué d'une fleur ardente sur une épaule ; s'il récidive pendant un autre mois, il aura le jarret coupé et sera marqué d'une fleur de lis sur une autre épaule. La troisième fois, il sera puni de mort. »

Telle était la condition de ces misérables dans nos colonies, à une époque où la France entière parlait de liberté et de fraternité et où la métropole proclamait l'égalité, loi unique des hommes.

Brissot fonda le premier, en France, une Société pour l'émancipation des noirs.

Quelque temps avant l'ouverture des États Généraux, un marquis, Marthe de Gouy, sollicita de Louis XVI une lettre de cachet pour faire défendre les séances de la Société des Amis des Noirs. Il faut le reconnaître, Louis XVI refusa par un mot qui lui fait honneur :

— Ces pauvres noirs, dit-il, ont donc des amis en

France ? tant mieux : je ne veux pas interrompre leurs travaux.

Le mouvement d'émancipation, auquel la Révolution donna une forte impulsion, fut continué par les mulâtres, ces fruits de l'accouplement des deux races ; mais ces mulets humains avaient alors, d'une manière à peu près générale, pris dans leur croisement tout l'orgueil des blancs et tout l'égoïsme rancunier, suite inévitable de longues années de misère des noirs ; au lieu de réclamer la liberté pour tous les esclaves d'où ils sortaient, et dont le sang coulait dans leurs veines, ils se contentèrent de demander pour eux-mêmes les droits de citoyens, regardant tout ce que leur convoitise leur montrait de dignité dans l'assimilation et oubliant les malheureux nègres, dont ils ne voulaient pas écouter les plaintes et dont ils dédaignaient les souffrances horribles.

Les mulâtres possédaient des esclaves, et s'ils voulaient, eux, tous les droits de citoyens, ils n'entendaient nullement accorder la liberté aux noirs qui faisaient leur fortune.

L'Assemblée écouta ces réclamations ; elle admit l'égalité politique entre les blancs et les mulâtres. Les colons blancs s'opposèrent, dans les colonies, à l'application de ces décisions ; deux camps se formèrent et en vinrent aux mains avec une énergie toute sauvage. Mais les esclaves voyant leurs maîtres se déchirer entre eux, à propos de droits, se levèrent à leur tour demandant leur part de liberté ; leurs revendications furent terribles comme elles ne pouvaient que l'être de la part de ces malheureux ravalés au rang des brutes et qui devaient conquérir tout à la fois, depuis leur personnalité d'hommes jusqu'à leurs droits de citoyens.

Aussi nos colonies furent-elles le théâtre de luttes sanglantes : les massacres, l'incendie, la dévastation firent le tour de nos îles, semant partout l'épouvante, l'effroi et la mort.

A Paris, deux clubs s'étaient formés s'occupant principalement de ces questions. L'un, le *Club des amis des noirs*, ayant pour orateurs Brissot et l'abbé Grégoire ; le *Club Massiac*, composé de grands propriétaires de Saint-Domingue qui s'étaient acquis le concours de Barnave et de Lameth, le même qui demandait l'égalité des races dans la séance du 4 décembre. Après avoir posé comme principe que l'esclavage était indispensable pour la culture coloniale, on en vint à dire : « Voulez-vous, oui ou non, avoir des colonies ? »

C'est alors que Duport, et non pas Robespierre, comme on l'a si longtemps prétendu, répondit :

— S'il fallait sacrifier l'intérêt à la justice, j'aimerais mieux sacrifier les colonies ; périssent les colonies plutôt qu'un principe.

Paroles admirables et d'un désintéressement national sublime, que peuvent seuls comprendre ceux-là qui ont au cœur un amour ardent de la liberté.

Le résultat de toutes ces discussions fut d'accorder aux mulâtres les mêmes droits qu'aux blancs et d'abandonner la grande idée de l'émancipation des noirs, appliquée par la République de 1848, qui a eu l'honneur inoubliable de résoudre ce grand problème de justice et d'humanité.

Du 11 au 18 décembre 1789.

XXXVIII

LE CLERGÉ, LA COUR ET LA VILLE

Les prêtres réclament le mariage. — L'abbé de Caurnand. — L'abbé Jean Bernard. — Coup d'œil en avant. — Occupations du roi. — Mot odieux du comte de Foucault. — Les modes du jour. — En province. — Un capucin commandant de la garde nationale. — Vente des biens du clergé. — Traitements ecclésiastiques. — Agitations et tracasseries des prêtres. — Ils organisent la guerre civile.

L'effervescence et l'esprit d'émancipation gagnaient les divers corps de la société ; tous ceux ayant souffert des entraves de l'ancien régime re redressaient et tentaient de s'affranchir du joug que les vieilles règles faisaient peser sur eux.

Le 12 décembre 1789, dans l'église même de Saint-Etienne-du-Mont, eut lieu une réunion provoquée par le curé de la paroisse et dans laquelle on discuta, pour la première fois en public, la question du célibat des prêtres, que les philosophes et les écrivains avaient depuis longtemps livrée aux controverses.

La réunion fut agitée ; dix-neuf prêtres prirent la parole ; presque tous parlèrent en faveur du mariage des ecclésiastiques. Le principal orateur de cette soirée fut l'abbé de Caurnand, affirmant que, « sous le ciel, il n'est pas de plus bel ornement que les femmes et qu'il faut aller au-devant d'elles ». Il cita du latin, s'appuya sur les textes de l'Écriture et promit pour sa part que, si sa motion passait, il sortirait de lui « une postérité plus nombreuse que celle d'Abraham. » A minuit, le fougueux abbé parlait encore ; voyant que la foule allait acclamer la proposition en faveur du mariage des prêtres, le président, qui y était opposé, leva la séance au milieu des sifflets de la salle et du mécontentement de plusieurs prêtres, qui avaient chaudement applaudi l'abbé de Caurnand, promettant à la nation une nombreuse progéniture.

Les ennemis du célibat ecclésiastique prouvèrent que le mariage des prêtres est seulement une question de discipline intérieure ; en effet, jusqu'au concile de Latran de 1123, les prêtres se marièrent librement ; ce concile interdit le mariage et le concubinat des clercs ; mais les prêtres, les chanoines et les évêques n'en continuèrent pas moins à se marier secrètement, chose alors très facile, car le mariage civil avec toutes ses formalités et sa publicité n'existait pas.

La question ne devait être tranchée que plus tard par la Convention, qui, par la loi du 17 août 1792, proclama la liberté du mariage des prêtres et prononça des peines coercitives contre ceux qui voudraient l'empêcher.

Le premier prêtre de Paris qui devait user de la liberté donnée aux prêtres par la loi nouvelle, fut un homonyme, l'abbé Jean Bernard, vicaire de l'église Sainte-Marguerite, dans le faubourg Saint-Antoine.

Thomas Lindet, député à la Convention et évêque de l'Eure, se maria en novembre 1792 ; il fut le premier évêque donnant cet exemple, et son mariage fut célébré par un curé père de famille ; un grand nombre d'évêques et de prêtres constitutionnels suivirent l'exemple ; beaucoup mêmes se marièrent civilement, donnant ainsi une éclatante adhésion à l'esprit révolutionnaire.

Le pape Pie VII, lors de la signature du concordat, autorisa le mariage de l'évêque d'Autun, Talleyrand, avec Madame Grant, et plus de quinze mille prêtres, mariés pendant la Révolution, obtinrent individuellement du pape une dispense les déliant de leurs anciens vœux.

Pendant que l'agitation gagne les sacristies et les couvents, la famille royale continue à vivre aux Tuileries dans le calme le plus complet ; seule la reine, toute à ses projets d'évasion et de représailles, entretient avec les émigrés des relations suivies, ménageant des intelligences un peu partout à l'étranger.

Le roi, lui, partage son temps entre son oratoire et son atelier. Le matin, il compose des prières, des actes d'adoration et de foi, qu'il recopie sur les gardes de son livre de piété. L'après-midi, il continue ses ouvrages de serrurerie, se contentant des travaux de la lime, parce que dans la salle où se trouve installé son atelier on n'avait pas encore construit de forge, ce qui lui causait de vifs mécontentements. Cette semaine, il commence une clef, qu'il ne réussit du reste pas, et enfin il pose lui-même un verrou à sa chambre à coucher.

Parmi la noblesse, la colère contre la Révolution ne fait que grandir, et le comte de Foucault est entendu, dans une tribune de l'Assemblée, disant à ses amis à propos d'un discours de Robespierre qui avait exprimé le désir de voir un jour tous les Français sachant lire :

— Ce serait un grand malheur si tous les Français savaient lire. De la maréchaussée, des régiments de cavalerie et des dragonnades, voilà ce qu'il faut au peuple, et non des maîtres d'école !

Le comte de Foucault résumait, dans une forme violente et brutale, la manière de voir et de penser de tous les contre-révolutionnaires, dont Marie-Antoinette était le chef, agissant avec trop d'impudence et d'imprudence, pour que la campagne qu'elle menait contre les idées nouvelles ne fût connue et n'augmentât pas la haine, déjà si grande et si juste, que le peuple nourrissait contre elle.

Les idées révolutionnaires gagnaient du terrain et se manifestaient dans les actes de la vie courante ; c'est ainsi que l'on voyait dans Paris des cabriolets sur lesquels on avait peint la prise de la Bastille ; des élégants se faisaient faire des fracs avec de larges boutons de cuivre portant chacun trois fleurs de lis (les armes du roi), avec ce mot en lettres majuscules : *LIBRE*. Les dames portaient des pierres de la Bastille montées en bague, des pendants en or sur lesquels on avait gravé en lettres minuscules les principaux paragraphes des *Droits de l'homme*.

Les chapeaux à la mode étaient « à la Révolution », on avait remplacé les grandes plumes blanches, introduites par Marie-Antoinette, par des plumes tricolores ; c'était en effet la reine qui avait, au début de son règne, imaginé la mode des grandes plumes. Quand elle passait avec ces dames en cérémonie dans la galerie, on n'y voyait plus qu'une forêt de plumes élevées d'un pied et demi de haut et jouant librement au-dessus des têtes. Mesdames, tantes du roi, qui ne pouvaient se résoudre à prendre ces modes extravagantes, ni à se modeler chaque jour sur la reine qu'elles détestaient, appelaient ces plumes « un harnachement de chevaux ». — Les chevaux des carrosses du roi, en effet, depuis Louis XIV, portaient de hauts panaches. Un jour, Madame Adélaïde, voyant passer les attelages, s'écriait :

— Voilà, mesdames, les chevaux à la mode comme vous (1) !

La Révolution modifia la couleur des plumes, sans pouvoir changer leur hauteur ; les contredanses, les éventails étaient aussi « à la Révolution. » Bon nombre d'auberges et de cafés, qui portaient précédemment le nom de *Café Royal*, avaient changé leur titre pour celui de *Café du Tiers-État*.

En province, la marche de la Révolution n'est pas moins rapide, et le patriotisme se fait jour un peu partout ; ainsi, par exemple, tous les habitants, hommes et femmes, de Roubaix, s'engagent à ne plus s'habiller qu'avec des étoffes de France.

En même temps, les gardes nationales finissent de s'organiser, et on voit même des prêtres et des moines réclamer leur admission. A Dijon, notamment, un capucin, le P. Eugène, est nommé commandant et fait manœuvrer ses bataillons avec la sûreté de commandement d'un vieux capitaine ; sa longue barbe contribue beaucoup à donner au moine l'air martial qui

---

1. *Mémoires de Soulavie*, t. II, p. 74.

convient à un homme remplissant une semblable fonction.

Le 18 décembre, la colère des prêtres redoubla ; ils apprirent que le lendemain devait être officiellement donné l'ordre de vendre quatre cent millions des biens qu'ils avaient jusqu'ici détenus ; la rage des ecclésiastiques ne connut pas de bornes ; ils étaient pris par leur endroit sensible, et l'abbé de Montesquiou monta à la tribune pour menacer la France de la guerre civile, qu'il promettait acharnée et impitoyable.

Ces idées de guerre civile et ces menaces furent consignées dans une brochure pleine de violence, intitulée: *Adresse aux provinces,* dont on tira plusieurs centaines de mille exemplaires qu'on répandit à profusion dans toute la France.

La vente de ces biens était confiée aux municipalités.

L'espoir suprême des prêtres, basé sur leur immense fortune territoriale, allait s'émietter avec les biens-fonds prêts à se morceler entre les divers acquéreurs. Ils sentirent le danger terrible qui allait les atteindre, et ils comprirent qu'en les frappant dans leurs fortunes c'était un coup mortel qu'on leur portait et dont ils ne se relèveraient pas. Ils entreprirent alors cette campagne misérable qu'ils recommencent chaque fois qu'ils veulent défendre leur pouvoir terrestre avec les armes que le Ciel leur fournit. Après avoir refusé l'absolution aux parents des membres de l'Assemblée nationale ayant voté la loi de confiscation, ils en vinrent à refuser même les sacrements à un député qui demandait un prêtre à ses derniers moments. Il faut lire la violence des mandements de quelques évêques traitant les révolutionnaires de pestiférés, de damnés et d'apostats, les vouant par avance aux derniers châtiments, pour bien se rendre compte de l'effarement qui s'était emparé de toutes ces têtes mitrées dans lesquelles bouillonnaient les projets les plus violents de vengeance, et d'où s'échappaient des paroles de haine et de malédiction.

Du reste, il ne faut pas oublier que l'Assemblée, par un vote de pure libéralité, et sans y être aucunement forcée par une obligation de droit, servait aux évêques et aux prêtres des appointements relativement considérables ; l'archevêque de Paris recevait 50,000 livres pour sa part ; les archevêques et évêques des villes de plus de cent mille âmes avaient un traitement de 25,000 livres ; ceux des villes de plus de cinquante mille âmes, 15,000 livres, et ceux des villes au-dessous, 10,000 livres. Quant aux simples curés, ceux qui formaient le petit clergé, naguère livrés au despotisme des prélats, qui les maintenaient dans une dépendance dégradante et une misère horrible, il leur était assigné des traitements variant entre douze cents et deux mille livres.

Mais toutes ces compensations ne valaient pas pour les prélats orgueilleux les riches bénéfices qui, auparavant, leur permettaient de vivre dans un luxe scandaleux ; aussi s'appliquèrent-ils à déchaîner les passions religieuses, à allumer partout les haines civiles.

Bientôt, cette campagne d'excitations abominables produira ses résultats ; l'incendie préparé par les prêtres éclatera, et ils seront cruellement éprouvés par les armes qu'ils aiguisent en ce moment. Il ne faudra pas alors oublier que ceux-là sont responsables des excès, qui les ont causés par leurs manœuvres honteuses et leurs agitations criminelles. Dans toute guerre civile, les coupables ne sont pas ceux qui la font, mais ceux qui la rendent inévitable.

Du 18 au 25 décembre 1789.

XXXIX

LE COMPLOT DU MARQUIS DE FAVRAS

Sourdes menées du comte de Provence. — Le marquis de Favras. — Emprunt contracté par Monsieur. — Arrestation du marquis et de la marquise de Favras. — Placards mystérieux. — Monsieur accusé. — Les protestations a l'Hotel de ville. — Une lettre compromettante. — Le procès du marquis. — Condamnation a mort. — supplice. — Saute marquis !

A côté des intrigues et des conspirations de Marie-Antoinette, Monsieur, frère aîné du roi, — plus tard Louis XVIII, — se livrait à des menées sourdes. Il avait conçu le plan de faire enlever le roi malgré lui, de le transporter à Metz, et là, de le faire interdire, pendant qu'il se ferait nommer, en attendant mieux, lieutenant-général du royaume.

Pour que son plan pût réussir, il fallait que Monsieur restât à Paris et eût l'air d'avoir été étranger à l'aventure qu'il préparait.

Il fit agir le marquis Thomas Mahi de Favras, qui était né à Blois en 1745, et, après avoir été capitaine dans le régiment de Belsunce, puis des Suisses de Monsieur, avait épousé une fille naturelle du prince d'Anhalt Schauembourg, qu'il fit légitimer au moment où il quittait l'armée. Revenu en France dès le commencement de la Révolution, il présenta à Necker des plans de réformes financières qui dénotaient un homme de grandes capacités.

Quand toutes les conventions furent faites entre le comte de Provence et le marquis de Favras, ce dernier commença par contracter pour le compte de Monsieur un emprunt de deux millions par l'entremise du banquier hollandais Chomel. Il avait organisé un service d'embauchage, placé sous la direction de trois agents : Morel, Mariquié et Tourcaty, tous trois chargés de faire assassiner Bailly et Lafayette.

Ces dispositions étant prises de concert avec le frère du roi et dans son intérêt, de Favras trouva moyen de s'introduire dans les Tuileries où il eut de fréquents entretiens avec Louis XVI. Il voulait essayer, avant d'employer la force, de décider le roi à fuir ; il lui parla des nombreux complots qui s'organisaient dans Paris contre sa vie, ajoutant que, pour échapper à ces dangers, il fallait fuir la capitale, aller à Metz et se mettre à la tête des fidèles, armés contre la Révolution ; des relais étaient prêts toutes les nuits jusqu'à Saverne, où des troupes nombreuses viendraient le trouver au premier signal donné. Le roi se refusait encore à fuir, demandant sans cesse des délais ; néanmoins, il priait de Favras de revenir et lui remettait des sommes assez importantes.

Le jour du premier versement de l'emprunt contracté

pour Monsieur était fixé au 24 décembre ; de Favras se rend chez le banquier Sertorius, qui devait lui payer un premier acompte de quarante mille francs ; à l'heure dite, le marquis se présente, mais Sertorius le renvoie au lendemain, prétextant l'absence de son caissier ; il se rend alors chez M. de la Ferté, trésorier-général du comte de Provence, pour le mettre au courant.

Comme il sortait de chez l'intendant, de Favras est arrêté et conduit à la prison de l'Abbaye.

Au moment de son arrestation, de Favras avait sur lui une lettre de Monsieur. Cette lettre fut portée à Lafayette qui la mit de côté, en avertissant le prince qu'il en était le dépositaire (1).

On arrêta également au même instant Madame la marquise de Favras, et tous ses papiers furent saisis.

Le banquier Chomel avait dénoncé le marquis, et après avoir rendu toute négation impossible en interrogeant par lettre de Favras sur des points très précis, lettres auxquelles ce dernier avait répondu de façon à tout dévoiler et à mettre à nu la trame du complot.

Le lendemain 25 décembre, les passants s'arrêtaient devant de nombreuses affiches placardées pendant la nuit par des individus demeurés inconnus et qui annonçaient aux Parisiens l'arrestation du marquis.

Ces affiches étaient libellées en ces termes :

LE MARQUIS DE FAVRAS

place Royale,

A été arrêté, avec Madame son épouse, la nuit du 24

---

1. *Journal de Gouverneur-Marris* (24 décembre 1789).

au 25, pour un plan qu'il avait fait de faire soulever trente mille hommes pour FAIRE ASSASSINER MONSIEUR DE LAFAYETTE ET LE MAIRE DE LA VILLE.

Et ensuite pour nous couper les vivres.

MONSIEUR, FRÈRE DU ROI, ÉTAIT A LA TÊTE.

Signé : BARAUZ.

On n'a jamais pu découvir ce Barauz, probablement un nom supposé. Dans tous les cas, il était parfaitement au courant avant tout le monde, et comme on le voit, il ne gardait pas son secret pour lui.

En lisant ce placard, l'émotion s'empara des Parisiens ; des menaces coururent contre Monsieur, qui, en ce moment-là même, tenait conseil dans son palais du Luxembourg. Mirabeau, déjà vendu à la cour, s'était encore vendu par-dessous main au comte de Provence, dont il servait les intérêts.

Mirabeau après avoir servi le duc d'Orléans s'était séparé de lui après les journées d'octobre, l'ayant trouvé trop lâche ; il s'était alors mis au service de Monsieur, comte de Provence (le futur Louis XVIII). Le plan de Monsieur était bien simple, il consistait à décider le roi à fuir, à parader avec un patriotisme de convention, se faire proclamer lieutenant-général du royaume et finalement, dépossédant les enfants légitimes du roi, mettre la couronne sur sa tête. Aussi pour lui tous les moyens étaient bons. Il accepta et rechercha le concours de Mirabeau (1). Nous trouvons la confirmation de ce bon marché dans le journal du comte de

---

1. Voir pour la confirmation de tous ces faits *la correspondance de Mirabeau et du comte de Lamarck.*

Fersen qui, à la date du 18 octobre 1791, écrit dans son journal :

« *Bruxelles*. La Mark arrivé, j'y fus ; il me fit l'apologie de sa conduite, en disant qu'il n'avait rien fait que pour servir le roi : que c'était la raison de sa liaison avec Mirabeau ; que dès le mois d'octobre 1789 il lui avait fait faire le plan de la contre-révolution ; qu'il avait vu Monsieur clandestinement et le lui avait lu et donné : que ce plan portait pour base le départ du roi pour Beauvais. Il dit des horreurs de la nation française. »

Mirabeau conseilla au prince de payer d'audace et d'aller se disculper à l'Hôtel de Ville devant les membres de la commune. Le comte de Lévis rédigea un projet de discours que Mirabeau corrigea et compléta.

Mirabeau avait ainsi raisonné : une démarche du premier prince du sang flatterait les bourgeois composant le conseil de la Commune et on obtiendrait tout de cet orgueil savamment entretenu. Quant à Favras on le désavouerait, on simulerait de ne le connaître même pas, quitte plus tard à solliciter de son royalisme une preuve de dévouement héroïque poussé jusqu'au sacrifice de sa propre vie pour sauver Monsieur qu'on lui représenterait aisément comme le futur souverain de la Monarchie française.

Monsieur écrivit de suite aux membres de la Commune le billet suivant :

« Je vous prie, Monsieur, de demander à Messieurs les représentants de la Commune, une assemblée extraordinaire pour ce soir, désirant communiquer avec eux pour une affaire qui m'intéresse. Soyez bien persuadé, Monsieur, de tous nos sentiments pour vous. »

« STANISLAS-XAVIER. »

M. de Maissemy, ancien directeur de la librairie, qui présidait répondit :

« Monseigneur,

« J'ai fait lecture à l'Assemblée générale des représentants de la commune de la lettre dont *Monsieur* m'a honoré ; elle m'a chargé d'avoir l'honneur d'assurer *Monsieur* de son empressement à s'occuper de ce qui peut l'intéresser ; elle se réunira ce soir à six heures, et attendra que *Monsieur* daigne lui faire connaître ses intentions.

« Je suis, avec un profond respect, Monseigneur, votre très humble et très obéissant serviteur.

« DE MAISSEMY. »

A la lecture de cette lettre il fut facile à remarquer que quoique les membres de l'Assemblée eussent senti leur amour-propre chatouillé par la démarche du prince, il y eut quelques murmures à propos des expressions trop obséquieuses de la réponse, néanmoins elle fut adoptée et on l'expédia au Luxembourg (1).

Du reste, les bourgeois de la Commune le reçurent avec un grand cérémonial ; douze délégués allèrent au devant de lui et le firent asseoir sur un fauteuil à gauche et à côté de celui du maire. Pendant ce temps, le complice de Monsieur était soumis aux premiers interrogatoires.

1. *Manuscrit de M. de Sémonville* publié dans *Autour d'une Révolution*, par le comte d'Hérisson, p. 63.

Dès cinq heures la salle des séances de la Commune était remplie, Bailly présidait. A l'ouverture de la séance, on nomme une commission composée de douze membres pour recevoir Monsieur à sa descente de voiture. Les douze commissaires élus furent : MM. de Maissemy, Lourdet, Cellier, Porriquet, de Sémonville, de Condorcet, des Essarts, Duval, de Santeuil, Bertolio, de Fresne et Collot.

A son entrée dans la salle, Monsieur fut accueilli par des applaudissements, ce qui parut lui donner de l'assurance ; il s'assit sur le fauteuil qui lui avait été réservé, se découvrit et prononça un discours où nous relevons les passages suivants :

« Le désir de repousser une calomnie atroce m'amène au milieu de vous ; M. de Favras a été arrêté avant-hier par ordre de votre Comité des recherches, et l'on répand aujourd'hui, avec affectation, que j'ai de grandes liaisons avec lui. En ma qualité de citoyen de la ville de Paris, j'ai cru devoir vous instruire moi-même des seuls rapports dans lesquels je connais M. de Favras.

« En 1772, il est entré dans mes gardes suisses, il en est sorti en 1775, et je ne lui ai pas parlé depuis. Privé depuis quelque temps de la jouissance de mes revenus, inquiet sur les paiements que j'ai à faire en janvier, j'ai désiré pouvoir satisfaire à mes engagements sans être à charge au Trésor public. Pour y parvenir, j'ai formé le projet d'aliéner des contrats pour la somme qui m'était nécessaire ; on m'a représenté qu'il serait moins onéreux à mes finances de faire un emprunt. M. de Favras m'a été indiqué il y a quinze jours, par M. de la Châtre comme pouvant l'effectuer par deux banquiers, MM. Schaumet et Sertorius. En conséquence, j'ai souscrit une obligation de deux millions, somme nécessaire pour acquitter mes engagements du commencement de l'année, et pour payer ma maison ; et, cette affaire étant purement de finances, j'ai chargé mon trésorier de la suivre ; je n'ai point vu M. de Favras, je ne lui ai point écrit, je n'ai eu aucune communication quelconque avec lui, ce qu'il a fait d'ailleurs m'est parfaitement inconnu. »

Il termina en repoussant toute idée d'animosité contre la Révolution dont il se déclara le partisan convaincu.

Les applaudissements éclatèrent, Monsieur déposa son discours écrit sur le bureau, le maire le complimenta ; le prince se retira et la Commune se déclara satisfaite de ces explications pourtant fort grossières. Comment, voilà un prince du sang qui veut contracter un emprunt important et il s'adresse à deux banquiers par l'intermédiaire d'un gentilhomme qu'il ne connaît pas, lui qui a à sa disposition des intendants et des trésoriers chargés de toutes ses affaires ? C'était presque enfantin.

Cependant, Lafayette qui se faisait le complice de cette honteuse comédie, ne pouvait, moins que personne, ignorer la complicité du prince, puisqu'une lettre adressée par le comte de Provence au marquis de Favras avait été saisie sur ce dernier au moment de son arrestation et remise à Lafayette, comme nous l'avons dit plus haut.

Voici le texte de cette lettre curieuse, accablante pour la mémoire de Louis XVIII, lettre dont Louis Blanc (1) a vérifié lui-même l'original, et dont les royalistes ont

---

1. Louis Blanc, t. III, p. 169.

essayé, mais en vain, de nier l'authenticité ; au bas de la lettre, une main inconnue avait tracé ces mots à l'encre rouge : PAPIERS SECRETS :

19 novembre 1789.

Je ne sais, monsieur, à quoi vous employez votre temps et l'argent que je vous envoie. Le mal empire, l'Assemblée détache toujours quelque chose du pouvoir royal, que restera-t-il si vous différez ? Je vous l'ai dit et écrit souvent : ce n'est point avec des libelles, des tribunes payées et quelques malheureux groupes soudoyés que l'on parviendra à écarter Bailly (sic) *et Lafayette ; ils ont excité l'insurrection parmi le peuple ; il faut qu'une insurrection l'engage à n'y plus retomber. Ce plan a, en outre, l'avantage d'intimider la nouvelle cour et de décider l'enlèvement du soliveau. Une fois à Metz ou à Péronne, il faudra qu'il se résigne ; tout ce que l'on veut est pour son bien ; puisqu'il aime la nation, il sera enchanté de la voir bien gouvernée. Envoyez au bas de cette lettre un récépissé de deux cent mille francs.*

LOUIS-STANISLAS XAVIER.

On n'avoue pas avec plus de clarté les projets dont nous parlions tout à l'heure ; tout est constaté dans cet écrit, et le plan d'enlèvement et les intentions formelles de destitution et la volonté de s'emparer du pouvoir, qu'on veut saisir avant qu'il se soit émietté.

Les royalistes nient, mais c'est nier la clarté du soleil même.

Louis Blanc avait copié cette lettre sous les yeux de M. Monkton Milnes. Plus tard, lord Houghton, pair d'Angleterre, qui l'a publiée lui-même dans un livre de *Mélanges* (1). Cette lettre paraît avoir été écrite à l'encre sympathique qui apparaît sur le papier en l'avivant au feu ou par la liqueur fumante de Boyle. M. le comte d'Hérisson, un royaliste indépendant (2) mais un écrivain d'une probité incontestée et qui a publié un manuscrit de M. de Sémonville sur l'affaire Favras, écrit à propos de cette lettre : « Le comte de Provence a donné sa parole d'honneur qu'il ne connaissait pas le malheureux de Favras. Nous allons voir ce que valait cette parole d'honneur.

« La lettre qui a été vendue à Londres (la lettre citée plus haut) est absolument authentique, elle est de la main de Monsieur, et M. de Sémonville nous fournit toutes les preuves sur lesquelles nous pouvons asseoir cette conviction, montrant d'une façon péremptoire l'authenticité de ce document. »

Marie-Antoinette ne s'y trompait du reste pas, et elle eut à faire la remarque que jamais l'émeute ne grondait contre le Luxembourg ; que, dans la rue, le comte de Provence n'était jamais attaqué ni insulté ; aussi un jour que ce dernier voulait partir des Tuileries pour rentrer à son palais malgré une vive agitation qui régnait dans Paris, et comme on voulait le retenir lui représentant le danger qu'il y aurait à sortir en un pareil moment, Marie-Antoinette s'écria :

— Laissez-le partir, laisse-le partir ! on lui ouvrira passage, et il arrivera chez lui sans avoir reçu une égratignure. Monsieur a le talent d'apprivoiser les bêtes féroces, elle ne sont à craindre que pour nous.

1. *Louis XVI, Marie-Antoinette et Madame Élisabeth*, par Feuillet de Conches.
2. *Autour d'une Révolution*, p. 31.

Le procès du marquis de Favras fut instruit par les magistrats royalistes du Chatelet ; le bruit courut alors que ces magistrats voulaient enlever l'accusé, et Lafayette dut faire garder la prison par des troupes. Monsieur, sérieusement inquiet, paya des hommes qu'il chargea d'ameuter la foule contre le marquis, dont il fit demander la mort par le peuple même, afin de peser sur les décisions des juges, tant il avait peur de n'être pas débarrassé de ce complice qui pouvait le perdre en révélant leurs relations aussi intimes que compromettantes.

Mirabeau, très au courant de cette affaire, écrivait en parlant de l'arrestation prolongée de Favras : « C'est là toujours tenir la vipère en activité pour menacer incessamment de son dard (1). »

Le marquis montra devant le Châtelet une grande fermeté d'âme, gardant le secret absolu sur ses complices. Cependant, à un moment donné, cette résolution de payer pour tous parut l'abandonner ; il fit appeler Talon :

— Monsieur, je vais être condamné, dit-il, c'est pour moi l'évidence ; j'entends ne point mourir seul, si on refuse ma grâce à mes révélations.

Et il lui présente un mémoire de quatre pages.

— Prenez la peine d'en prendre connaissance, continue-t-il, et donnez-en communication tant au gouvernement qu'au tribunal (2).

Le lieutenant civil Talon le supplia de garder jusqu'au bout le silence. Il lui persuada que révéler le

1. *Correspondance de Mirabeau et du comte de Lamarck*, t. I, p. 449.

1. *Manuscrit de M. de Sémonville*, publié par le comte d'Hérisson.

secret terrible ne le sauverait pas, qu'il perdrait le bénéfice de conserver une existence d'où pouvait dépendre le salut de la royauté. De Favras, vaincu par cette dernière raison, promit de ne pas parler, et il sut tenir héroïquement sa parole au milieu de la lâcheté de ceux qui l'avaient poussé en avant.

La lutte entre Talon et le condamné dura trois heures; en se retirant, Talon donna sa parole d'honneur à de Favras qu'il gardait son mémoire manuscrit, lequel serait remis aux enfants de l'accusé afin que Monsieur pût payer envers eux la dette qu'il devait à l'héroïque abnégation du père.

— Monsieur devra la vie à votre silence, dit Talon, et si dans d'autres temps, il hésite à remplir ses devoirs envers eux, j'ai son honneur dans les mains (1).

Il fut condamné à mort et la sentence portait qu'il serait pendu. C'était le premier noble qui allait au gibet comme un simple plébéien : la révolution faisait passer son niveau égalitaire jusque sur la place de Grève.

Le 19 février 1790, on le sortit du Châtelet à trois heures de l'après-midi ; il était attaché sur un tombereau, nu-pieds, tête nue, portant une longue chemise blanche ; sur sa poitrine pendait un écriteau : *Conspirateur contre l'État.* C'était un homme de trente ans, de grande taille et d'un visage agréable ; aussi sa vue produisit-elle une vive émotion dans la foule. On le mena faire amende honorable à Notre-Dame, où il

---

1. *Du Cayala* (comtesse Zoé), née en 1784, morte en 1850, était fille de l'avocat Talon — Admise dans l'intimité de Louis XVIII, elle prit sur lui un grand ascendant. Elle consentit à brûler les papiers de la procédure Favras, qui lui venaient de son père, et reçut, en don du roi, le château de Saint-Ouen, près Paris.

demanda à révéler des secrets importants ; on aurait dit que la résolution de se taire l'abandonnait une fois encore ; il fut conduit à l'Hôtel de Ville. Là, il s'informa si, en nommant ses complices, il pourrait être sauvé. Sur une réponse négative, il refusa de rien dire, et on le conduisit au gibet à la lueur des torches. Il mourut avec beaucoup de fermeté. Au moment où le corps se balançait dans l'air, un enfant cria :

— Saute, marquis !

Des cavaliers, parmi lesquels le comte de la Châtre, avaient assisté à l'exécution, et sitôt que le supplice fut consommé, ils allèrent en porter la nouvelle au Luxembourg au comte de Provence, qui poussa un long soupir de satisfaction et, sûr de l'impunité, donna le signal d'une fête brillante, qui n'attendait pour commencer que le dernier soupir du malheureux supplicié de la place de Grève.

Le marquis avait emporté le secret de sa complicité dans la tombe.

Louis XVI et Marie Antoinette apprirent la mort de Favras en même temps que celle de l'empereur Joseph II. La reine parut plus satisfaite de l'exécution de Favras qu'affligée de la perte de son frère (1). Elle craignait aussi sans nul doute les révélations.

La veuve et les enfants lui furent présentés et elle leur fit une pension que Monsieur doubla de son côté ; on payait ainsi la mort d'un gentilhomme qui s'était perdu pour les servir.

---

1. Touchard-Lafosse, *Souvenirs d'un demi-siècle*, t. I, ch. II, p. 143.

LX

COUP D'ŒIL RÉTROSPECTIF

En arrivant à la fin de cette année 1789 qui scintille comme un astre lumineux au fronton de l'histoire de l'humanité, jetons un coup d'œil net et ferme sur les événements qui viennent de remuer la France jusqu'au plus profond de ses entrailles, jusqu'au plus profond de ses institutions, et, récapitulant les travaux accomplis, résumons les efforts gigantesques de ce peuple, efforts qui ont métamorphosé la France, changé l'aspect de l'univers entier.

Que de grandes et surprenantes choses ont été accomplies en sept mois !

Au commencement de cette année, la cour est la maîtresse souveraine ; le roi, héritier d'un pouvoir despotique, a seul le doit de dire : « Je veux. » Vingt-cinq millions d'hommes tremblent quand le souverain a parlé ; ils doivent se déclarer satisfait quand le maître est content, se proclamer rassasiés quand l'appétit du monarque a disparu.

Le bon plaisir d'un seul est la loi de tous.

Le droit a pour source le caprice de quelques privilégiés.

La justice est une théorie vague qui flotte dans les œuvres des philosophes.

En moins de deux cents jour tout change.

Le peuple se lève et le roi tremble.

Le trône est ébranlé jusque dans ses fondements ; la loi est faite et proclamée au bénéfice de tous ; le Droit est implanté dans les institutions nouvelles, que l'on fait reposer sur la Justice comme point de départ en leur donnant le bonheur de tous comme but suprême.

Telle est l'œuvre de ces premières heures de la Révolution.

La France avait dû reculer devant le cercueil de Louis XV, dont les maladies crapuleuses avaient corrompu le cadavre, et dont les restes décomposés exhalaient une odeur infecte, obligeant les passants à se détourner. Le dégoût laissé après lui par ce roi dévergondé engendra ce grand mépris, s'attachant aux flancs de la royauté pour ne plus la quitter, et fut comme le contre-poids qui devait faire perdre l'équilibre à cette vieille monarchie battue en brèche par les coups terribles que lui portaient les philosophes.

En un jour, la forme de gouvernement, l'État, la religion, les mœurs, les lois, tout disparaît, tout croule, se mêle, se confond, se métamorphose et renaît ; à la place des inégalités de la vieille France apparaît le monde nouveau, nivelé par ce dogme glorieux remettant partout la vigueur et la foi sur son passage, et qui s'appelle : les *Droits de l'Homme*.

On arrache au vieux monde ses préjugés, ses erreurs, ses injustices, ses iniquités que l'on jette au vent ; on renverse douze siècles d'abus accumulés et on fonde un ordre de choses nouveau ; à la place des antiques constitutions renversées, on édifie des lois nouvelles acclamées par tout un peuple et saluées de l'âme par les penseurs et les écrivains illustres de tous les pays.

La France, en travail de liberté, fait battre le cœur du monde !

Pendant que le peuple mourait de faim, fouetté par les privations, tenaillé par les misères de toutes sortes, la noblesse et le haut clergé dilapidaient les fonds de l'Etat, conduisaient le pays à sa ruine, ne s'arrêtant dans leur courses, ivres de plaisirs, que devant le large fossé du déficit que le peuple, mis en possession de ses droits, comblera pour éviter une chute mortelle, en y jetant les privilèges détruits et les abus sacrifiés à jamais

La banqueroute frappe à la caisse vidée de la royauté et l'on appelle la nation à élire des représentants chargés de réparer les fautes et les folies de cette noblesse, qui a tout compromis, tout dépensé, tout dévoré : l'honneur de l'Etat, son épargne et ses ressources. On demande à chaque citoyen de sacrifier à l'intérêt de tous ceux qui lui reste de richesses, d'épargne, de courage, de travail, de force et de vigueur.

Le peuple montre qu'on ne fait pas en vain appel à sa générosité.

Lui qui a été toujours méprisé, tyrannisé, spolié, taillé à merci, sacrifié, délare que l'on peut compter sur son énergie pour racheter des fautes qu'il n'a pas commises.

Les élections pour les États Généraux ont lieu et, pour la première fois en France, cinq millions d'urbains et de ruraux y prennent part.

Mais le peuple dresse ses cahiers, où il consigne ses douleurs, ses souffrances et ses réclamations, donnant mandat exprès et impératif à ses représentants de faire cesser les unes, de supprimer les autres et d'obéir aux dernières.

Aussi, les États Généraux ne se contentèrent pas de relever les finances, ils voulurent mieux et firent plus, ils relevèrent la nation gisant, depuis des siècles, courbée sous le poids des injustices et des iniquités.

C'est en vain que la royauté veut s'opposer à cet acte de régénération.

C'est en vain que la noblesse se sépare du Tiers et que le haut clergé anathématise ces petites gens en culottes de drap et en bas de laine, le Tiers impose sa volonté et déclare, malgré Louis XVI, que l'on va procéder au vote par tête et non par ordre ; il déclare que le peuple aura autant de voix que les deux autres ordres réunis, et que la noblesse et le clergé ne l'annihileront pas sous la force de leur double vote.

Les délégués des communes se constituent en *Assemblée Nationale*; leur premier soin est de s'occuper de l'impôt, qu'ils répartissent également sur tous les citoyens, quels que soient leur nom et leur rôle dans l'Etat. Le roi aux abois, excité à la résistance par sa femme, reine légère et méprisée de la gent nobiliaire elle-même, le roi donc ferme la salle des États, et c'est dans un jeu de paume, par un jour de pluie, que ces hommes, chassés du lieu de leurs séances par un maître de cérémonies, prêtent le serment du 20 juin, serment devant peser d'un tel poids sur la royauté qu'il va l'écraser et écraser avec elle les anciens privilèges ; toutes les traditions séculaires qui étayaient ce trône ébranlé par le souffle de l'esprit nouveau seront renversées et balayées avec ses institutions vermoulues. Revenue de sa première stupeur, la cour, dirigée par la reine, rassemble autour de Paris des armées prêtes à livrer la capitale au carnage et à noyer dans le sang des Parisiens le berceau de la liberté naissante ; des canons sont placés dans tous les coins ; les créneaux de toutes les forteresses se hérissent d'armes meurtrières, prêtres à cracher la mitraille ; les menaces remplissent toutes les bouches ; la Bastille, cette lugubre et terrible prison d'État, est prête à bombarder le faubourg Saint-Antoine. Paris ne donne pas à la royauté le temps de mettre à exécution ses sinistres projets ; il se lève en masse, se rue sur la Bastille, s'en empare ; et, monté sur les tours lance au monde son premier cri de victoire.

La noblesse prend peur, s'affole, cherche dans l'émigration et dans la fuite une solution à cette situation dont ses imprudences avaient fait la gravité : cette noblesse tremblante et couarde va à l'étranger ameuter les monarques contre la France qu'elle a désertée ; c'est alors que les citoyens prennent les armes et s'abritent derrière *les Droits de l'homme et du citoyen*, qui sont proclamés Charte de l'Humanité.

Continuant son œuvre, l'Assemblée détruit les droits féodaux, fait rentrer dans le domaine de la nation les biens immenses du clergé, qui sont vendus à l'encan, et réparent pour un moment le déficit creusé par les excès du régime royal qui tombe.

Pourtant, la reine continue la lutte sourde contre le peuple, que les accapareurs affament : à ce moment, les femmes, mues par un sublime mouvement humanitaire, se rendent à Versailles, ramènent le roi à Paris, le plaçant sous les regards vigilants des Parisiens.

Les femmes complètent ainsi l'œuvre des citoyens.

Les hommes, au 14 juillet, avaient rendu la royauté impuissante en lui prenant la Bastille ; les femmes, le

6 octobre, rendirent la royauté inoffensive en s'emparant du roi.

La monarchie était paralysée dans ses projets par la détention du roi aux Tuileries ; l'heure était favorable aux efforts de l'Assemblée, votant une constitution garantissant les droits proclamés durant ces six derniers mois de l'année 1789, et dont l'application va être entravée par de si terribles événements.

Ces travaux de l'Assemblée, nous les avons suivis en disant les intrigues, les faiblesses, les menées qui les précédèrent, les entourèrent ou les suivirent.

Les anecdotes étant, en quelque sorte, les coulisses de l'histoire, nous avons essayé de pénétrer dans les coulisses de ce théâtre où se joue ce merveilleux et grandiose drame révolutionnaire, et nous avons noté au passage les curiosités des acteurs en déshabillé, les soumettant aux conditions étroites d'une vérité irréfutable.

Nous allons continuer notre œuvre en appliquant à l'histoire des années de la Révolution qui suivent 1789, la même méthode dont nous nous sommes servis pour dire les premières journées qui virent la germination de la liberté et l'enfantement de l'indépendance française.

Paris, 25 décembre 1883.

FIN DU PREMIER VOLUME

TABLE

	Pages
DÉDICACE	V
PRÉFACE	VII
AVANT-PROPOS	XVII

I. — **L'affaire du Collier.** — Le duc de Rohan et Marie-Antoinette dans le parc de Versailles. — Le cardinal achète le fameux collier. — La reine le reçoit. — Arrestation du cardinal. — Aveux de Marie-Antoinette......... 1

II. — **Les amours de Louis XVI.** — Vices de conformation de Louis XVI. — La première nuit de noces. — Duel du comte de Provence. — Continence du roi. — Le 16 mars 1778. — La reine grosse. — Scandale du baptême royal................................. 11

III. — **Les Finances de la royauté.** — La fortune de la France. — Les fermiers généraux. — Le dîner de J.-J. Rousseau. — Les pensions et dotations des nobles. — Dilapidations. — Inutiles mesquineries de Louis XVI. — Scène du duc de Coigny. — Madame Déficit !..... 22

IV. — **Convocation des Etats Généraux.** — Proclamation dans tout le royaume. — Costumes des députés. — Premiers incidents. — Procession du Saint-Esprit. — Cris populaires. — Les cahiers électoraux............. 29

V.	— **Ouverture des États Généraux.** — Première suppression d'un journal. — Aménagement de la salle des États Généraux. — Vérification des pouvoirs par ordre ou par tête. — Première séance. — Première motion de Robespierre. — Joie de la reine............	39
VI.	— **Premières séances.** — Hésitations et incertitudes. — Rancunes de clocher. — Sentiments hostiles de la noblesse. — Le Tiers refuse de se constituer. — La coquette de Brive-la-Gaillarde. — Le divorce. — Multiplicité des brochures. — Vaincre ou périr..	52
VII.	— **Premiers groupements.** — Avances du Tiers. — Robespierre n'est pas écouté. — Jeunesse de Maximilien. — Robespierre harangue Louis XVI. — Robespierre au barreau. — Les avocats. — Robespierre académicien, poète et franc-maçon. — Courriers de Versailles à Paris..............................	60
VIII.	— **Atermoiements.** — Les vingt députés de Paris. — Siéyès. — Intrigues de Marie-Antoinette. — Louis XVI et Charles 1er. — Le garde du corps amoureux de la reine. — Première avance de Mirabeau à la cour. — Il renie son titre de comte. — Démarches du Tiers auprès du clergé. — Enthousiasme des petits curés. — Le roi ordonne la reprise des conférences. — Insultes au Tiers.........	73
IX.	— **Débuts de la vie parlementaire.** — Moyen de conciliation proposé par Necker, repoussé par la noblesse. — Misère du peuple. — Condamnations contre les ouvriers. — Erreur des pouvoirs despotiques. — Premiers jours parlementaires. — La sonnette du président. — *Argant*, poème de Saint-Just. — Les poètes chassés de la politique.............	80

TABLE

X.	— **Versailles et Paris**. — Bravades de la cour. — Misère du peuple. — Incendie des châteaux. — Mesures militaires contre l'Assemblée. — Dernière sommation aux privilégiés. — Vers satiriques de Camille Desmoulins. — Le Palais-Royal. — Un espion rossé. — Une comtesse fouettée..................	88
XI.	— **Constitution de l'Assemblée nationale.** — Dernières intrigues. — Adresse du Tiers au roi. — Premiers procès-verbaux de l'Assemblée. — Les trois curés ralliés. — Nouveau refus des nobles. — Entrevue du roi avec Bailly. — Mort d'un député de Marseille. — Diverses qualifications proposées pour désigner l'Assemblée...............	91
XII.	— **Serment du Jeu de Paume**. — Le roi suspend les séances. — La Réunion du Jeu de Paume. — Le serment. — L'Assemblée dans l'église du Saint-Esprit. — Séance solennelle des Etats. — Apostrophe de Mirabeau	102
XIII.	— **Le roi soumis**. — La noblesse « avant la lettre ». — Un mariage rompu. — L'archevêque de Paris assailli. — Le roi ordonne la réunion des ordres. — Mot de Bailly. — Conduite inqualifiable de la reine. — L'armée de la Révolution. — La famine.. . .	109
XIV.	— **Nouvelles Conspirations de la Cour contre le peuple.** — Rage de la reine. — Mot de l'abbé de Vermond. — Nouveaux préparatifs militaires. — Liste de proscription. — Mot atroce de Marie-Antoinette. — Litanies royalistes. — Réponse d'un accapareur. — Arrogance de Louis XVI. — La Bastille mise en état de défense.	117
XV.	— **Le 14 juillet**. — Aux jeunes de France. .	129

XVI. — **La veille, le jour et le lendemain du 14 juillet.** — Les historiens de hasard. — Premier sang versé. — Camille Desmoulins au Palais-Royal. — Dernière démarche auprès de Louis XVI. — Mot féroce de Marie-Antoinette. — Votes de l'Assemblée. — Séance de 72 heures. — Histoire de la Bastille. — Bénéfices du directeur. — Cupidité de de Launay. — La Bastille mise en état de défense. — Les assaillants. — Thuriot sur les tours. — Les gardes françaises. — Les morts. — La Bastille est prise. — On délivre les prisonniers. — La nuit. — La cour apprend la nouvelle. — Mot du duc de Liancourt 134

XVII. — **Le roi prend la cocarde tricolore.** — Abattement de la cour. — Bailly maire de Paris. — La reine conseille la guerre civile. — Effet de la peur sur les princes. — Necker rappelé. — Louis XVI à l'Hôtel-de-Ville. — La voûte d'acier. — Les Polignac émigrent. — La duchesse nue et le capucin mendiant. — Retour du roi à Versailles. . 161

XVIII. — **Complots et agitations.** — Le roi abandonné par les nobles. — Le valet indiscret. — Désirs criminels de la noblesse. — Coliques du roi. — Bruits d'empoisonnement. — Tentative d'assassinat. — Soupçons. — Le conseiller Kersalaun de Quimper. — Crime d'un seigneur. — Haine populaire contre les châteaux 170

XIX. — **Destruction de la féodalité.** — Colère populaire contre les châteaux. — La duchesse de Clermont-Tonnerre et le marquis d'Ormenas attaqués. — Raisons de ces violences. — Destruction des droits féodaux. — Séance du 4 août. — Le droit de cuissage.

	— Les droits du seigneur. — La chasse. — La noblesse battue	176
XX.	— **Chasses et chasseurs**. — Dévotion des dames de la Halle. — Un bal au Palais-Royal. — La liberté de la chasse. — Cruauté du prince de Conti. — Ouverture de la chasse. — Service des voitures pour Chantilly. — L'expérience des chasseurs. — Le salé de sanglier. — Les chasseurs à Chantilly. — Coup d'œil historique. — Suicide ou assassinat. — Les chasses des seigneurs patriotes. — Louis XVI grand chasseur. — Ses registres. — Additions et récapitulations. — Génie des minuties.	184
XXI.	— **Suppression de la dîme**. — Louis XVI associé aux accapareurs. — Banqueroute de Peulever. — Son suicide. — Discussion au sujet des biens du clergé. — La dîme. — Historique. — Apreté du clergé. — Louis XVI proclamé restaurateur de la liberté française. — Discussion tumultueuse à propos de l'adresse. — Cruauté de Marie-Antoinette. — Mot de Saint-Priest. — La reine désire la guerre civile.	191
XXII.	— **Paris a faim**. — Discussion des droits de l'homme. — La disette continue. — Approvisionnement de Paris. — Au jour le jour. — Mot ignoble de Marie-Antoinette. — Accaparement des couvents. — Les commandements de la patrie. — Les chantiers de Montmartre. — La Commune achète les gardes-françaises.	199
XXIII.	— **Agitation de Paris**. — Atermoiements de l'Assemblée. — Le droit de veto. — Le marquis de Saint-Huruge. — Motion du Palais-Royal. — Appel nominatif et qualificatif de MM. les députés. — Menaces contre la maison de d'Eprémesnil. — Elle est sauvée par une plaisanterie......................	205

Rév.

XXIV. — **Mœurs du temps**. — Le veto suspensif. — Opinion de Siéyès. — Discussion au sujet de la création de deux Chambres. — Surnoms de différents groupes de l'Assemblée. — Le Marais. — Le quartier des pénétrés. — Les mœurs parlementaires naissantes. — Mot du marquis de Virieu.—Les poissardes et le curé de Saint-Jacques-la-Boucherie. - Les enfants. 213

XXV. — **Élan populaire**. — Les dettes de la France. — Les dilapidations du comte d'Artois. — Emprunts non couverts. — Menaces de banqueroute. — Les dons patriotiques des citoyens, des députés, des soldats, des comédiens, des clercs d'huissiers, etc. — Idée originale d'un horloger. — Le roi envoie sa vaisselle à la Monnaie. — Fausse interprétation de cet envoi. — Corrections infligées aux royalistes. — Le vicaire de Saint-Roch. — Le brigandeau. — La cocarde tricolore à la queue du chien d'un royaliste. — La cocarde au saint Sacrement.......... 220

XXVI. — **Bruits sinistres**. — Organisation de la garde nationale. — Les citoyens actifs et non actifs. — Le cordonnier capitaine. — Les serviteurs du palais gardes nationaux. — Les officiers de Saint-Quentin. — Les comédiens et la garde nationale. — L'acteur Naudé. — Tumulte au Théâtre-Français. — *Charles IX* demandé. — Plans de guerre de Marie-Antoinette. — Agitation populaire............. 227

XXVII. — **Menées et agitations royalistes**. — La bénédiction des drapeaux. — La garde nationale charge le peuple au Palais-Royal. — Caractère de la bourgeoisie. — Son influence néfaste. — La question sociale toujours posée. — La corporation des domestiques. — La cour essaye d'organiser la famine. —

	Mot de Louis XVI. — L'heure de Dieu. — Agitations royalistes à Toulouse. — Dubarry prédicateur. — Menaces de M. de la Tour du Pin..	235
XXVIII.	— **Les femmes à Versailles.** — La situation. — Espérance du comte de Provence et du duc d'Orléans. — Mot de Mirabeau. — Louis XVII ? — .— Repas des gardes du corps. — La famine continue à Paris. — Les femmes se réunissent. — Elles chargent la cavalerie à l'Hôtel de Ville. — Maillard. — Les femmes reçues par l'Assemblée et par le roi. — Louison Chabry. — Le roi veut se retirer à Rambouillet. — La nuit du 5 au 6. Le roi dort. — La reine... ! — Le duc d'Orléans essaye de la faire assassiner. — Le château est envahi. — Le roi amené à Paris.	242
XXIX.	— **La Cour aux Tuileries.** — L'abbé Maury. — La cour aux Tuileries. — Les dames de la Halle visitent Marie-Antoinette. — Leur franchise. — L'émigration continue. — Indignes manœuvres royalistes. — Les patrouilles de femmes. — Origine de l'expression « courir la gueuse ». — Fausses alarmes. — Sinistre jeu de mots...........	259
XXX.	— **Empiètements de la Bourgeoisie.** — Changement de formules. — La commune de Paris. — Egoïsme bourgeois. — La loi martiale. — Protestations de Robespierre. — Panique des députés. — Le duc d'Orléans part pour Londres. — Exclamation de Mirabeau. — La foule dans le jardin des Tuileries. — Occupations de Louis XVI............	268
XXXI.	— **Le peuple.** — **La bourgeoisie.** — **La famille royale.** — L'Assemblée repousse le suffrage universel. — Nouvelles protesta-	

	tions de Robespierre. — La théorie exacte. — Indignation de Camille Desmoulins. — Le Centenaire Jean Jacob. — Détails intimes sur la famille royale. — Affection du Dauphin pour Bailly. — Mots d'enfants.....	274
XXXII.	— **Les exécuteurs testamentaires de Voltaire.** — Discussion sur les biens du clergé. — Le haut et le bas clergé. — Faste du duc de Rohan. — Arrogance d'un évêque. — Les biens du clergé font retour à la nation. — Devons-nous aujourd'hui quelque chose au clergé ? — Coup d'œil historique. — Honteux trafic des indulgences. — Talleyrand. — A qui appartenaient légalement les biens ecclésiastiques ? — Les funérailles des bénéfices. — Colères des dames royalistes.......................	282
XXXIII.	— **Intrigues de Mirabeau.** — Les chevaux au manège. — Propositions de Mirabeau. — Ses intrigues avec la cour. — Mot de Marie-Antoinette. — Mirabeau amoureux de la reine. — Les passions de Mirabeau. — Ses dettes. — Marché entre Louis XVI et Mirabeau. — Les comédiens politiques	299
XXXIV.	— **Nouvelle division de la France.** — Division des provinces en départements. — L'autonomie communale. — Mirabeau et les médecins. — Les sans-culottes. Les grossièretés de l'abbé Maury. — Sa brutalité. — Mœurs du temps. — Les poissardes au théâtre	308
XXXV.	— **L'Europe et l'armée française en 1789.** — Les cardinaux et les biens ecclésiastiques. — Les écrits français proscrits dans les Deux-Siciles. — L'ambassadeur de Naples et les avocats. — La Chine et la Ré-	

	volution Française. — La Prusse, l'Autriche, la Russie, l'Angleterre et la France. — Pitt. — Effectifs militaires de la France en 1789. — Fraude	315
XXXVII.	— **Pensions et dilapidations.** — Les dettes du comte d'Artois. — Détails sur ce prince. — Ses débauches. — Sa lâcheté. — Lettre du général Charette. — Le Livre rouge. — Les pensions scandaleuses et ridicules. — Le lieutenant de police. — Les bandes de voleurs tolérées et patentées. — L'impôt de la lune. — Mot de Champfort...............	3 2
XXXVII.	— **Les esclaves noirs et la Révolution.** Les nègres libres demandent leurs droits de citoyens. — Discours d'E. de Lameth. — L'esclavage en 1789. — Coup d'œil historique. — Horrible statistique. — Le Code noir. — Mouvement d'émancipation. — Égoïsme des mulâtres. — Luttes dans les colonies et à Paris. — Mot de Duport. — Tristes résultats...	330
XXXVIII.	— **Le clergé, la cour et la ville.** — Les prêtres réclament le mariage. — L'abbé de Gaurnand. — L'abbé Jean Bernard. — Coup d'œil en avant. — Occupations du roi. — Mot odieux du comte de Foucault. — Les modes du jour. — En province. — Un capucin commandant dans la garde nationale. Vente des biens du clergé. — Traitements ecclésiastiques. — Agitations et tracasseries des prêtres. — Ils organisent la guerre civile.	337
XXXIX.	— **Le complot du marquis de Favras.** — Sourdes menées du comte de Provence. — Le marquis de Favras. — Emprunt contracté par Monsieur. — Arrestation du marquis et	

	de la marquise de Favras. — Placards mysté- rieux. — Monsieur accusé. — Les protesta- tions à l'Hôtel de Ville. — Une lettre com- promettante. — Le procès du marquis. — Condamnation à mort. — Supplice. — Saute marquis !..........................	345
XL.	— Coup d'œil rétrospectif................	358

Saint-Amand (Cher). — Imp. DANIEL-CHAMBON.

A LA MÊME LIBRAIRIE

OUVRAGES DE JEAN-BERNARD

HISTOIRE ANECDOTIQUE
DE LA
RÉVOLUTION FRANÇAISE

— **1789**, avec une préface de Jules Claretie, de l'Académie Française, 1 volume. 3 50
— **1790**, avec une préface de Léon Cladel.
1 vol 3 50
— **1891**, avec une préface de Ernest Hamel.
1 vol. 3 50
— **1792**, avec une préface de Jules Simon.
1 vol. 3 50
— **1793**, avec une préface de Clovis Hugues,
1 vol. 3 50

QUELQUES POÉSIES DE ROBESPIERRE
Un volume. . . . . 2 »

LES FILS DE 93
Drame en cinq actes et huit tableaux, représenté
en 1880. 1 vol. . . . . 2 »

EN PRÉPARATION :

HISTOIRE ANECDOTIQUE
DE LA
Révolution Française 1794, 1795

Saint-Amand. — Imprimerie Daniel-Chambon, 31, Rue Porte-Mutin

www.ingramcontent.com/pod-product-compliance
Lightning Source LLC
Chambersburg PA
CBHW050428170426
43201CB00008B/587